U0478231

作者简介

张方玉 哲学博士，曲阜师范大学马克思主义学院副教授。

鲁　昕 曲阜师范大学马克思主义学院副教授，硕士生导师。

本书获2014年“山东高校思想政治理论课综合改革招标重点项目——儒家优秀文化传承与高校思想政治理论课教学改革创新研究”(项目编号：14SDGXSZKKG23）资助，为该项目丛书之一。

本丛书得到曲阜师范大学省重点马克思主义学院建设经费支持

当代人文经典书库

『思想道德修养与法律基础』教案

张方玉
鲁　昕　◎编著

思想政治理论课教学改革丛书
主编：张立兴　李安增

光明日报出版社

图书在版编目（CIP）数据

《思想道德修养与法律基础》教案 / 张方玉，鲁昕编著. -- 北京：光明日报出版社，2017.5（2022.9 重印）

ISBN 978 - 7 - 5194 - 2704 - 7

Ⅰ.①思… Ⅱ.①张…②鲁… Ⅲ.①思想修养—教案（教育）—高等学校②法律—中国—教案（教育）—高等学校 Ⅳ.①G641.6②D920.4

中国版本图书馆 CIP 数据核字（2017）第 050309 号

《思想道德修养与法律基础》教案

〈SIXIANG DAODE XIUYANG YU FALÜ JICHU〉 JIAOAN

编　　著：张方玉　鲁　昕

责任编辑：曹美娜　郭思齐　　　责任校对：赵鸣鸣

封面设计：中联学林　　　责任印制：曹　净

出版发行：光明日报出版社

地　　址：北京市西城区永安路 106 号，100050

电　　话：010 - 63169890（咨询），010 - 63131930（邮购）

传　　真：010 - 63131930

网　　址：http://book.gmw.cn

E - mail：gmrbcbs@gmw.cn

法律顾问：北京市兰台律师事务所龚柳方律师

印　　刷：三河市华东印刷有限公司

装　　订：三河市华东印刷有限公司

本书如有破损、缺页、装订错误，请与本社联系调换

开　　本：710×1000　1/16

字　　数：245 千字　　　印　张：14.5

版　　次：2017 年 5 月第 1 版　　　印　次：2022 年 9 月第 2 次印刷

书　　号：ISBN 978 - 7 - 5194 - 2704 - 7

定　　价：85.00 元

前　言

高校思想政治理论课(简称思政课)是对大学生进行社会主义核心价值观教育,帮助青年学生树立正确的世界观、人生观、价值观的核心课程,是落实"立德树人"根本任务的主渠道。大力推进马克思主义与中国文化优良传统从内容到形式的深度结合,是高校思政课教学改革面临的新课题、新挑战。2016 年 5 月 17 日,习近平总书记在主持召开的"哲学社会科学工作座谈会"上发表的重要讲话指出,构建中国特色哲学社会科学要善于融通马克思主义的资源、中华优秀传统文化的资源和国外哲学社会科学的资源。在庆祝建党 95 周年习总书记发表的"七一讲话"中再次指出,要坚持中国特色社会主义道路自信、理论自信、制度自信、文化自信。当前,思政课教学应坚持"一个指导思想"——马克思主义;重视利用"两大资源"——党领导中国人民在革命和建设中形成的革命传统资源、中华优秀传统文化资源。将以儒家优秀文化为主流的中华优秀传统文化加以提炼,进行现代价值转换,融入高校思政课教学不仅重要,而且必要,更具有可能性。

一、儒家优秀文化教育与思政课教学二者在使命上具有高度的一致性

立德树人、实现中华民族伟大复兴,是思政课教学和优秀传统文化教育共同担负的历史使命。"德者,本也。"德,既是国家之本,也是个人之本。国无德不兴,人无德不立。蔡元培先生说过:"若无德,则虽体魄智力发达,适足助其为恶。"德,是基础,是方向。道德之于个人、之于社会,都是首要的,做人做事第一位的是要崇德修身。人的精神生活是人的生命的灵魂,是人的整个生命的支撑点,德性、价值观和德育则是人的精神生活的内核和源聚点。世界观、人生观和价值观,既是对现实存在状况的折射和反映,同时又

对人的现实存在、现实生活的方式和方向起着反思、反省、纠偏和引导作用。所以,树立科学正确的世界观、人生观和价值观,是青年学生人生和生活的“第一粒扣子”。

当代大学生的思想政治教育和道德建设,既需要有思想政治理论教育和意识形态的引领与塑造,也需要中华优秀传统文化的滋润与涵养,需要社会正能量的引导和熏陶。改造人的主观世界,提升人的精神世界,就应当注重文化的作用。在思想政治教育和文化教育、文化建设中,应首先举精神之旗、立精神支柱、建精神家园;应彰显文化之美、信仰之美、崇高之美;应坚定民族文化自信,弘扬中国精神、凝聚中国力量。在今天物质生活日益丰富和感性解放愈加“无限”的情形之下,人们对深层的、崇高的精神生活的需要、渴望和向往也愈益迫切。当今时代也是一个渴望思想和文化,向往精神和理想的时代。求木之长者,必固其根本;欲流之远者,必浚其泉源。牢固的核心价值观,都有其固有的根本。民族文化是一个民族区别于其他民族的独特标识。中华民族之所以能够在几千年的历史长河中生生不息、薪火相传、顽强发展,就在于中华民族、中华文明有着一脉相承的精神追求、精神特质和精神脉络。中华优秀传统文化是我们整个中华民族安身立命的精神家园,是中华民族能够在世界文化激荡中站稳脚跟的根基。历史和现实都证明,中华民族有着强大的文化创造力,每到重大历史关头,文化都能感国运之变化、立时代之潮头、发时代之先声。抛弃传统、丢掉根本,就等于割断了自己的精神命脉。

当代大学生,欲激扬青春、开拓人生、奉献社会,就需要从马克思主义和中华优秀传统文化中获取文化资源、精神滋养和思想智慧。思政课教学和优秀传统文化教育能够合力助推大学生的思想道德建设,激发他们形成向上的道德意愿、道德情感,培育他们形成正确的道德判断和道德责任,提高他们的道德自觉践行能力。马克思主义的学习和教育,马克思主义中国化理论创新和实践的推进,社会主义核心价值观的培育和践行,都需立足于中华优秀传统文化的滋养和教育,发挥传统文化精华的精神性资源作用。总之,立德树人和实现中华民族伟大复兴,就要增强民族文化自信,而文化自觉和文化自信是坚定道路自信、理论自信、制度自信的应有之义。我们要认真汲取中华优秀传统文化的思想精华和道德精髓,以中华优秀传统文化涵养思政课教学,涵养马克思主义教育,涵养社会主义核心价值观的培育与践行,从而引导青年学生树立和坚持正确的历史观、民族观、国家观、文化观,做中国特色社会主义事业的接班人和建设者。

二、儒家优秀文化教育与思政课教学二者在功能上具有内在的支撑性

文化是民族的血脉,是人民的精神家园,是人类文明的思想火炬,是社会进步的动力源泉。任何人都要受到传统文化的浸染和熏陶。文化在思想政治教育工作和德育工作中起着独特而重要的作用,文化教育本身就担负着心性陶冶、情感教化和思想价值引导的功能。依据心性与德性,对人的情感和价值、精神和思想进行陶冶和教化,是"文化"与思想政治教育所蕴含的共同内容,也是二者属性和功能的突出特点。思想政治教育、思政课教学与优秀传统文化教育,二者是相互依托、相互滋养的相辅相成、相成相生关系,是你中有我、我中有你的一体一致关系。

文化不是空洞的,文化的实质和核心是价值观。"文"的本义是各色交错的纹理,有文饰、文章之说,引申为包括语言文字在内的各种象征符号,以及文物典章、礼仪制度等;"化"的本义为变易、生成、造化,所谓万物化生,引申义为改造、教化、培育等。"文化"合在一起讲,最早见于《易传》,所谓"观乎天文,以察时变;观乎人文,以化成天下。""人文化成",简言之,即"文化"。也就是说,文化一旦形成,就能发挥"化人"的作用。具体深入地说,文化是一个民族历史地凝结成的生存方式,渗透着一个民族绵延不息的血脉、文脉和机理,文化积淀与凝聚着民族国家的精神标识、精神基因和情感纽带;文化中蕴含着一个人的知识信息、理性精神和价值诉求,文化是由价值观念、审美情趣、思维方式等构成的复合体,精神文化是文化系统和文化复合体中最重要的内容,其核心是价值观念和价值体系。文化通过纵向影响和横向影响来化人,前者正是传统文化的作用和力量。文化承载精神意识,文化化育心性情感,文化孕育思想信仰。人的生命是由物质生命和精神生命构成的二重性生命。物质生命决定精神生命,精神生命指导引导着物质生命。人的生命又是文化生命,文化生命是社会生命,社会生命是通过文化和精神反思的生命,也就是说,人的生命是反思性的生命。当今时代是一个文化大发展的时代。文化外延不断扩展,文化内涵愈加丰富,文化现象日趋多样,文化功能逐渐深化。可以说,文化在国家历史和世界历史中的比重正

在日益加大。

在当今的时代背景之下,思想政治教育工作和德育工作应当领会和把握文化的状况和特点,领会和把握中国传统文化的精神和精髓,充分发挥以文化人、以文育人、以德树人的作用和功能。在物质文化繁荣发展的时期,我们要更加注重和加强精神文化建设,提升精神生命,要求整个社会特别是青年学生应有更高的精神追求。中华民族在长期实践中培育和形成了独特的思想理念和道德规范,有崇仁爱、重民本、守诚信、讲辩证、尚和合、求大同等思想,有自强不息、敬业乐群、扶正扬善、扶危济困、见义勇为、孝老爱亲等传统美德。中华优秀传统文化中很多思想理念和道德规范,不论过去还是现在,都有其永不褪色的价值。我们要结合新的时代条件传承和弘扬中华优秀传统文化,传承和弘扬中华民族精神。中华优秀传统文化是思想政治教育工作和德育工作的历史载体与文化优势,思想政治理论教育教学,一定要建基于自己的优秀文化根基,一定要用中华优秀文化滋养广大青年学生健康成长。实现中华文化的创造性转化和创新性发展,传承创新中华文化应“以古人之规矩,开自己之生面”。总之,在思政课教学中,优秀传统文化教育与思政课教学,二者在功能上具有内在的支撑性。

三、儒家优秀文化教育与思政课教学在时代语境上具有紧密的关联性

全球化、市场化、信息化和文化多样性、价值观多样化,是当前思政课教学和优秀传统文化教育共同面对的“大环境”和“深语境”。当今世界,是一个经济、政治、文化、价值日趋互动激荡的世界;当今时代,是一个文化思潮纷呈的时代。整个世界处在大发展大变革大调整的状态,世界多极化、经济全球化深入发展,科学技术日新月异,各种思想文化交流交融交锋更加频繁。一是文化在综合国力竞争中的地位和作用更加凸显,维护国家文化安全的任务更加艰巨,增强国家文化软实力、中华文化国际影响力的要求更加紧迫。二是随着经济全球化、信息化的发展,文化传播的形式、速度和力度都出现了前所未有的变化,文化交流日益频繁深入,我国文化的发展正受到各种各样的威胁和挑战。三是随着我国改革开放的深入和社会主义市场经济的发展,各种良莠不齐的社会思潮蜂拥而入,各种思想文化相互激荡,人们的思想受到前所未有的冲击。正是在这样的世界环境和时代背景之下,文化现象、文化问题和文化功能愈发引起各国学者和政府的高度关注和

重视。

就我国而言，中国共产党从成立之日起，就既是中华优秀文化的忠实传承者，又是中国先进文化的积极倡导者和发展者。习近平总书记强调指出，人类社会每一次重大跃进，人类文明每一次重大发展，都离不开哲学社会科学的知识变革和思想先导。思政课教学与儒家优秀文化教育的结合和融通，为环境之所需，应时代之所要。面对社会思想观念和价值取向日趋活跃、主流和非主流同时并存、社会思潮纷纭激荡的新形势，要巩固马克思主义在意识形态领域的指导地位，要培育和践行社会主义核心价值观，要巩固全党全国各族人民团结奋斗的共同思想基础，思政课教学发挥着重要的作用；同时，面对世界范围内各种思想文化交流交融交锋的新形势，要加快建设社会主义文化强国，要增强文化软实力，要提高我国在国际上的话语权等，也要充分发挥优秀传统文化的重要作用。

今日中国，正处在变革创新的历史进程和紧要关头，思政课教学担负着思想政治理论教育和优秀传统文化教育的双重任务，要加快构建中国特色哲学社会科学，按照立足中国、借鉴国外，挖掘历史、把握当代，关怀人类、面向未来的思路，着力构建中国特色哲学社会科学，在指导思想、学科体系、学术体系、话语体系等方面充分体现中国特色、中国风格、中国气派。思政课教学在坚持马克思主义世界观和方法论的指导下，应深刻领会当下的时代背景和时代精神，深刻领会中国传统文化和文化传统的精神资源，立足中国、借鉴国外、挖掘历史、把握当代，努力将思政课教学与优秀传统文化教育结合和会通起来。

四、儒家优秀文化教育与思政课教学二者在内容上具有深层的相生性

每个国家的每个时代，都有自己的时代精神和价值观念。“国有四维，礼义廉耻。四维不张，国乃灭亡。”在文化基因、精神标识、价值情感、观念信仰等人文精神方面，中华文化是一脉相承、一脉相传的。中华核心价值观的传承与弘扬，转化与创新，是优秀传统文化教育和思政课教学共同的核心内容，并且二者在深层上具有相互生成、相互滋养的关系。价值观是人类在认识、改造自然和社会的过程中产生与发挥作用的。核心价值观是文化软实力的灵魂和文化软实力建设的重点，这是决定文化性质和方向的最深层次要素。一个国家的文化软实力，从根本上说，取决于其核心价值观的生命

力、凝聚力、感召力。一个民族、一个国家的核心价值观必须同这个民族、这个国家的历史文化相契合,同这个民族、这个国家的人民正在进行的奋斗相结合,同这个民族、这个国家需要解决的时代问题相适应。培育和弘扬核心价值观,有效整合社会意识,是社会系统得以正常运转、社会秩序得以有效维护的重要途径,也是国家治理体系和治理能力的重要方面。历史和现实都表明,构建具有强大感召力的核心价值观,关系社会和谐稳定,关系国家长治久安。中华优秀传统文化同社会主义核心价值观具有内在的统一性。社会主义核心价值观的产生、形成和完善,是中华优秀传统文化的延续和发展。离开中华优秀传统文化的支撑,社会主义核心价值观将成为无源之水、无本之木。当今时代,教育在传承和弘扬优秀传统文化方面具有基础性、先导性作用,学校是传承和传播中华优秀传统文化的重要基地,是培育和弘扬社会主义核心价值观的重要渠道。所以,思政课教学要善于融通马克思主义和中华优秀传统文化。道德资源是中华优秀传统文化中最为重要的精神价值资源。

中华优秀传统文化的特质就在于"依道德立志""以道德行教""立道德治学"的人文教化精神。《学记》说:"玉不琢,不成器;人不学,不知道。是故古之王者建国君民,教学为先。"儒家文化富含立志修德、思齐内省、自强不息、学以致用等精神资源。《大学》云:"物格而后知至,知至而后意诚,意诚而后心正,心正而后身修""诚于中,形于外,故君子必慎其独也",主张把个体内在的诚意和正心置于个人修养的关键环节和核心地位,明确了个人自觉自律在人格发展中的重要地位。北宋思想家张载力倡,"治学"需"为天地立心,为生民立命,为往圣继绝学,为万世开太平。"故,南宋思想家朱熹明确指出:"诚其意者,自修之首也。"(《大学章句》)一部中华民族的历史,可以说就是中华民族自强不息、艰苦卓绝的奋斗史,蕴含着中华民族革新进取的精神品格和人文气质。孟子曰:"天将降大任于斯人也,必先苦其心志,劳其筋骨,饿其体肤,空乏其身,行拂乱其所为,所以动心忍性,增益其所不能……入则无法家拂士,出则无敌国外患者,国恒亡。然后知生于忧患而死于安乐也。"(《孟子·告子下》)文化是一个民族的血脉,是一个民族立世之本,也是推动民族发展的内在动力。

大学阶段,推进中华优秀传统文化教育,要深入学习中国古代思想文化的重要典籍，理解中华优秀传统文化的精髓，强化大学生文化主体意识和文化创新意识；要深刻认识中华优秀传统文化是中国特色社会主义植根的沃土，辩证看待中华优秀传统文化的当代价值，正确把握中华优秀传统文化与中国化马克思主义、社会主义核心价值观的关系；要加强爱国主义、集体主义、社会主义教育，引导学生完善人格修养，关心国家命运，自觉把个人理想和国家梦想、个人价值与国家发展结合起来，坚定为实现中华民族伟大复兴的中国梦不懈奋斗的理想信念。

五、创新和拓展儒家优秀文化融入思政课教学的模式和路径

古人云："善用者无弃材"。将儒家优秀文化融入思政课教学，一要站在社会形态更替的高度来审视马克思主义和中国传统文化的关系。马克思主义与中国优秀传统文化，一个是中国革命和社会主义建设的思想理论指导，一个是中华民族的精神血脉和中华民族的文化之根。应该用历史唯物主义观点处理马克思主义与中国传统文化的关系。坚持以马克思主义为指导，是当代中国哲学社会科学区别于其他哲学社会科学的根本标志。我国广大哲学社会科学工作者要自觉把中国特色社会主义理论体系贯穿研究和教学全过程，转化为清醒的理论自觉、坚定的政治信念、科学的思维方法。中华文化既坚守本根又不断与时俱进，使中华民族保持了坚定的民族自信和强大的修复能力，培育了共同的情感和价值、共同的理想和精神。中国的马克思主义可以从中国传统文化的精髓中得到思想资源、智慧和启发，既要反对历史虚无主义和文化虚无主义，又要反对拒斥西方先进文化的保守主义；既要反对"以儒反马""以儒化马""以儒淡马"，也要反对"以马否儒""以马代儒""以马反儒"。二要创新模式，改善话语体系，提升优秀传统文化和马克思主义的感染力。教育是民族振兴和社会进步的基石，立德树人是我国教育的根本任务，马克思主义和优秀传统文化是我们的独特优势和突出优势。话语是意识形态的外化形式，是价值取向的符号化表达。列宁说过，"最高限度的马克思主义=最高限度的通俗化"。创新模式，改善话语体系，提升优秀传统文化教育和马克思主义原理教学的感染力，着力推进话语的感性化和生动性，推进话语的亲民化和亲切性，推进话语的生活化和时代性。三要寻找和建构优秀传统文化教育和传承与马克思主义原理教学结合汇通的机制和方法。优秀传统文化教育和传承与马克思主义原理教学是相生共生

的,这种相生共生既是马克思主义原理教学的需要,又是传统文化转化创新和中华文化传承发展的需要,也是马克思主义中国化理论创新和实践创新的需要。要坚持理论与实际相结合,注重发挥实践环节的育人功能,创新推动学生实践教学和教师实践研修;坚持教学与科研相结合,努力探索攻克教学难关,强化马克思主义理论学科和科研对教学的支撑作用;坚持教师讲授与学生参与相结合,注重师生教学互动,充分调动学生学习的主动性积极性;坚持校内与校外相结合,注重资源整合,探索建立全社会关心支持思政课建设的长效机制。

总之,理想信念、思想道德和文化科学素养直接影响当代青年学生的健康成长,关系到我们国家的前途和命运。子曰:“人能弘道,非道弘人。”(《论语·卫灵公》)孟子曰:“先立乎其大者,则其小者不能夺也。”(《孟子·告子上》)2014 年 9 月 24 日,在纪念孔子诞辰 2565 周年国际学术研讨会暨国际儒学联合会第五届会员大会开幕会上,习总书记强调指出了包括儒家思想在内的中国优秀传统文化在解决当代人类面临的难题的重要意义。中华优秀传统文化中蕴含着跨越时空,历久弥新,人类共有的精神财富,具有其永不褪色的时代价值。中华文化核心价值滋养了一代又一代炎黄子孙的精神世界,也是今天我们民族凝聚力和创造力的重要源泉,是我们民族的“根”和“魂”。今天,思政课教学应立足于中华民族当代复兴的伟大实践,以社会主义核心价值观为内核和引导,认真汲取中华优秀传统文化的思想精华和道德精髓,深刻认识并发挥我们自己的独特文化优势,激活优秀传统文化的价值观基因,在新的历史条件下以马克思主义为指导,成为中华优秀传统文化的切实继承者,为中国特色社会主义伟大事业提供不竭的凝聚力、向心力与精神动力。

编者

2016 年 10 月 1 日

目　录
CONTENTS

绪　论

珍惜大学生活　开拓新的境界

【教学简况】

授课对象:大学一年级新生

学时安排:6 学时,每学时 50 分钟;每周 3 学时;其中课堂讨论 1 学时。

教学目的:帮助大学新生了解、认识和尽快适应大学生活,提高大学生活的效益和质量;树立新的学习理念,培养优良的学风;确立成才目标,塑造当代大学生的良好形象;切实领会和把握社会主义核心价值观的基本内容、精神实质、重大意义和实践要求,真正把社会主义核心价值观内化于心、外化于行;认识开设《思想道德修养与法律基础》课的重要意义,掌握基本的学习方法,提高学习的积极性和主动性。

重点难点:重点是认识大学生活特点,树立全新学习理念;理解和把握社会主义核心价值观的基本内容和重大意义,做社会主义核心价值观的积极实践者。难点是准确领会和把握社会主义核心价值观的科学内涵。

学习思考

1. 大学新生应如何尽快适应大学生活?
2. 如何理解思想道德素质和法律素质对于大学生成长成才的作用?
3. 谈谈如何将社会主义核心价值观内化于心、外化于行。
4. 联系自己的实际,谈谈学习"基础"课的意义和方法。

【教学过程】

教学内容设计:绪论共分四节。第一节珍惜大学生活,计划用 3 学时;第二节提升思想道德素质与法律素质,计划用 0.5 学时;第三节培育和践行社会主义核心价值观,计划用 2 学时;第四节学习本课程的意义和方法,计划用 0.5 学时。

教学步骤:绪论第一节通过三个步骤讲解大学生活与成才目标;第二节通过

两个步骤讲解提升思想道德素质与法律素质;第三节通过三个步骤讲解学习和践行社会主义核心价值观;第四节通过两个步骤讲解学习“基础”课的意义和方法。

教学组织:课堂讲授与课堂讨论结合。

板书设计:多媒体课件与教师黑板辅助性板书结合。

教学方法:教师体系讲授、视频、案例分析、课堂讨论结合。

绪　论

珍惜大学生活　开拓新的境界

教学步骤一:欢迎新同学(12 分钟)

学校标志性建筑(图):热烈欢迎新同学

同学们好! 首先,我要向同学们表示热烈的欢迎:欢迎大家从全省各地乃至遥远的兄弟省份来到中华教育的圣地、"东方圣城"——孔子故里;欢迎大家考入曲阜师范大学,成为这美丽曲园的新主人。

子曰:有朋自远方来,不亦说乎?①

《论语》开篇三句话,第二句就是"有朋自远方来,不亦乐乎?"新同学的到来,为"儒风海韵"的曲园增添了新的生机、新的活力、新的精彩,更增添了无限的欢乐。

时至今日,热热闹闹的报到、风风雨雨的军训、大大小小的入学教育均告一段落。从本周起,真正的大学学习生活在同学们的面前撩开了她那神秘的面纱,我们大家需要认认真真去做的,就是尽快认识她、了解她、适应她,让她成为我们每个人奋斗人生的新的里程碑。

教师(照片):"自我推销"

在正式授课之前,我先向同学们作一个简要的自我介绍……

大家看,幻灯片上是我的各种联系方式,同学们可以记一下,日后在学习、工作和生活上遇到困难和问题时可随时与我联系,我愿尽己所能,为同学们排忧解难释惑。这也是我们这门课教学改革最受同学们欢迎的举措之一,我们美其名曰:"课堂教学与'课后服务'结合"。② 2009 年"基础"课被评为省级精品课程,2010 年《"思想道德修养与法律基础"教案》获教育部精彩教案。

---

① 《论语·学而》。

② 张立兴、李邦敬:《实施"五个结合"优化"两课"教学》,《思想理论教育导刊》,2003(5)。

教学步骤二：导入本课程（13 分钟）

《思想道德修养与法律基础》

据我所知，当同学们看到课程表上的《思想道德修养与法律基础》课时，有的同学不以为然，有的同学不屑一顾，有的同学则感到不可思议。

“大学还开这门课？我晕！”

我还听说，有的同学套用范伟之语：“我就纳闷了，大学还开这门课？我晕！”我想，这些同学一定是对该课抱有偏见，不过大家不要忘了，哲人早就说过：偏见比无知更可怕！

陈秉公：大学开设“两类”课

著名学者、吉林大学教授陈秉公先生认为，大学一般开设两类课程：一类是“使人成为某一类人”的课程；一类是“使人真正成为‘人’”的课程。① 同学们说，“使人成为某一类人”的课程是什么？对！是专业课。那么“使人真正成为‘人’”的课程是什么？大家就不清楚了吧，我告诉同学们，是人文课程，包括我们今天开始学习的《思想道德修养与法律基础》（简称《基础》）课。为什么这样说呢？

儒家文化中“学习”的四重意蕴②

挖掘儒家文化中关于“学习”的传统哲学底蕴，可以发现“求知”“成人”“为政”和“乐道”这四个方面的整体建构，它们分别构成了“学习”之始、“学习”之本、“学习”之用和“学习”之终。融入当代社会中，“学习”的传统哲学意蕴提供了祛除“学习”被异化的重要思想资源，这对于建设“学习型”社会也富有启示意义。

我们设学孔子故里，这里我就结合儒家文化传统，着重谈谈学习与成人：

儒家的“为学”具有极其重视现实应用的特质，“学而知之”从来就不把学习仅仅局限于知识。即便是对于知识的探讨，儒家也不在理论上争辩抽象的、难以解决的哲学课题，他们关注的是如何在现实生活中妥善地解决问题，如何理性地对待人生、对待生活这样的伦理学问题很自然地压倒了知识论的研究。子曰：“吾十有五而志于学”，这里的“学”早已超出了识字断文的“小学”，而是指一种关于人生、生命的学问，就是所谓的“志于道，据于德，依于仁，游于艺”（《论语·述

---

① 陈秉公：《试论思想政治理论课教材体系向教学体系转化的规律性》，《思想理论教育导刊》，2008(9)。

② 张方玉：《论儒家文化中“学习”的四重意蕴》，《教育探索》，2011(2)。

而》)，即所谓“君子之学”“成己之学”，又可以称之为“大学”。

《大学》首句开宗明义：“大学之道，在明明德，在亲民，在止于至善”，明确提出“大学”的根本宗旨就是要昭明完美的德性、使人民受感化而为新人、达到理想的境界。为了达到至善的境界，《大学》又明确提出“自天子以至于庶人，一是皆以修身为本”，可以看到，学习与修身、修养成为一而二、二而一“异形体”。“修”就是要切磋琢磨，“养”就是要涵育熏陶，真正的学问就是通过修养而成为完善的人，学习的本义就是学做人。在生物学或者政治学的意义上，人诞生而为人；而在伦理学或者存在论的意义上，成为人还需要一个社会遗传、道德完善、人格健全的过程。正是在这一意义上，“成人”构成了学习之本。

完善德性、成就人格，就是儒家所谓的“成人”。在这里，“成人”是在动词的意义上使用的，即成就完美人格之意。人们熟知的“十有五而志于学，三十而立，四十而不惑，五十而知天命，六十而耳顺，七十而从心所欲不逾矩”(《论语·为政》)就是展现了儒家“成人”的过程。在此“成人”过程中，个体德性修养持续地进行，个体自我不断地发展，独立自由的人格渐趋完善。“成人”还有作为名词的含义，作为名词的“成人”即全人、完全的人格，具有现代意义上德智体全面发展的意思，《论语》中直接出现的“成人”就是指完美的人格。

高清海：人生下来未必是“人”

已故哲学家、吉林大学教授高清海先生有一句名言：猫生下来就是猫，不存在做猫之道的问题；而人生下来未必是“人”，存在一个做人之道的问题。① 而《基础》课恰恰就是一门探讨做人之道，帮助大家准确把握道德与法律的尺度，很好地融入社会的课程。需要指出的是，由于这门课面向大一新同学开设，因此，以大学生活的适应为逻辑起点，在帮助大学新生识读大学、优化人生方面具有重要作用。大家不妨听听“老生常谈”：

视频(自制)：

大家好！我是历史系大二的李妍。刚进大学时，总感到空虚和无聊，是《基础》课引导我们尽快认识和适应了大学生活，走出了人生的迷惘。《基础》课教我们懂得了如何坚守道德的底线，提高个人修养；如何追求人性的高尚，提升人生境界；如何确立奋斗目标，实现人生价值；如何运用法律的武器，维护自己的正当权益。学习《基础》课，真的让我们受益匪浅。

① 高清海：《人就是“人”》，辽宁人民出版社 2001 年版，第 12 页。

大家好！我是中文系大四的杜沂林。至今我清楚记得自己在听了几节《基础》课后写下的日记：好久好久没有这样一种听课的感觉了——每周只有一次，于是心中产生几分期盼；好久好久没有这样一种对老师的感情了——有点像对家中的老父亲，几日不见心中会有几分思念。“实话实说”，《基础》课，我们当初都喜欢！

大家好！我是数学系大三的王一帧，我印象最深的是《基础》课老师在第一次课上就给我们留下了各种联系方式，让我们日后在遇到困难和问题时随时联系。作为新生，身处异乡，在颇感无助的情况下，听了老师的话，真的好生感动。事实上，老师的“课后服务”，真的为我们好多同学包括我在内排过忧、解过难、释过惑，至今谈起来，我们依然很感激。①

作为任课教师，我们的教学和服务能够得到同学们的肯定，真是甚感欣慰。面对在座的一张张新的面孔，我不禁想起了唐初诗人刘希夷在《代悲白头翁》里的一名句：年年岁岁花相似，岁岁年年人不同。在这里，我套用他的这一名句：

年年岁岁“课”相似，岁岁年年“人”不同

刚入学的新同学，是清一色的“90后”，很多同学还要更加自豪地说自己是“95后”，同学们的成长清楚地反映和体现出我们这个时代的特征。因此，我由衷地希望，每周一次的《基础》课能成为我们思想交流、情感沟通和心灵撞击的平台，我愿与同学们一道，同担风雨，共享阳光，携手共创大学生活的辉煌！

说到这里，我想问同学们一个“不成问题的问题”：进入大学以来，在自豪和兴奋之余，同学们是否认真地思考过：何谓大学？大学何为？何谓大学生？大学生活应怎样度过？我看看：思考过这个问题的同学举手。不多！同学们可不要小看这个看似简单实则复杂的问题，因为它反映的是一个大学新生对大学生活的“自觉”。通过绪论第一节的学习，我想大家在心灵深处一定会有所触动，对思考这一问题也一定会有所启发。

---

① “基础”课教学改革访谈，曲阜师大马克思主义学院录制，2010年8月。

第一节　适应人生新阶段(2.5 学时)

本节教学步骤一:(50 分钟)

课堂讨论:你心目中的大学

刚才,同学们积极踊跃、争先恐后地发言,这本身就是一件好事,值得赞赏,希望大家能保持。当然,时间关系不可能人人发言,但我们依然可以看出,发言的同学无不为自己心目中的大学描绘了一幅幅美丽诱人的图景。下面,我就结合同学们的发言、专家学者的研究以及我的感悟,综合性地谈谈何谓大学。

本节教学步骤二:(50 分钟)

一、认识与适应大学生活

何谓大学? 大学,不是校园大的学校;大学,不是大人上的学;大学,也不是大家都来学。专家学者们认为,大学应当有"四大支撑":

何谓大学? 一位知名学者曾经形象地指出,一所好的大学,必定要有三老:老树、老屋、老人。"三老"代表什么? 我想,它代表的就是一所大学的文化底蕴。

我曾做过二十年的辅导员,每次去北京出差,在北大读研或工作的学生知道了,都要邀我去北大一聚一叙。在北大校园里,我总是喜欢驻足欣赏那些"老屋",尤其喜欢在"老树"下的石头上看一看、摸一摸、坐一坐。我与我的学生讲,我坐的不是石头——是文化! 我说别小看这不起眼的石头,说不定辜鸿铭坐过,胡适坐过,李大钊坐过,蔡元培坐过,这就是文化,这都是百年老校的历史见证。

陈平原:这样的校园文化很不理想

20 世纪 90 年代以来,我国高校纷纷扩建,大学城林立。然而,著名学者、北大教授陈平原先生却不无忧虑地抨击当下我国的大学城:

> 硬件都很好,但缺乏历史感和文化氛围。大学城一般都不设教师住宅区,上完课马上走人。傍晚时分在大学城走走,全是"朝气蓬勃"的面孔,一点都没有梅贻琦所说的"大鱼带小鱼"感觉。这样的校园文化很不理想。①

---

① 陈平原:《大学有精神》,北京大学出版社 2009 年版,第 186 页。

我个人认为,陈平原先生的抨击不无道理,他揭示了当下我国高校的一个痛处,实际上我们似乎也都能感受到这一点。

雅斯贝尔斯:个体之间富有生命的交往

雅斯贝尔斯说过:"大学是研究和传授科学的殿堂,是教育新人成长的世界,是个体之间富有生命的交往,是学术勃发的世界。"①陈平原教授认为,雅斯贝尔斯说的"个体之间富有生命的交往",包括同学之间的,也包括师生之间的。而如今缺了后一种,全成了同龄人的对话与嬉戏,他认为这必定会影响大学生精神成长的历程。

杨福家:大学文化

当年曾是复旦大学的当家人,后任过英国诺丁汉大学校长,现为中国科协副主席的杨福家先生提出:大学之所以称之为大学,关键在于它的文化存在和精神存在。

杨福家先生把大学文化归结为:追求真理、严谨求实、追求理想和人生抱负、崇尚学术自由、提倡理论联系实际、崇尚道德、大度包容、具有强烈批判精神。②

涂又光:"泡菜理论"

"大学文化"对莘莘学子有着深刻而久远的影响。对此,华中科技大学教授涂又光先生提出了"泡菜理论"——泡菜的味道取决于泡菜缸里的泡菜汤。涂又光先生认为,一所大学学子的素养取决于什么?取决该大学的文化,有什么样的大学文化,就会熏陶出什么样的学子,因此,大学文化就似泡菜缸里的泡菜汤。③ 我认为,涂又光先生点到了大学文化的真谛。

校训:大学精神之象征

校训,作为大学精神象征,是学校历史和文化的结晶,是办学理念的体现,也是对学校特有的文化内涵的一种简练表达。因此,中外名校无不有着自己富有个性色彩的校训。在此,我遴选了中外几所大学的校训,与同学们共赏:

---

① 雅斯贝尔斯:《什么是教育》,邹进译,三联出版社 1991 年版,第 150 页。

② 杨福家:《大学的使命与文化内涵》,《现代教育论丛》,2008(2)。

③ 刘献君:《大学之思与大学之治》,华中理工大学出版社 2000 年版,第 57 页。

清华大学(图):自强不息,厚德载物

一媒体对“中国最好的大学校训”做过测评,清华大学获得第一。我想这也不意外,为什么? 因为“自强不息、厚德载物”反映了中华民族的精神。2006 年 4 月国家主席胡锦涛在耶鲁大学演讲也引用“天行健,君子以自强不息”这一名句表述中华民族精神。

复旦大学(图):博学而笃志,切问而近思

同一次测评,复旦大学校训获第二名。李政道教授特别欣赏每句话中的第二个字:“学”和“问”,他认为,学问——就是要学会问问题。

香港城市大学(图):敬业乐群

我去过香港,也参观过香港城市大学,真的很美,我认为其校训也很好。试想,一个大学的毕业生不但非常勤奋——“敬业”,而且还能团结协作,富有团队精神——“乐群”,这样的大学毕业生,还有什么事情不能做,还有什么事情做不好呢?

哈佛大学(图):Truth

哈佛大学的校训就一个单词,有人把它译为:“让真理与你为友”,亦有译作“与真理为友”,即追求真理,不迷信权威。大学文化理应是追求真理的文化,严谨求实的文化。

耶鲁大学(图):Light and Truth

2006 年 4 月,胡锦涛在耶鲁大学发表演讲,对耶鲁大学校训大加赞赏:“耶鲁大学的校训强调追求‘光明与真理’,这符合人类进步的法则,也符合每个有志青年的心愿。”①

曲阜师范大学(图):学而不厌,诲人不倦

我们的校训特色非常鲜明。我一直认为,曲阜师大的学生真的是“学而不厌”,就看每年考入全国高校的研究生数量吧,闻名全国;曲阜师大的教师也真是“诲人不倦”。要不然,怎么能在如此偏僻的农村,办成如此有名的一所大学呢? 我相信,大家在四年的大学生活中一定会深切感悟到我们校训的真谛。

(一)认识大学生活

大学生活的变化包含了学习要求的变化、生活环境的变化、社会活动的变化。大家不妨到网络上搜索一下开学典礼上各大学校长、教师富有个性风采的讲话和

---

① 杨福家:《大学的使命与文化内涵》,《现代教育论丛》,2008(2)。

发言,他们对新同学的叮咛和嘱托,会给我们很多的启迪。

(二)尽快适应大学生活

要求同学们树立自立自强自信自律的生活意识,提高明辨是非善恶的能力,虚心求教,细心体察,大胆实践,积累生活经验,从而尽快适应大学生活。

本节课教学步骤三:(25 分钟)

二、更新学习理念

计算自己的大学学习成本

通过认真计算大学阶段家庭和国家支付的学习费用,引导学生珍惜来之不易的学习机会,珍惜大学阶段宝贵的学习时光,时刻不忘父母的培养和国家的期望,奋发学习。

新的学习理念

树立自主学习、全面学习、创新学习、合作学习、终身学习的理念。

三、确立成才目标

合格建设者和接班人

德是人才素质的灵魂,智是人才素质的基本内容,体是人才素质的基础,美是人才素质的综合体现。

第二节　提升思想道德素质和法律素质(0.5 学时)

本节教学步骤一:导入(5 分钟)

当今时代为大学生的成长成才提供了广阔的舞台,也提出了更好的能力和素质的要求。一方面是科学文化水平和专业能力,另一方面就是思想道德素质和法律素质。

本节教学步骤二:(20 分钟)

一、思想道德与法律

思想道德提供价值基础

社会主义思想道德为法律的制定、发展和完善提供价值准则,是法律正义性和合理性的重要基础;思想道德能够促进人们自觉尊法学法守法用法,维护法律权威;思想道德调整的社会关系更加广泛,与法律共同促进和谐社会秩序的形成。

法律提供制度保障

社会主义法律通过对思想道德的基本原则的确认,为思想道德建设提供国家强制力保障;法律的颁布和实施,能够有力地推动思想道德传播和践行;法律对违法犯罪的制裁,有助于惩罚和遏制严重违背思想道德的行为,引导和促进人们自觉履行道德义务、社会责任。

国家和社会治理需要思想道德与法律共同作用

一个是规范和强制,一个是教化和引领。

二、思想道德素质与法律素质

思想道德素质是人们的思想观念、政治立场、价值取向、道德情操和行为习惯等方面素养和能力的综合体现,反映着一个人的思想境界和道德风貌。法律素质是指人们掌握和运用法律的素养和能力。掌握必备的法律知识,树立必需的法律观念,拥有必要的用法、护法能力,构成了法律素质的基本要素。

第三节　培育和践行社会主义核心价值观(2 学时)

本节教学步骤一:导入(10 分钟)

(图)中美影片中传递的价值观比较

价值观是人类在认识、改造自然和社会的过程中产生与发挥作用的。不同民族、不同国家由于其自然条件和发展历程不同,产生和形成的核心价值观也各有特点。核心价值观,承载着一个民族、一个国家的精神追求,体现着一个社会评判是非曲直的价值标准。

本节教学步骤二:(50 分钟)

一、社会主义核心价值观的基本内容

党的十八大提出,倡导富强、民主、文明、和谐,倡导自由、平等、公正、法治,倡导爱国、敬业、诚信、友善,积极培育和践行社会主义核心价值观。

(一)核心价值观的三个层面

富强、民主、文明、和谐是国家层面的价值目标,自由、平等、公正、法治是社会层面的价值取向,爱国、敬业、诚信、友善是公民个人层面的价值准则。

1. 国家层面

"富强、民主、文明、和谐",是我国社会主义现代化国家的建设目标,也是从价值目标层面对社会主义核心价值观基本理念的凝练，在社会主义核心价值观中居于最高层次，对其他层次的价值理念具有统领作用。富强即国富民强，是社会主义现代化国家经济建设的应然状态，是中华民族梦寐以求的美好夙愿，也是国家繁荣昌盛、人民幸福安康的物质基础。民主是人类社会的美好诉求。我们追求的民主是人民民主，其实质和核心是人民当家作主。它是社会主义的生命，也是创造人民美好幸福生活的政治保障。文明是社会进步的重要标志，也是社会主义现代化国家的重要特征。它是社会主义现代化国家文化建设的应有状态，是对面向现代化、面向世界、面向未来的，民族的科学的大众的社会主义文化的概括，是实现中华民族伟大复兴的重要支撑。和谐是中国传统文化的基本理念，集中体现了学有所教、劳有所得、病有所医、老有所养、住有所居的生动局面。它是社会主义现代化国家在社会建设领域的价值诉求，是经济社会和谐稳定、持续健康发展的重要保证。

2. 社会层面

“自由、平等、公正、法治”，是对美好社会的生动表述，也是从社会层面对社会主义核心价值观基本理念的凝练。它反映了中国特色社会主义的基本属性，是我们党矢志不渝、长期实践的核心价值理念。自由是指人的意志自由、存在和发展的自由，是人类社会的美好向往，也是马克思主义追求的社会价值目标。平等指的是公民在法律面前的一律平等，其价值取向是不断实现实质平等。它要求尊重和保障人权，人人依法享有平等参与、平等发展的权利。公正即社会公平和正义，它以人的解放、人的自由平等权利的获得为前提，是国家、社会应然的根本价值理念。法治是治国理政的基本方式，依法治国是社会主义民主政治的基本要求。它通过法制建设来维护和保障公民的根本利益，是实现自由平等、公平正义的制度保证。

3. 个人层面

“爱国、敬业、诚信、友善”，是公民基本道德规范，是从个人行为层面对社会主义核心价值观基本理念的凝练。它覆盖社会道德生活的各个领域，是公民必须恪守的基本道德准则，也是评价公民道德行为选择的基本价值标准。爱国是基于个人对自己祖国依赖关系的深厚情感，也是调节个人与祖国关系的行为准则。它同社会主义紧密结合在一起，要求人们以振兴中华为己任，促进民族团结、维护祖国统一、自觉报效祖国。敬业是对公民职业行为准则的价值评价，要求公民忠于职守，克己奉公，服务人民，服务社会，充分体现了社会主义职业精神。诚信即诚实守信,是人类社会千百年传承下来的道德传统,也是社会主义道德建设的重点内容,它强调诚实劳动、信守承诺、诚恳待人。友善强调公民之间应互相尊重、互相关心、互相帮助,和睦友好,努力形成社会主义的新型人际关系。

(二)社会主义核心价值体系

1. 马克思主义指导地位——灵魂

大家注意,在社会主义核心价值体系里,马克思主义的指导地位是"灵魂",类同的表述还有"第一位、统领地位、首要问题、思想基础、理论支撑、一条红线"等。它要解决的是一个重大问题——举什么旗帜的问题。对此,我们大学生不应当仅仅知道是什么,更应当知道为什么——我们为什么要坚持马克思主义为指导。

毛泽东:"我们的斗争需要"

> 我们说马克思主义是对的,决不是因为马克思这个人是什么"先哲",而是因为他的理论在我们的实践中,在我们的斗争中证明是对了的。我们的斗争需要马克思主义。①

透过历史的瞳孔,我们不难发现,近代以来,为了救亡图存,先进的中国人尝试过各种思想武器,如改良主义、自由主义、社会达尔文主义、无政府主义、实用主义、民粹主义、工团主义等先后在中国出现过,流行过,然而,无不成为匆匆的历史过客。为什么?因为这些形形色色的"钥匙",无一能打开中国这把古老的"沉锁"。

> 十月革命一声炮响,给我们送来了马克思列宁主义。十月革命帮助了全世界的也帮助了中国的先进分子,用无产阶级的宇宙观作为观察国家命运的工具,重新考虑自己的问题。②

就在这时,一批接受了马克思主义的中国先进知识分子将马列主义与工人运动相结合,组建了共产党,中国革命的面貌从此焕然一新。

---

① 《毛泽东选集》第一卷,人民出版社 1991 年版,第 111 页。
② 《毛泽东选集》第四卷,人民出版社 1991 年版,第 1471 页。

习近平:党的"三大功绩"

习近平总书记在庆祝中国共产党成立95周年大会上的讲话强调指出:在95年波澜壮阔的历史进程中,中国共产党紧紧依靠人民,跨过一道又一道沟坎,取得一个又一个胜利,为中华民族作出了伟大历史贡献。集中体现为完成和推进了三件大事:

1. 团结带领中国人民进行28年浴血奋战,打败日本帝国主义,推翻国民党反动派,完成新民主主义革命,建立了中华人民共和国。

2. 团结带领中国人民完成社会主义革命,确立社会主义基本制度,消灭一切剥削制度,推进了社会主义建设。

3. 团结带领中国人民进行改革开放新的伟大革命,极大激发广大人民群众的创造性,极大解放和发展社会生产力,极大增强社会发展活力,人民生活显著改善,综合国力显著增强,国际地位显著提高。①

这三件大事,从根本上改变了中国人民和中华民族的前途命运,不可逆转地结束了近代以后中国内忧外患、积贫积弱的悲惨命运,不可逆转地开启了中华民族不断发展壮大、走向伟大复兴的历史进军,使具有5000多年文明历史的中国面貌焕然一新,中华民族伟大复兴展现出前所未有的光明前景。

邓小平:"贫穷不是社会主义"

搞社会主义……首先必须摆脱贫穷。现在虽说我们也在搞社会主义,但事实上不够格。只有到了下世纪中叶,达到了中等发达国家的水平,才能说真的搞了社会主义,才能理直气壮地说社会主义优于资本主义。②

放眼今日中国,国家综合势力不断增强,国际影响日益增大,人民生活水平不断提高,这一切无不归功于邓小平以政治家、理论家的大智大慧,开创了中国特色社会主义道路。

---

① 《人民日报》,2016年7月2日。

② 《邓小平文选》,第三卷,人民出版社1993年版,第225页。

“中国崩溃论”崩溃了！

2011 年，日内瓦外交与国际关系学院教授、复旦大学兼职教授张维伟出版了一部颇有影响力的新作：《中国震撼——一个“文明国家”的崛起》。2011 年 5 月，我在国家教育行政学院研修时听过张维伟教授的报告，也读过他的书，他在书中第一页“引言”里直言：

> 中国以西方不认可的模式迅速崛起，给世界带来了相当的震撼。
>
> 西方国家先是预测 1989 年春夏之交政治风波后中国要崩溃；苏联解体后，又预测中国会步苏联后尘分崩离析；邓小平去世前后，又预测中国要大乱；香港回归前，又预测香港的繁荣从此一去不复返了；“非典”爆发，又被描绘成中国的切尔诺贝利；中国加入 WTO，又有人预测中国将走向崩溃；2008 年金融海啸爆发，又有人预测中国要出现大乱；结果这一切都成了笑话。一言以蔽之：中国崩溃论崩溃了。①

因此，今天我们完全有理由相信：

只有社会主义，才能够救中国！只有中国，才能救社会主义！

中国特色社会主义共同理想，集中代表了我国工人农民知识分子和其他劳动者、建设者、爱国者的利益和愿望，具有很强的广泛性和包容性。这个共同理想，把国家、民族与个人紧紧地联系在一起，强调了国家基本实现现代化、民族要实现伟大复兴、人民要过上宽裕的小康生活，有利于调动全体人民的积极性，共同为之奋斗。

3. 以爱国主义为核心的民族精神和以改革创新为核心的时代精神——精髓

民族精神和时代精神是全民族凝聚和发展的精神动力、精神支撑、精神家园。它要解决的是——精神状态和精神风貌问题。

以爱国主义为核心的民族精神

中华民族是一个伟大民族，是世界上唯一传承五千年没有中断过的文明体。在五千年文明史上，中华民族形成了以爱国主义为核心的团结统一、爱好和平、勤劳勇敢、自强不息的伟大民族精神。

---

① 张维伟：《中国震撼——一个“文明国家”的崛起》，上海人民出版社 2011 年版，第 1 页。

鲁迅(图):弃医从文

1902 年,鲁迅东渡日本求学,之所以选择学医,意在救治像他父亲那样为庸医所害的病人,改善被讥为“东亚病夫”的中国人的健康状况。然而,一次上课前放映的幻灯图片却改变了他的一生:日俄战争期间,日军抓了一个中国人要枪毙,说他是俄国间谍,刑场四周围了很多身强力壮的中国人,他们若无其事地在看热闹。在放这张幻灯片时,有的日本学生狂呼“万岁”,有的斜着眼睛看着鲁迅:“看看中国人这样子,一定会灭亡。”面对此情此景,鲁迅浑身像火烧一样,再也坐不住了,他猛地站起来,夹起书本愤然走出教室。

鲁迅(图):精神麻木更可怕

鲁迅认为:精神上的麻木比身体上的虚弱更可怕,要改变中华民族悲惨命运,首先是要改变所有中国人的精神。于是,他毅然弃医从文,离开仙台医学专门学校,回到东京,翻译外国文学作品,筹办文学杂志,发表文章,从事文学活动,最终成为华夏儿女复兴史上一位文化革命的主将。

视频:感动中国年度人物:金晶

各国留学生抗议(图)

2008 年 3 月 14 日,西藏拉萨发生了打砸抢烧事件,达赖集团混淆视听,部分西方媒体报道颠倒黑白,激起了海外华人的强烈愤慨,纷纷走上街头抗议,向世人揭露达赖集团真分裂、假和平的本来面目。反映出广大留学生强烈的爱国热情和民族精神。

以改革创新为核心的时代精神

在改革开放新时期,中华民族又形成了以改革创新为核心的解放思想、实事求是、与时俱进、勇于创新、知难而进、一往无前、艰苦奋斗、务求实效、淡泊名利、无私奉献的时代精神。

(图片展示):航天、抗洪、抗震、奥运

民族精神是对历史文化的传承,是对该民族的全部历史的概括,是时代精神的基础和源泉,民族精神的价值就在于它能随着时代而变化,随着民族实践的发展而发展;时代精神是对现实挑战的应对,是一个民族对于社会发展的适应和对时代趋势的顺应,是民族精神的传承和发展,脱离传统的时代精神往往难以得到民族成员的接受和认可而失去生命力。民族精神和时代精神就像经纬两条线,纵横交合而定格出一个民族在一定时期的精神世界。

4. 社会主义荣辱观——基础

荣辱观是世界观人生观价值观的重要内容,树立正确荣辱观是形成良好社会风气的重要基础。只有分清荣辱,明辨善恶美丑,一个人才能形成正确的价值判断,一个社会才能形成良好的道德风尚。

胡锦涛(图):"八荣八耻"

2006 年 3 月 4 日,胡锦涛总书记在参加全国政协十届四次会议民盟、民进界委员联组讨论时提出社会主义"荣辱观":

> 以热爱祖国为荣、以危害祖国为耻;以服务人民为荣、以背离人民为耻;以崇尚科学为荣、以愚昧无知为耻;以辛勤劳动为荣、以好逸恶劳为耻;以团结互助为荣、以损人利己为耻;以诚实守信为荣、以见利忘义为耻;以遵纪守法为荣、以违法乱纪为耻;以艰苦奋斗为荣、以骄奢淫逸为耻。

以"八荣八耻"为内容的社会主义荣辱观具有很强的民族性、时代性和实践性,是对社会主义思想道德体系全面系统、准确通俗的表达,为全体社会成员判断是非得失、作道德选择提供了价值标准,已经成为当代中国最基本的价值取向和行为准则。

本节教学步骤三:(40 分钟)

二、培育和践行社会主义核心价值观的重要意义

(一)实现中华民族伟大复兴中国梦的价值支撑

从实现民族复兴中国梦的宏伟目标看,核心价值观是一个国家的重要稳定器,构建具有强大凝聚力感召力的核心价值观,关系社会和谐稳定,关系国家长治久安。实现"两个一百年"的奋斗目标,实现中华民族伟大复兴的中国梦,必须有广泛的价值共识和共同的价值追求。这就要求我们持续加强社会主义核心价值体系和核心价值观建设,巩固全党全国各族人民团结奋斗的共同思想基础,凝聚起实现中华民族伟大复兴的中国力量。

(二)协调推进"四个全面"战略布局的精神动力

在全面建成小康社会中加强社会主义精神文明建设,关键是培育和践行社会主义核心价值观。社会主义核心价值观是文化软实力的灵魂,也是文化软实力建设的重点。培育和践行社会主义核心价值观,是凝魂聚气、强基固本的基础工程。

全面深化改革是一项复杂的系统工程。经济体制改革、政治体制改革、文化体制改革、社会体制改革、生态文明体制改革和党的建设制度改革紧密联系、相互交融,同样离不开精神文明建设,离不开培育和践行社会主义核心价值观。

全面依法治国是坚持和发展中国特色社会主义的本质要求和重要保障,是实现国家治理体系和治理能力现代化的必然要求,事关我们党执政兴国,事关人民幸福安康,事关党和国家长治久安。全面依法治国涉及思想观念、体制机制、领导方式和作风建设等各方面,同样离不开培育和践行社会主义核心价值观。

党的领导是中国特色社会主义最本质的特征,全面从严治党是做好党和国家各项工作的根本保证。全面从严治党,就是从党的思想建设、组织建设、作风建设、反腐倡廉建设、制度建设等方面全方位推进党的建设,其中每项建设都离不开培育和践行社会主义核心价值观,离不开坚守共产党人的精神家园。

(三)引导大学生进德修业、成长成才的根本指针

青年正处于价值观形成和确立的关键时期,习近平讲"人生的扣子从一开始就要扣好",大学生要从现在做起,形成自觉的信念理念。从提升民族和人民的精神境界看,核心价值观是精神支柱,是行动向导,对丰富人们的精神世界、建设民族精神家园,具有基础性、决定性作用。一个人、一个民族能不能把握好自己,很大程度上取决于核心价值观的引领。发展起来的当代中国,更加向往美好的精神生活,更加需要强大的价值支撑。

幸福:社会主义核心价值体系的生活指向①

幸福是人类社会的永恒主题,社会主义核心价值体系在本质上规定了以人为本的社会主义幸福观。在幸福观的视域中,人的自由和全面发展是马克思主义的自觉追求,人民生活得更加幸福是中国特色社会主义共同理想的实践指向,中华民族的复兴与幸福是民族精神和时代精神的奋斗目标,现代公民的荣耀与幸福是社会主义荣辱观的价值诉求。明确地把以人为本的幸福观作为社会主义核心价值体系的生活指向,有利于进一步发挥社会主义核心价值体系内在具有的理论力量和精神力量。

作为社会主义核心价值体系的灵魂,马克思主义指导思想解决的是举什么旗的问题,在社会主义核心价值体系中居于统领的地位。提及马克思主义,人们的脑海中通常会浮现出哲学、政治经济学、科学社会主义的理论图景,进而展开为物

① 张方玉:《幸福:社会主义核心价值体系的生活指向》,载《前沿》,2011 年第 5 期。

质第一性、辩证法、唯物史观、剩余价值、共产主义等诸方面的内容。马克思主义教科书式的理论展开固然是正确的,但人们的认识如果止步于此,那么马克思主义的深刻内涵和价值旨归就无法充分地展现。

作为社会主义核心价值体系的主题,中国特色社会主义共同理想解决的是走什么路、实现什么样目标的问题。共同理想是一个国家和民族奋勇前进的精神动力,这里有个前提,就是这个共同理想必须真正具有广泛的社会共识,能够把个体、各个阶层、各个群体的愿望和追求有机结合在一起,具有充分的令人信服的必然性、广泛性和包容性,同时也具有强大的感召力、亲和力和凝聚力。邓小平讲"社会主义是一个很好的名词,但是如果搞不好,不能正确理解,不能采取正确的政策,那就体现不出社会主义的本质"。同样地,如果不能全面地理解和揭示中国特色社会主义共同理想的完整意义,那么就不能够使各个社会阶层、各个利益群体广泛认同和深刻接受这个共同理想。

作为社会主义核心价值的精髓,民族精神和时代精神解决的是应当具备什么样的精神状态和精神风貌的问题。在五千多年的历史发展中,中华民族形成了以爱国主义为核心的团结统一、爱好和平、勤劳勇敢、自强不息的伟大的民族精神。在改革开放的新时期,中华民族又培育和形成了以改革创新为核心的与时俱进、开拓进取、求真务实、奋勇争先的时代精神。在社会主义核心价值体系中,民族精神和时代精神都是中华民族赖以生存和发展的精神支撑,无论是民族精神还是时代精神,其主体都是民族。因此,我们所要弘扬的民族精神和时代精神在本质上可以规约为"我们时代的民族精神"或者"我们民族的时代精神",中华民族是民族精神和时代精神共同的主体指向。民族精神和时代精神基于共同的主体而相互交融,深深熔铸于民族的生命力、创造力和凝聚力中,共同构成中华民族自立自强、创新进取的精神品格。

作为社会主义核心价值体系的基础,社会主义荣辱观解决的是人们行为规范的问题。它以基本行为规范的方式使社会主义核心价值体系落实在现实生活的层面,使人们的日常行为有了具体的遵循尺度。通常认为,树立正确的荣辱观是形成良好社会风气的重要基础,只有分清是非荣辱,一个社会才能形成良好的道德风尚。问题在于,仅仅局限于社会风气的意义上来认识荣辱观尚不足以解析其深刻本意,荣辱观同时还具有更为根本的生活意义。倘若一个社会的"荣辱观"只是作为标准规范或制度安排,那么这种"荣辱观"本身的合理性是值得反思的。

社会主义核心价值体系则在本质上规定了以人为本的幸福观。在幸福观的视域中,人的自由和全面发展是马克思主义的自觉追求,人民生活得更加幸福是中国特色社会主义共同理想的实践指向,中华民族的复兴与幸福是民族精神和时代精神的奋斗目标,现代公民的荣耀与幸福是社会主义荣辱观的价值诉求。确立以人为本的幸福观,有助于人们深化对马克思主义的理解和认识,更好地坚持和发展马克思主义;确立以人为本的幸福观,有助于促进人们对于社会主义共同理想的认同和接受,推动社会朝着富强、民主、文明、和谐的方向前进;确立以人为本的幸福观,有助于人们更加明确民族精神和时代精神的目标指向,激发更加强大的精神动力和创造活力;确立以人为本的幸福观,有助于人们更加全面地把握社会主义荣辱观,形成践行社会主义荣辱观的长效机制。明确地把以人为本的幸福观作为社会主义核心价值体系的生活指向,有利于进一步发挥社会主义核心价值体系内在的理论力量和精神力量,从而推动中华文明的发展进步和社会主义的伟大实践。

第四节 学习本课程的意义和方法(0.5 学时)

本节教学步骤一:(10 分钟)

大学校园:不文明现象(图片、说明)

这些发生在大学校园里的不文明行为,大家看了不能一笑了之,而要"对号入座",看看自己身上是否也存在,有则改之,无则加勉。

本节教学步骤二:(5 分钟)

一、学习本课程的意义

关于学习《基础》课的意义,教材里列了三个"有助于":一是学习《基础》课,有助于当代大学生认识立志、树德和做人道理,选择正确成才之路;二是学习《基础》课,有助于当代大学生掌握思想道德和法律知识,提高思想道德和法律素养;三是学习《基础》课,有助于当代大学生摆正"德"与"才"的位置,做到德才兼备、全面发展。对这三点,领会起来并不难,由于时间关系,我就不再一一展开细讲了。

本节教学步骤三:(10 分钟)

二、学习本课程的方法

关于学习《基础》课的方法,教材里提到四点:一是注重学习科学理论;二是掌握思想道德和法律修养的基本知识；三是注重联系实际；四是坚持学以致用。由于时间关系，我也不一一展开讲了，大家课后可看教材第 14、15 页的内容。在这里，我想对“学以致用、知行统一”问题多说几句：

在传统的儒家教育理念中，“知行统一”是重要的追求，也是一种境界。当代大学生对思想道德与法律方面的知识、规范、规则不可谓知之不多，关键问题是“知行不一”。

大学生："知行不一"

现代媒体的发展，当代大学生知识的获取与更新，比任何一个时期的大学生都要多都要快，同学们对思想道德修养、法律方面知识的学习和掌握，同样也是如此。但现实中有一个问题，就是大学生在“知与行”上表现出不协调，不统一，主要表现在如下几个方面：1. 知而不行；2. 知而不完全行；3. 知而己不行，却要他人行。

修养，是一个长期艰巨的过程，当代大学生要从我做起，从现在做起，从点滴小事做起，力求在学中做，做中学，慎独自守，防微杜渐，不断提高个人思想道德素养和法律素养。

推荐阅读

1. 江泽民：《在庆祝北京大学建校一百周年大会上的讲话》，《人民日报》1998 年 5 月 5 日。

2. 胡锦涛：《在庆祝清华大学建校 100 周年大会上的讲话》，《人民日报》2011 年 4 月 25 日。

3. 习近平：《青年要自觉践行社会主义核心价值观》，《习近平谈治国理政》，外文出版社 2014 年版。

4.《高举中国特色社会主义伟大旗帜，为夺取全面建设小康社会新胜利而奋斗——在中国共产党第十七次全国代表大会上的报告》，人民出版社 2007 年版。

5.《中国中央办公厅印发 < 关于培育和践行社会主义核心价值观的意见 > 的通知》，《十八大以来重要文献选编》（上），中央文献出版社 2014 年版。

6. 陈平原：《大学有精神》，北京大学出版社 2009 年版。

7. 张维伟：《中国震撼——一个“文明国家”的崛起》，上海人民出版社 2011 年版。

【教学小结】

教学效果分析：

1. 作为大学新生入学后的第一门“思政课”，教师以大学新生关注的大学生活“适应”为逻辑起点，以丰富的知识和丰厚的人生历练为根基，独具匠心地提出大学生活的“经营”理念，对新生的思维方式形成了极大的冲击力。

2. 马克思指出：“理论只要说服人，就能掌握群众；而理论只要彻底，就能说服人。”①社会主义核心价值体系是绪论的重点、难点，也是贯穿全课程的一条“红线”，教师攻坚克难，理论联系实际，历史联系现实，国内联系国际，经验联系教训，将这一重点、难点“讲新、讲深、讲透、讲清”，教师讲之满怀激情，学生听之心灵震撼，收到了“理论只要彻底，就能说服人”的效果。

教学经验：

1. 自我“推销”不可小觑。教师的自我介绍不是简单的应付，必须根据自己授课的班级、学生、专业等情况进行精心的设计，既凸显个性色彩，又与学生构成“关联”，拉近距离，产生亲和力。

2. 备课先“备学生”。教研室课前首先组织举行“《基础》课教学师生恳谈会”，虚心征求大学新生的意见和建议，耐心倾听大学新生关注的话题、问题。这样一来，教师在授课中能言新生所盼，解新生所困，排新生所忧，释新生所惑，使课堂成为师生思想交流、情感沟通、心灵撞击的平台。

3. 实施“课后服务”。教师首次课就主动向学生公布联系方式，愿随时为学生排忧解难，让大学新生“耳目一新”，心存感动；设立“大学生法律咨询服务中心”，义务为大学生提供法律咨询服务，深得大学生赞赏，拓展了教学时空，提高了教学教育的实效性。

改进措施：

1. 加大教师尤其是青年教师培训力度，潜心研读马列经典原著，原汁原味地感悟理论魅力，提高马克思主义理论素养。

2. 本着“缺什么补什么”的原则，邀请相关学科的专家学者为教师开设专题讲座，拓宽教学科研视野，更新优化知识结构，全面提升“基础”课教师的综合素质。

3. 鼓励《基础》课教师兼做一点学生工作，深入了解学生，提高教学针对性和实效性。

---

① 《马克思恩格斯选集》第一卷，人民出版社 1995 年版，第 9 页。

第一章

追求远大理想　坚定崇高信念

【教学简况】

学时安排:6 学时,课堂教学 5 学时,实践教学 1 学时。讨论:结合自身实际,谈谈在实现中华民族伟大复兴的中国梦历史使命中大学生肩负的责任。

教学目的:帮助大学生正确理解和把握理想信念对成长成才的重要性;确立马克思主义的科学信仰,自觉树立中国特色社会主义的共同理想;正确认识理想与现实的关系,坚持个人理想与社会理想的统一,在实现中国梦的实践中放飞青春梦想。

重点难点:将党的十八大精神和相关内容融入到教学过程中,让学生理解为什么必须坚持马克思主义在意识形态领域的指导地位,坚定马克思主义的科学信仰;树立中国特色社会主义共同理想,坚定对中国共产党,对中国特色社会主义,实现中华民族伟大复兴的信心。

学习思考

1. 谈谈理想信念在大学生成长成才中的作用。

2. 谈谈个人理想与中国特色社会主义共同理想的关系?

3. 结合自身实际,谈谈在实现中华民族伟大复兴的中国梦历史使命中大学生肩负的责任。

【教学过程】

教学内容设计:本章分三节。第一节理想信念与大学生成长成才,计划 2 学时;第二节树立科学的理想信念,计划 2 学时;第三节在实践中化理想为现实,计划 1 学时;讨论 1 学时。

教学步骤:本章第一节通过三个步骤讲解理想信念与大学生成长成才;第二节通过四个步骤讲解树立科学的理想信念;第三节通过四个步骤讲解在实践中化

理想为现实。

教学组织:课堂讲授与课堂讨论相结合。

板书设计:多媒体课件与教师黑板辅助板书结合。

教学方法:体系讲授、视频、案例分析、讨论等结合。

第一章

追求远大理想　坚定崇高信念

本章教学步骤一:导入(10 分钟)

透过历史的瞳孔,观察一下改革开放 30 多年来中国大学生思想深化的轨迹,我们可以强烈地感受到:理想、追求、信仰、人生,始终是大学生深沉思考、反复讨论、经久不衰的一个"热门"话题。

1980 年,《中国青年》第 5 期以"潘晓"的名义发表文章,喊出了"人生的路呀,为什么越走越窄?"的疑问,在大学的校园里引发了一场空前的"地毯式"的人生观大讨论。

1982 年,山东姑娘张海迪以只有三分之一有知觉的躯体喊出了"人生的意义在于奉献,而不在于索取"。迷惘中的大学生,思想出现了一次历史性的升华。

1982 年 7 月 11 日,第四军医大学学员张华,因救不慎跌入化粪池的 69 岁老农而献出了年仅 24 岁的生命。张华牺牲后,被中央军委追记一等功,授予革命烈士称号,他的事迹也引起了所有主流媒体的关注和报道,而一场围绕着张华的争论也在全国大学生和整个社会中展开:大学生为救老农牺牲值不值?

1988 年,名为朗朗的青年在《中国青年》杂志上提出了《我们究竟出了什么毛病?》;接着 1989 年《中国青年》第 3 期又发表了《丢失的草帽在哪里?》,历史上称为的"朗朗寻帽"的困惑。

从 80 年代末到 90 年代初,"我不相信""一无所有""跟着感觉走""谁的眼泪在飞"。再从九十年代末到本世纪初,"我想有个家""寻找精神家园""米字路口的选择",如此等等。

"人生、理想、信仰"这一永恒的主题,在大学的校园里掀起了一股又一股强大的冲击波,震撼着成千上万莘莘学子那不安的心灵。这是为什么? 因为:理想——大学生心灵的灯塔。

第一节　理想信念与大学生成长成才(2 学时)

本节教学步骤一:导入(5 分钟)

高清海:人就是"人"

已故哲学大师、吉林大学教授高清海先生在《人就是"人"》一书中强调指出:

动物可以不必知道自己是什么、会成为什么,人却不能不问自己,因为'自觉为人'是人的价值生命的本性规定,人的生命意义也就体现在这里……人如果失去人的目标,虽然还可以活着,那不过是个'人形动物'而已。①

追求远大的理想、坚定崇高的信念,是我们当代大学生成长、成才、成就事业、开创未来的强大精神支柱和精神动力。

本节教学步骤二:(45 分钟)

一、理想信念的含义与特征

(一)理想的含义与特征

在中国古代,理想叫作"志",即志向。子曰:三军可夺帅也,匹夫不可夺志也。②

作为一种精神现象,理想是人们在实践中形成的、有实现可能性的、对未来社会和自身发展的向往与追求,是人们的世界观、人生观和价值观在奋斗目标上的集中体现。

1. 社会发展史:追求理想社会的奋斗史

从宏观角度来看,一部人类社会发展史,就是一部不懈追求理想社会和美好生活的奋斗史。大约在三百多万年前,我们的祖先被迫无奈地"从树上下来了",开始了"穴居生活",穴居生活是更加艰难和更加危险的生活,也正是从那时开始,为了满足生存和生活的需要,我们的祖先开始了改造世界的斗争。人们追求先进

① 高清海:《人就是"人"》,辽宁人民出版社 2001 年版,第 13 页。

② 《论语·子罕》。

的生产方式,以满足与日俱增的物质生活的需要,从旧石器、新石器、复合工具到弓箭的发明与使用,再到定居农耕的出现。与此同时,人们追求更合理、更文明的社会制度,以调整日益复杂的人与人之间的关系。正因为这样,在漫长的历史岁月里,才出现了那么多伟大的思想家,如孔子、苏格拉底、马克思、孙中山、毛泽东等。他们就像黑夜的星斗,为人类社会的发展与进步指引着正确的方向。

2. 中共党史:为实现民族解放国家独立的奋斗史

从“中观”角度看,一部中共党史,就是一部中国共产党人为实现民族解放、国家独立、人民幸福而英勇奋斗的历史。从 1921 年中国共产党成立开始,共产党人就为实现国家独立、民族解放、人民幸福抛头颅洒热血,历尽艰难险阻,牺牲了成千上万优秀儿女。据资料统计,在毛泽东向全世界庄严宣告中华人民共和国成立之时,中国共产党的党员已经发展壮大到了 300 万(活着的)。但是,此时全国有名可查的共产党员烈士就有 370 万,这意味着什么?意味着绝大多数共产党人,没有看到鲜艳的五星红旗在天安门上空飘起,就为她的升起而英勇献身了。

3. 人生:追求理想的一种运动

从微观角度来看,人生就是追求理想的一种运动。① 从我们来到这个世上,追求着母爱、家庭的温暖与幸福、学习的进步,追求着身心健康、独立自由,追求着爱情事业,追求着自我价值的实现。正是经历了这无数的选择与追求,大家才拥有了今天接受高等教育难得的机会。当然,正如时代在前进,社会在发展一样,同学们在理想和追求上,也没有停止前进的脚步,而是在继续追求,继续朝着自己的理想境界昂首迈进。

理想的特征

1. 科学性和现实性

科学的理想不同于人们头脑中的空想。空想尽管也是人们对未来的一种想象,但它是脱离实际的主观臆想,缺乏实现的可能性。科学的理想以对客观事物发展规律的正确把握为根据,是在社会历史发展的进程中,人的主观能动性与社会发展客观运动趋向的一致性的反映。

2. 时代性和阶级性

饥饿的年代,理想是温饱;温饱的年代,理想是文明;离乱的年代,理想是安定;安定的年代,理想是繁荣。流沙河的诗句反映的正是不同时代的人们有着不

---

① 张应杭:《穿越黑洞:人生哲学精华》,上海文化出版社香港海风出版社 1990 年,第 159 页。

同的向往和追求,说明理想带有鲜明的时代特色。在阶级社会里,理想又受到一定的阶级地位和阶级利益的制约。每一个人都是站在一定的阶级立场上,用一定阶级的世界观和方法论来观察社会,提出奋斗目标的。因而,不同的阶级有着不同的理想。

3. 实践性和超前性

理想只有通过人们的社会生活实践才能实现。要把理想转化为现实,就必须脚踏实地反复实践。离开实践,再美好的想象也不是理想,而是空想。理想来源于现实,又是对现实生活的超越。在一定意义上说,理想是人们在对现实社会认识的基础上,以期望或预想的形式反映未来。理想所描绘的不是现状,而是与奋斗目标相联系的未来,是人们的要求和期望的集中、直观的表达,它激励着人们在现实生活中一步一步地为实现理想而奋斗。

4. 多层次性

人生理想源于人的需要,而人的需要又是多方面多层次的。因此,人的理想也是多方面多层次的。从性质上分有科学理想和非科学理想、崇高理想和一般理想;从时序上分,有长远理想和近期理想;从主体上分,有个人理想和社会理想;从内容上分,有生活理想、职业理想、道德理想、社会理想。

(二)信念的含义与特征

何谓信念?信念与理想一样,也是人类特有的一种精神现象。信念是认知、情感和意志的有机统一体,是人们在一定认识基础上确立的对某种思想或事物坚信不疑并身体力行的心理态度和精神状态。

信念,是一种强大的内在的精神寄托,是托起人生大厦的支柱。对一个有志者来说,信念是立身的法宝和希望的长河;是理想和意志的融合,是精神和品格的交汇;是成功事业的台阶,是战胜艰难的力量;是人生的精华,是幸福的源泉。

信念以认识为基础,以情感为关键,以意志为保证。信念是高于理想的认知,但又以理想为基础,信念是认识、情感和意志的统一。信念以一定的认识为基础,但是这种认识可能是正确的,也可能是错误的。即使是错误的认识,只要自己相信,就有信念确立。

信念的特征

1. 稳定性

人们的某种信念一旦形成,就不会轻易改变。因为人的信念的形成本身,就不是一件容易的事情,而是人在长期生活实践过程中逐步形成的,其中积淀了一个人多年的人生经验,包含了社会环境对个人的长期影响。一个人的信念不仅是个人长期的认识和经验因素,而且受制于其稳定的情感认同,并与人的生命意志和人格特点有着密切的关系。所以,一个人的信念形成以后,不会因为某个个别事件就发生改变。当然,这不是说信念不可改变,只有当长期反复实践和验证,确认其错了时才会改变。信念改变不易,也从反面证明了信念的稳定性。

2. 执着性

努力身体力行,不达目的誓不罢休。人们的认识既可能是正确的,也可能是错误的,但从个人来说,谁都认为自己的信念是正确的,谁都持坚决相信的态度,这使信念带有极大的执着性。

3. 亲和性

一个人对于与自己信念相近或相同的人,会产生极大的兴趣和热情,"志同则道合,德同则相聚"。所谓志同道合,就是信念亲和性的表现。如果信念不同或相反,则可能导致人们之间关系的疏远或情绪的对立。

4. 多样性

在阶级社会里,不同的阶级由于阶级利益、政治立场等不同会具有不同的信念。不同的人,由于社会环境、思想观念、利益需要和具体经历等不同,会形成不同的乃至截然相反的信念。同一个人,在社会生活的不同方面都可能产生相应的对政治、经济、社会发展、道德、理想、科学、真理、审美、事业、爱情的信念,以及其他人生信念,因而对同一个人,信念也是多种多样的。

(三)信念最高表现形式是信仰

提到信仰,大家首先想到的可能是宗教。不错,宗教的确是信仰的一种,但是并不是全部。也就是说宗教是信仰,但信仰不一定是宗教。信仰是指人们对某种理论、学说、主义的信服和尊崇,并把它奉为自己的行为准则和活动指南。

信仰包括科学的信仰和盲目的信仰,盲目的信仰是对虚幻的世界、不切实际的观念、荒谬的理论等的迷信和狂热崇拜。科学的信仰则来自人们对自然界和人类社会发展规律的正确认识。比如我们对真理、对正义的信仰都是科学的信仰。

信仰属于信念,是信念的一部分,但信仰不是一般的信念,而是信念最集中最高的表现形式。它统摄着我们的精神世界,是我们每一个人都必须具备的精神品质。文天祥的"人生自古谁无死,留取丹心照汗青",谭嗣同的"我自横刀向天笑,去留肝胆两昆仑",就是他们对各自人生信仰的真实表白。

方志敏烈士在狱中面对敌人种种诱惑,表达自己对共产主义信仰的忠贞不渝:我不喜欢你们的两餐大菜,宁愿吃猪狗食;我不喜欢你们舒适的钢丝床,宁愿住我的稻草窝。敌人的金钱、美女、权力在方志敏的眼里如同粪土。这种崇高的感情也表达了共产党人的共产主义信仰的圣洁。

在人的生命历程中,理想和信念总是如影随形、相互依存。理想是信念的根据和前提,信念则是实现理想的重要保障。在很多情况下,理想亦是信念,信念亦是理想。当理想作为信念时,它是指人们确信的一种观点和主张;当信念作为理想时,它是与奋斗目标相联系的一种向往和追求。也正因如此,人们常将理想与信念合称为理想信念。

2004 年,《中共中央国务院关于进一步加强和改进大学生思想政治教育工作的意见》第一次把理想、信念改为理想信念,虽然只是一个符号变化,但却意味着理想信念这一复合概念具有特殊的意义。

理想信念中的理想是指人们追求理想中的最高目标、最高层次。理想信念中的信念,是指人们把追求理想中的最高目标作为最高价值,高度信服和敬仰,自觉追求的一种精神状态。理想信念中的理想不是指一般的理想,而是指崇高的社会理想,理想信念中的信念是把崇高的社会理想作为信仰。

在我国现阶段,理想信念主要是指中国特色社会主义的共同理想和马克思主义的科学信仰。只有把握好理想信念的这一特定内涵,才能把握好本章学习的主题。

以赤诚之心信仰党的理论

方永刚,海军大连舰艇学院政治系教授,长期从事党的理论教学、研究和传播工作,在他心中,这是太阳底下最神圣的事业,是自己生命中最重要的一部分。

1963 年 4 月,方永刚出生于辽宁省朝阳市建平县萝卜沟乡水泉村。1981 年他考入了复旦大学,四年间,他认真通读了《马克思恩格斯选集》《列宁选集》和《毛泽东选集》。第一个学期他在完成自己课程学习的同时,还利用课余时间读中国小说,以弥补自己文学知识的不足。毕业后入伍,先后在海军政治学院,大连舰艇学院任教,长期从事政治理论教学和研究工作。方永刚坚持深入学习,坚定信仰,模范践行党的创新理论,深入工厂、农村、学校和社区做报告 1000 多场,被官兵群众誉为大众学者。

2006 年 11 月 8 日,对一向乐观的方永刚来说是不幸的一天。这一天,他被确诊为结肠癌。面对突如其来的病祸,方永刚依然乐观豁达:"如果有一天我的生命之钟停摆了,我愿意把它定格在自己的岗位上,永远保持一名思想理论战线英勇战士的冲锋姿态,让有限的生命为太阳底下最壮丽的事业燃烧……”“我是一名政治理论教员,我对党的理论深信不疑。”“我一直把党的理论当成自己的灵魂,把传播党的理论当成是生命中最重要的一部分,我生命的激情、生活的乐趣都在于此!”这是方永刚的激情告白。

人无信不立。这些年,方永刚研究宣传党的理论,根本一点就是坚信党的理论是科学的真理。

二十多年来,方永刚在完成政治理论教学任务的同时,完成了十余项政治理论研究课题,出版了16部政治理论专著,在国家和军队核心期刊上发表论文40多篇。“我甘愿奉献自己全部的聪明才智,与千千万万个理论工作者一道,让党的理论的真理之花遍地开放,让党的理论的真理之光照亮和温暖千家万户。”这是方永刚心里最朴素、最强烈的愿望。

感动中国推选委员陈小川,在推荐方永刚是这样写道:

他从古今中外的历史中,思考中国的今天和未来,他是伟大理论的真诚播火者,他所传播的理论和他的道德人品一起,赢得了青年一代。

我们应该学习他追求真理,坚定信仰,矢志不渝的精神,自觉做马克思主义中国化理论的模范践行者和积极传播者,肩负起时代赋予的历史使命。

本节教学步骤三:(40分钟)

二、理想信念的重要意义

著名诗人于沙有这样的一首的诗,诗中写道:

有它,无它,不一样
有它,像船儿有桨能泊滩,能斩浪
无它,像一只花公鸡只知为觅食奔忙
有它,即使天黑下来也看得见光亮
无它,纵然在大白天眼前也一片迷茫
它的名字——叫理想

于沙的这首关于理想的诗,说明理想对人们的生活有着非常重要的作用。人应不应该有理想?回答当然是肯定的。如果说社会是大海,人生是小舟,那么理想就是引航的灯塔,信念就是推进的风帆。大学时代,正是人生风华正茂之际,远大的理想和崇高的信念将帮助我们扬起生命的风帆,对我们的成长成才具有非常重要的意义。这个意义体现在以下三个方面:

(一)理想信念指引奋斗目标

新生活是从选定方向开始的

有这样一个故事:比塞尔是西撒哈拉沙漠中的一个小村庄,它靠在一块1.5平方公里的绿洲旁。从这儿走出沙漠,一般需要三昼夜的时间,可是在肯·莱文1926年发现它之前,这儿的人没有一个走出过大沙漠。据说不是他们不愿意离开这块贫瘠的地方,而是尝试过很多次都没有走出去。

肯·莱文作为英国皇家学院的院士,当然不相信这种说法。他用手语向这儿的人问其原因,结果每个人的回答都是一样的:从这儿无论向哪个方向走,最后都还要转回到这个地方来。为了证实这种说法的真伪,他作了一次试验,从比塞尔村向北走,结果三天半就走了出来。

比塞尔人为什么走不出来呢?肯·莱文非常纳闷。于是,他雇了一个比塞尔人,让他带路,看看到底是怎么回事?他们准备了能用半个月的水,牵上两匹骆驼,肯·莱文收起指南针等设备,只拄一根木棍跟在后面。

10天过去了,他们走了大约800英里的路程。第11天的早晨,一块绿洲出现在眼前,他们果然又回到了比塞尔。这一次,肯·莱文终于明白了:比塞尔人之所以走不出大漠,是因为他们根本就不认识北极星。

在一望无际的沙漠里,一个人如果凭着感觉往前走,他会走出许许多多、大小不一的圆圈,最后的足迹十有八九是一把卷尺的形状。比塞尔村处在浩瀚的沙漠中间,方圆上千公里,没有指南针,想走出沙漠,确实是不可能的。

肯·莱文在离开比塞尔时,带了一个叫阿古特尔的青年,这个青年就是上次和他合作的人。他告诉这个青年,只要你白天休息,夜晚朝着北面那颗最亮的星星走,就能走出沙漠。阿古特尔照着去做,三天之后,果然来到了沙漠的边缘。

现在,比塞尔已是西撒哈拉沙漠中的一颗明珠,每年有数以万计的旅游者来到这儿。阿古特尔因此成为比塞尔的开拓者,他的铜像竖在小城的中央。铜像的底座上刻着一行字:新生活是从选定方向开始的。

大家想一下,在刚开学的时候我曾经问过大家一个问题,就这问题,如果让你用一个词语来形容入学后的心情的话,你会选择一个什么样的词语,我们应该还记得有同学用了这样一个词语,那就是迷茫,而我们之所以会产生迷茫的感觉,就是因为我们没有方向,没有一个努力的目标。

而理想就是黑夜里的北极星,它指给我们一个方向。我们有了理想信念,就可以方向明确、精神振奋，不论前进的道路如何曲折、人生的境界如何复杂，都可以使人透过乌云，看到未来的希望，永不迷失前进的方向。革命导师李大钊曾经这样告诫青年："青年啊，你们在开始行动以前，应该定定方向，譬如航海远行的人，必先定个目的地，中途的指针，总是指着这个方向去，才能有达到目的地那一天。若是方向不定，随风飘转，恐怕永无达到的日子。"他所讲的方向、目的地其实就是奋斗目标。

列夫·托尔斯泰说：理想是指路明星，没有理想，就没有坚定的方向，没有方向，就没有真正的生活。

流沙河说：理想是石，敲出星星之火，理想是火，点燃熄灭的灯，理想是灯，照亮夜行的路，理想是路，引你走向黎明。这几句诗不正说明了理想给我们指明了前进的方向。

一个人是否理智、是否成熟的根本标志就在于他是否已经确立了自己终身的奋斗目标。没有理想的青春是灰色的，没有理想的行为是盲目的，没有理想的生活是乏味的……没有追求只能是浑浑噩噩、醉生梦死。

古往今来，无数事实证明，人有了正确的人生理想，就会因既定的奋斗目标，而能在黑暗中看到光明，在困难挫折甚至暂时失败时充满信心并坚信胜利。反之，人生就如无舵的小舟，或随波逐流，或触礁，或被搁浅。当人们走到生命的终点而回首反顾的时候，每每都有切肤之感：强者与弱者、奋起和沉沦之间其实就是理想和信念的差别，一切强者都是为了自己的理想而奋起，一切弱者都是因为失去了生活的目标而沉沦。所以我们只有树立远大而又崇高的理想信念，认准前进的方向，在正确的人生道路上健康成长成才。

我们有了目标，那么自然就要努力去实现它，否则的话，这个目标也就等于零，在实现的过程中我们需要动力，理想和信念可以给我们提供人生的前进动力。

（二）理想信念提供前进动力

理想和信念能给人生一种动力，一种推进的力量，是人生的力量源泉。人生如逆水行舟，不进则退，因此必须有足够的动力才能不断前进。一方面，人们需要克服人生道路上的各种阻碍，另一方面，任何人都有一定的惰性，都需要不断地战胜自己，超越自我，这都需要有内在的动力。而理想和信念可以给我们这种不竭的动力。有着坚定的理想信念的人，绝不会轻易放弃奋斗目标，为了实现理想，走向成功,往往会付出不懈的努力。

为人民谋幸福的毛泽东(图)

毛泽东,一个地地道道农民的儿子,一介书生,直到十六岁才离开那大山阻隔的山乡。在走出闭塞的韶山冲到湘乡县东山高小读书时,毛泽东就在他父亲的账本上写道:孩儿立志出乡关,学不成名誓不还。埋骨无须桑梓地,人生何处不青山。

二十七岁的毛泽东,一边在小学、师范教书,一边组织"新民学会",探索救国救民的出路。"问苍茫大地,谁主沉浮?"此时的毛泽东,他的志向不仅要改造中国,而且还要改造世界。

人民共和国的开国领袖(图)

毛泽东抱定的心态和志向,成为他成功的巨大动力。经过二十九年的艰苦卓绝的努力、牺牲和奋斗,借助于马列主义的理论和方法,借助于中国和世界的特殊历史机遇,借助于中国共产党的组织和武装力量,借助于成功的策略与智慧,他与他的战友一道用枪杆子夺取了政权,建立了新中国,56 岁的毛泽东成为人民共和国的开国领袖,闻名世界的伟大政治家。

翻开任何一个英雄或伟人的传记,我们都可以清楚地看到,他们之所以最后能走向成功,并非是因为他们的幸运,而恰恰是因为他们有着坚定的信念在支持着自己。

坚定的信念会给我们带来积极乐观的心态,在这种心态下生活,学习,我们就会相信自己是一个成功者,是一个幸运者,就不会以一时的得失来衡量自己的成败,在这种心态的驱使下,你的能力会得到长足的前进和发展;而一个对自己缺乏信心的人,他总是想到自己是最差的,是最无能的,是最没有出息的,是必将走向失败的。

(三)理想信念提高精神境界

人生是物质生活与精神生活相辅相成的统一过程。理想信念作为人的精神生活的核心内容,一方面能使人的精神生活的各个方面统一起来,使人的内心世界成为一个健康有序的系统,保持心灵的充实和安宁,避免内心世界的空虚和迷茫;另一方面又引导人们不断地追求更高的人生目标,提升精神境界,塑造高尚人格。一个人的理想信念越崇高、越坚定,精神境界和人格就会越高尚。

为人类求解放的马克思(图)

革命导师马克思在他 17 岁写下的中学毕业论文里就提出:要选择最能为人

类福祉而献身的职业。他一生献身于为无产者求解放的道路探索和理论创建。晚年的马克思受气管炎、胸膜炎、咽喉炎、失眠症等各种疾病折磨,生不如死。但每当恩格斯与他谈到他们的共同理想——无产者的解放,马克思总是两眼炯炯,兴奋无比。

1883 年 3 月 14 日下午两点三刻,世界最伟大的思想家永远停止了思想——马克思与世长辞了。恩格斯在给美国共产党人的信中写道:马克思是我们这个时代最伟大的思想家,人类的历史因他的存在而缩短了。

恩格斯:他的英名和事业将永垂不朽!

3 月 17 日,马克思被安葬在海格特公墓,虽然只有 11 个吊唁者参加了他的葬礼,但恩格斯在马克思的墓前发表了热情洋溢的讲话,他断言:"他的英名和事业将永垂不朽!"①恩格斯的预言与判断准确吗?历史的车轮转动了 116 个年轮后,到了上个世纪末。

BBC:民意测验

1999 年,英国广播公司(BBC)通过互联网进行民意测验,评出过去一千年中对世界影响最大、最伟大的思想家,马克思高居榜首。法国的一些媒体也进行过类似的评选,马克思位居前列。

马克思故居:挂上了蓝牌

在伦敦苏豪区一条老街上的马克思故居,现已被他所痛恨的资本主义政府挂了蓝牌——作为人类文化遗产被保护起来。只有对人类文化有过杰出贡献的人物才能获此殊荣。这恐怕连九泉之下的马克思自己也是想不到的。

金融海啸:西方马克思热

2008 年国际金融危机爆发,西方对马克思、《共产党宣言》、《资本论》兴趣倍增。《马克思在伦敦》成为英国畅销书。马克思主义经典著作在德国销量 2009 比 2008 年增长了 9 倍。《资本论》居法国十大热读著作之列,总统萨科齐让人给他拍摄学习《资本论》的照片。

理想和信念使人的内心世界成为一个健康有序的系统,保持心灵的充实和安宁,避免内心世界的空虚和迷茫;另一方面又引导人们不断地追求更高的人生目标,提升精神境界,塑造高尚人格,实现人生自我。

对于大学生来说,一定要树立崇高的、科学的理想信念,因为理想信念高尚的

---

① 《马克思恩格斯选集》第三卷,人民出版社 1975 年版,第 576 页。

人,其精神世界必定是充实的,可能我们不是物质上的百万富翁,但是我们可以成为精神上的富有者。其实在我们这个时代,市场经济带来的功利意识,使得很多大学生越来越关注物质和金钱。当然,对物质利益完全排斥的人是不现实的,但是一个过分关注物质利益的人,必定是庸俗的,因为超乎于物质利益之上的精神世界才是人区别于动物的根本之处。所以,我们要做一个精神高尚的人,用我们崇高的理想来抵御低俗世界里的黑暗和不完满,不断提升自己的精神境界。

第二节　树立科学的理想信念(2 学时)

本节教学步骤一:导入(5 分钟)

上节课我们学习了理想、信念的含义与特征,以及理想信念对大学生的意义。我们得出了应该要树立科学的理想信念的结论,那么科学的理想信念又是什么呢?大学生在实现中华民族伟大复兴的共同理想过程中又肩负着怎么样的使命?这就是我们这节课要解决的问题。

时代决定使命,使命决定成才。一代人有一代人的使命。时代赋予的使命是不能推卸的,当然也不能超越。在这样的使命规定下,就决定了生活在这个时代的人的成才方向和目标。

本节教学步骤二:(15 分钟)

一、认识当代大学生的历史使命

在人类的发展过程中,每一代人都成为人类链条的组成部分,起着承上启下的作用,在动态的过程中留下自身的轨迹,因此,每一代人都自然而然地承担着无法推卸的社会责任。

使命:古代指使者奉命出行,后来引申为肩负重大的任务和责任。

历史使命:指在一定社会历史条件下,人们担负的重大的历史任务和重大的历史责任。历史使命不能超越具体的社会历史条件,而是在一定社会历史条件下产生,又随着社会历史条件的变化而变化。面对不同的时代背景,人们肩负着不同的历史使命。

马克思曾说过:“作为确定的人,现实的人,你就有规定,就有使命,就有任务,至于你是否意识到这一点,那都是无所谓的。这个任务是由于你的需要及其与现存世界的联系而产生的。"不同时代的青年面对不同的历史课题,承担着不同的历史使命。

当代大学生是我国社会主义事业的建设者和接班人,承担的是坚持和发展中国特色社会主义、实现中华民族伟大复兴的中国梦的历史使命。

在党的十八大报告中提出我们要在中国共产党成立100年时全面建成小康社会,在新中国成立100年时建成富强民主文明和谐的社会主义现代化国家。实现两个一百年的奋斗目标,进而实现中华民族伟大复兴的中国梦,大学生肩负着特殊的历史使命和历史责任。

当前,我国社会主义现代化建设取得了举世瞩目的巨大成就,社会主义在中国显示出蓬勃生机和活力。同时,也要看到,我国的发展还面临一系列的挑战。这些挑战,既是对中国特色社会主义事业的挑战,也是对当代大学生的挑战。诸如世界技术文化发展的挑战、国际复杂环境的挑战等。在这样一种错综复杂的,变化莫测的国际氛围中,我们每一个同学都应该有一种高度的历史责任感,义不容辞,天下兴亡,匹夫有责,应该有一种强烈的忧患意识和世界的眼光,应该有一颗冷静的头脑,培养一种大无畏的胆略和气概,我们这代人应该是风华正茂的年代,激情燃烧的岁月,诗情画意的情怀,做一个有理想有抱负的人。

本节教学步骤三:(35分钟)

二、确立马克思主义的科学信仰

马克思主义作为我们立党立国的根本指导思想,是由马克思主义严密的科学体系、鲜明的阶级立场和巨大的实践指导作用决定的,是近代以来中国历史发展的必然结果,是中国人民长期探索的历史选择。

马克思主义是科学真理

马克思主义是一种科学理论,它反映了人类社会发展的必然趋势。马克思创立的共产主义学说是在深入研究人类社会发展规律,剖析资本主义社会基本矛盾基础上创立的。马克思一生有两大发现:一个是历史唯物主义,一个是剩余价值学说。历史唯物主义揭示了人类社会的发展规律,指出人类社会发展的根本动力在于社会内部生产力和生产关系、经济基础和上层建筑的矛盾运动。这一矛盾在阶级社会中就表现为阶级斗争,所以,阶级斗争是阶级社会发展的直接动力。剩余价值学说揭露了资本家剥削工人的秘密,揭示了无产阶级和资产阶级之间的矛盾冲突,指出无产阶级是资本主义社会的掘墓人。这就不仅找到了实现未来理想社会的途径,而且找到了实现未来理想社会的力量,使社会主义从空想变成了科学。

马克思主义是科学的。马克思主义理论包括马克思主义哲学、政治经济学和科学社会主义三部分,是一个严密的科学的理论体系。马克思主义哲学是整个理论的基础;马克思主义的经济学说是马克思主义理论最深刻、最全面、最详细的证明和运用;科学社会主义,是无产阶级革命和社会主义建设以及实现共产主义的科学理论,是马克思主义的理论归宿。马克思主义的科学性不仅体现在其理论贡献上,还体现在其实践意义上,它为人们分析和解决问题提供了科学的立场、观点和方法。

马克思主义诞生以来,国际社会主义运动的发展尽管出现过种种曲折,但它所显示的巨大生命力是不容置疑的。历史已经证明并将继续证明马克思主义理论的科学性。

视频:马克思主义的传播

马克思主义具有持久生命力

马克思主义虽然诞生于19世纪,但并没有停留在19世纪,而是不断地发展着。列宁、斯大林、毛泽东、邓小平等,都根据革命和建设现实情况,继承和发展了马克思主义,使马克思主义理论得到不断的充实和完善,充分显示出了马克思主义理论与时俱进的理论品格和革命开放的理论本质。在当今时代,马克思主义仍然显示出其无法替代的理论优势。近年来,源于西方资本主义国家,蔓延至全球的金融危机,再一次验证了马克思主义理论对于时代趋势和人类命运的断言,也雄辩地证实了马克思主义理论持久的生命力。

马克思主义以改造世界为己任

视频:改造世界的精神力量

在马克思墓碑上,镌刻着他的一句名言:“哲学家们只是用不同的方式解释世界,而问题在于改变世界。”①这鲜明地表明了马克思主义的基本特征。一个半世纪以来,正是在马克思主义的指导下,社会主义由空想变成科学,由科学理论转变为社会实践,社会主义国家的出现和社会主义制度的建立,深刻改变着人类历史的走向。虽然苏东剧变使世界社会主义遭受了严重挫折,但是历史发展的总趋势并没有改变。特别是中国共产党人在马克思主义的指导下,所探索的中国特色社

① 马克思:《关于费尔巴哈提纲》。

会主义道路的成功实践,用无可辩驳的事实证明,社会主义具有光明的未来。同时也证明,马克思主义仍然是认识世界和改造世界的强大思想武器。

马克思主义科学预见人类社会最终必然实现共产主义。

共产主义社会,是物质财富极大丰富、实现按需分配、人民精神境界极大提高、每个人自由而全面的发展的社会。共产主义是一种理想、一种学说、一种制度,更是一种实践,需要一代又一代人坚持不懈的努力。共产主义的实现是一种非常漫长的历史过程,而我们现在还处在并将长期处于社会主义初级阶段,所以我们必须认识这一现实,从我们的实际出发,脚踏实地地推进我们的社会主义建设事业。

本节教学步骤四:(45 分钟)

三、树立中国特色社会主义共同理想

中国特色社会主义共同理想,就是在中国共产党的领导下,坚持和发展中国特色社会主义,实现中华民族的伟大复兴。

(一)坚信对中国共产党的信任

胡锦涛在庆祝中国共产党成立 90 周年大会上的讲话中明确指出:鸦片战争以后,中国逐步成为半殖民地半封建社会,列强对中国的侵略步步进逼,封建统治日益腐败,祖国山河破碎、战乱不已,人民饥寒交迫、备受奴役。

我们别的不提,就说在中国近现代史上,帝国主义列强三次占领中国的首都。

民族耻辱:首都三次被占(图片)

第一次是 1860 年 10 月,英法联军占领北京,举世无双的皇家园林——圆明园被抢劫一空,最后被付之一炬。

第二次是 1900 年 8 月,八国联军占领北京,在紫禁城举行分列式,武装通过皇宫。

第三次是 1937 年 12 月,日本侵略军占领南京,日军在南京实施了惨绝人寰的大屠杀,30 万同胞死于日寇的屠刀之下。①

改变中华民族的命运,争取民族独立、人民解放,实现国家富强、人民富裕,成为中国人民必须完成的历史任务。中国人民和无数仁人志士进行了千辛万苦的探索和不屈不挠的斗争。

---

① 朱维铮:《重读近代史》,华东师范大学出版社,2010 年版。

1921年前后,中国政治党派300多个,共产党只是其中一个小小的党派,而且从诞生之日起就面临着被剿杀的危险。然而,正是在血与火的斗争中,中国共产党不断发展壮大起来,正如胡锦涛在纪念中国共产党成立90周年大会上的讲话中所指出的:90年来,我们党团结带领人民在中国这片古老的土地上,书写了人类发展史上惊天地、泣鬼神的壮丽史诗,集中体现为完成和推进了三件大事:实现了民族独立、人民解放;确立了社会主义基本制度;进行了改革开放新的伟大革命。①

因此,我们当代大学生有理由坚信:没有共产党,就没有新中国;没有共产党,就难以实现中华民族的伟大复兴。

(二)坚定中国特色社会主义信念

说到社会主义道路,有些天真的同学会说:老师,假如当初中国走了资本主义道路,我们说不定会……

我想告诉同学们的是,历史不可以假设,假设是历史的天敌。学习过一点历史的同学都知道,在19世纪中国进步的知识分子群体中,存在着很深很深的资本主义"情结"。向西方学习,建立一个资产阶级共和国,是从康有为到孙中山等我国无数民主先驱者终生奋斗的目标,但他们怎么样了呢?他们的努力都失败了。特别是清王朝被推翻后,孙中山先生为争得国民革命的成功几起几落,在和军阀叛卖活动的斗争中身心俱疲,几次陷入绝境,直至最后他才明白,站在这些敌人和叛徒背后的是自己曾经那样向往的英美等西方大国,而后者之所以支持中国的封建军阀扼杀资产阶级革命,是因为它们不希望中国成为和他们平起平坐的资本主义大国,而是希望中国永远积贫积弱,永远当他们的廉价劳动力、原材料的供应地和商品市场。也正因为如此,孙中山先生才在他生命的最后一息,留下了"联合世界上一切平等待我之民族"共同奋斗的遗嘱。

帝国主义列强不让走,国内的封建军阀更不让走。大家知道,发展资本主义,需要有一个统一的国内市场,而封建军阀们要割据一方,各自为政,做土皇帝。如山西土皇帝阎锡山,为了不与外界联系,就连自己境内修的火车铁轨也要比正常的窄一点,你的火车到我这里不接轨——行不通。像他们会允许走资本主义道路吗?关键是我国的民族资产阶级先天发育不良,后天营养失调,他们"心太软",腿更软,心有余而力不足,没有力气走到底。孙中山为什么要把大总统之位让出来,

---

① 《人民日报》,2011年7月2日。

难道他就情愿吗？可他不情愿又有什么办法呢？大家看看孙中山先生这张脸吧：

孙中山(遗像)：无奈？迷惘？期待？

同学们看看，我个人感觉孙中山遗像的表情比蒙娜丽莎的表情丰富多了，困惑？迷惘？郁闷？失望？不甘？我们今天如何想象都不为过。所以说，我们大家应当历史地看问题，不能停留在“假设”上。

在这历史关头，“十月革命一声炮响，给我们送来了马克思列宁主义。”①一批接受了马克思主义的中国青年，为彻底改变中国受人欺凌命运，争取国家独立与富强，他们组建了共产党，并最终领导人民推翻了三座大山，建立了新中国，走向了社会主义道路。

当今世界200多个国家和地区，社会主义国家只有5个(中国、越南、古巴、朝鲜、老挝)，即绝大多数国家是资本主义国家，然而资本主义国家中真正富裕的又有几个？老实讲不到20个，其余的国家都比我们穷。我们不妨与印度一比吧：

张维伟：中印“无法比”

中国和印度都是伟大的文明古国，面积、人口和独立时间都比较接近。然而，两国选择的道路却是不同的，我们选择了社会主义，而印度选择了资本主义。曾经游历考察印度多次的张维伟教授，在他的书中将中国和印度作了如是比较：

印度的经济规模约为中国的三分之一；外贸规模约为中国的四分之一；吸纳外资规模约为中国的十分之一；粮食产量只是中国的一半(尽管印度可耕地比中国多)；印度人平均寿命比中国整整少十岁；境外游客不到中国的二十分之一。高速公路里程、奥运会奖牌总数、妇女地位、贫民窟状况等方面，两国情况完全无法比，印度比中国差太多了。②

中国特色社会主义是由道路、理论体系、制度构成的。

中国特色社会主义道路，就是在中国共产党领导下，立足基本国情，以经济建设为中心，坚持四项基本原则，坚持改革开放，解放和发展社会生产力，建设社会主义市场经济、社会主义民主政治、社会主义先进文化、社会主义和谐社会、社会主义生态文明，促进人的全面发展，逐步实现全体人民共同富裕，建设富强民主文

① 《毛泽东选集》第四卷，人民出版社1991年版，第1471页。

② 张维伟：《中国震撼——一个“文明国家”的崛起》，上海人民出版社2011年版，第184页。

明和谐的社会主义现代化国家。

中国特色社会主义理论体系，就是包括邓小平理论、"三个代表"重要思想和科学发展观在内的科学理论体系。党的十八大以来，习近平从时代和全局高度，围绕改革发展稳定、内政外交国防、治党治国治军，发表了一系列重要讲话。习近平总书记系列讲话科学回答了当代中国面临的一系列重大问题，鲜明提出新形势下党治国理政的一系列重要方略，特别是"四个全面"战略布局，开拓了马克思主义发展的新境界，是中国特色社会主义理论体系的最新成果，是指导具有许多新的历史特点的伟大斗争最鲜活的马克思主义。(四个全面的理论在绪论已经讲到，在此不再展开详细讲述)。

中国特色社会主义制度，就是人民代表大会制度的根本政治制度，中国共产党领导的多党合作和政治协商制度、民族区域自治制度以及基层群众自治制度等基本政治制度，中国特色社会主义法律体系，公有制为主体、多种所有制经济共同发展的基本经济制度，以及建立在这些制度基础上的经济体制、政治体制、文体体制、社会体制等各项具体制度。(以上内容会在讲述宪法内容时详细讲述，在此略提。)

在这三者中，中国特色社会主义道路是实现途径，中国特色社会主义理论体系是行动指南，中国特色社会主义制度是根本保障，三者统一于中国特色社会主义伟大实践。

(三)坚定实现中华民族伟大复兴的信心

党的十七大报告提出，一定要紧紧抓住和利用好可以大有作为的重要战略机遇期，全面建设惠及十几亿人口更高水平的小康社会；加快推进社会主义现代化，本世纪中叶，基本实现现代化。

中国现代化考量：

五千年的历史积淀，一百年的民族屈辱，高度的计划经济体制、"大跃进"和"十年浩劫"，以及近三十多年改革开放所取得的非凡成就，彼此之间有着深厚的联系。这种由于历史形成的智慧之源，促使现代中国在确定现代化目标的时候，非常看重并极欲兼顾三个具体目标。①

1. 赢得国际社会大家庭成员的尊重

中国从来不拒绝批评和自我批评，但是对批评者的动机和方式往往很具敏感

① 杨宇立：《审视中国》，中国发展出版社 2000 年版，第 7 页。

性。这种敏感性来自对批评者是否尊重自己的判断，善意和恶意构成划分朋友、敌人的标准。在中国敢于回击对中国不尊重的言行的中国人，一定会受到广泛的尊重。在相同的逻辑下，台湾当局对美国唯马首是瞻的举止，让两岸中国人都看着不顺眼。

2. 国家强大

“落后就会挨打”的结论，首先是一个生活常识。中国近代历史的教训，使得这种根深蒂固的强国意识不会被任何一种意识形态动摇。

江泽民宣称“实现中华民族的伟大复兴”，这在外国或许被一些政客误解为煽动民族主义情绪。但对于中国人来说，这是把梦想变成现实的誓言。

3. 百姓富裕

邓小平讲，贫穷不是社会主义，把提高人民物质生活水平与政府、党的政治前途联系起来，这是邓小平理论得人心的支撑点之一。改革开放三十多年，中国将改革开放前的2.5亿贫困人口减少到现在的2000万，有2.3亿中国人摆脱了贫困；一个惠及十三亿人口的小康社会正在建设，百姓富裕正从梦想走向现实。

今日之中国：经济已经超过日本跃居世界第二；综合国力空前增强；香港、澳门先后回归；祖国的统一大业也正在稳步推进。因此当代大学生应当坚信：在党的领导下，走中国特色社会主义道路，中华民族的伟大复兴一定能够实现。

第三节　在实践中化理想为现实(1学时)

本节教学步骤一：导入(2分钟)

江泽民同志曾经语重心长地告诫大学生：创业维艰，奋斗以成，青年人要有理想，还要有实现理想的坚定信念和脚踏实地、百折不挠的奋斗精神。理想不等于现实，理想的实现往往要通过一条充满艰难险阻的曲折之路，有赖于脚踏实地、持之以恒的奋斗。

本节教学步骤二：(16分钟)

一、正确认识理想与现实的关系

据调查显示，当前大学生的理想信念存在着不踏实、不坚定的状况，稍有不顺就是产生怀疑，甚至放弃。导致这一问题的原因是人们在追求理想的过程中，经常产生一些对于理想与现实的矛盾困惑。

理想来源于现实,是现实的反映,但又不等同于现实,它不是马上就可以实现的,是现实的升华。如果理想是现实,人类就失去了追求的目标,永远不会前进了。另外,理想又不能脱离现实。就像一个个子很矮的人却偏偏幻想着成为NBA的灌篮高手,同两米的高个子较量。如果不切实际的乱想,注定是无法实现的幻想。所以我们要辩证看待理想与现实的关系。

(一)辩证看待理想与现实的矛盾

在理想与现实问题上,经常存在这样的两个认识误区:一是用理想来否定现实。当发现现实并不符合理想的时候,就对现实大失所望,甚至对社会现实采取全盘否定的态度。二是用现实否认理想。有的人认为现实才是实实在在的,理想只是一种设想,是将来的东西,变幻莫测,难于捉摸,因而摒弃一切理想,做一天和尚撞一天钟,今朝有酒今朝醉,变得盲目、庸俗,无所追求。

理想与现实是不同的,不能用现实否定理想,也不能用理想否定现实,我们应该正视理想与现实之间的差距,处理好应然与实然的关系。

第一,应该承认现实与理想是有差距的,正是因为有这种差距,理想才更具有感召力,才需要我们付出努力去追求。如果理想与现实没有区别,理想就不具有引导和激励作用了。第二,要实事求是地分析现实,积极投入实践,改变现实。既不回避矛盾,也不夸大问题,既不将错综复杂的现实完全理想化,又不为现实中存在的某些不足所困惑,要在复杂的矛盾中找出事物发展的趋势和方向,树立信念,坚定信念,做到正确地认识社会现实。并且在同社会中存在的假、丑、恶现象进行坚决的斗争。

(二)实现理想的长期性、艰巨性曲折性

在追求理想的过程中,需要有正确的认识和态度。在理想和信念方面认识上的误区和态度上的偏颇,会左右着人们追求理想的行动,从而影响到理想的实现。因此,充分认识理想实现的艰巨性和曲折性,以正确的认识和态度来追求理想是非常必要的。

理想的实现是一个过程

一般说来,理想越小越低,实现需要的时间就越短;理想越是高远,实现需要的时间就越长。人们对实现理想所需要时间的估计往往偏少,而事实上理想的实现经常比预料的时间要长,特别是比较高远的理想,总是需要长期奋斗。数学家陈景润初中阶段就想在数学方面为祖国作贡献。正是这个志向,鼓舞他奋斗几十年,才取得在哥德巴赫猜想研究中世界领先的成就。李时珍不顾生命安危,用自己做实验,对于不认识的草药自己先尝确定药性,最终用27年时间完成了不朽的医学著作《本草纲目》。

实现理想的过程:有顺境与逆境

在顺境中前进,如同顺水行舟,天时、地利、人和等有利因素,使人们更易于接近和实现目标;但是顺境中的气氛、优越的条件,又容易使人产生骄气和娇气,自满自足,意志衰退。在逆境中奋斗,犹如逆水行舟,需要付出更大的努力和更多的艰辛,才能成功。但逆境可以磨炼意志、陶冶品格、丰富战胜困难的经验,丰富人生阅历。只要树立必胜的信念,坚持科学的态度,逆境不但不会把人打倒和击败,反而能使人的潜能最大限度地迸发出来,创造出奇迹。

感动中国2006——丁晓兵·独臂英雄

丁晓兵,入伍20多年,武警8722部队政治委员。

在一次重大军事行动中,身为侦察大队"第一捕俘手"的丁晓兵,在敌人阵地生擒一俘虏回撤途中,为掩护战友和俘虏,抓起敌人投来的手雷向外扔的刹那间,手雷突然爆炸,右臂被炸得只存一点皮肉。为了把任务完成到底,他以惊人的毅力用匕首割下残臂,扛着俘虏,冒着炮火翻山越岭4个多小时才与接应分队碰上头。而就在此时,他一头栽倒在地,战友们以为他牺牲了,含泪为他化妆,紧紧抱着迟迟不忍就此让他而去。路过的前线医疗分队被这个场面深深感动,切开腿部动脉血管强行压进2600CC血浆。死神就这样与这位独臂英雄擦肩而过。

2003年,部队在淮河流域抗洪抢险,丁晓兵一只胳膊不能挖土,就扛包运土;不能打桩,就潜到水里垒围堰。其身如令,其势似锋,18天时间,他在抗洪一线表现着他的人格官品。二十多年来,他把对党的忠诚、对国家的热爱、对部队的责任,全部倾注于他军人生涯中的每一个细节,付诸于部队生活中的每一个举动。284面奖牌证书见证了他以残缺之躯为党和人民建功立业的不平凡历程。

这个用左手敬军礼的人,我们以他为骄傲。战时敢舍身,平时能忘我,从逆境中挣扎启程,在顺境中保持清醒。沙场带兵敢称无愧无悔,把守国门能说有骨有节。他像一把号角,让理想与激动,在士兵心中蔓延。

迎高潮而快上,乘顺风而勇进,这是身处顺境的学问,是善于抓住机遇不断丰富和完善自己的方式;处低谷而力争,受磨难而奋进,是将压力变为动力,这是身处逆境的学问。

无论是顺境还是逆境,对人生作用都是双重的,关键是看我们怎样去认识它、去对待它们,只要我们善于利用好顺境,抓住机遇,敢于正视逆境,战胜逆境,远大的理想就一定能够实现。

(三)艰苦奋斗是实现理想的重要条件

马克思有句名言:一步实际运动比一打纲领更重要。①

个人理想的实现,要靠每个人的实际行动。实践是理想转变为现实的中介和桥梁。再好的理想,如果不付诸行动,也就没有实际意义。历史上,凡有成就者,其渊博的知识、卓越的才能、闪光的智慧、不朽的业绩,多是从艰苦奋斗中得来。然而,在大学校园中,有的同学却只有美好未来的蓝图,而没有具体的实际行动;期望成为专家能人,但在学习上却不肯下苦功夫;喜欢谈论理想前途,却没有脚踏实地地去付诸努力,总是幻想付出最小代价而获得最大效果。这样的人往往一天一个理想,始终徘徊在现实的此岸,永远到不了理想的彼岸。毫无疑问,以实践为桥梁,用自己的辛勤的双手,开辟到达理想境界的通途,就当成为当代大学生的重要品格。大学生只有在实践中踏踏实实,从小事做起,一个一个地实现近期目标,逐渐积累,才有可能实现远大理想。

本节教学步骤三:(16 分钟)

二、坚持个人理想与社会理想的统一

个人理想:是指处于一定历史条件和社会关系中的个体对于自己未来的物质生活、精神生活所产生的种种向往和追求,它包括个人具体的社会主义政治理想、道德理想、职业理想和生活理想等。

社会理想:是指社会集体乃至社会全体成员的共同理想,指在全社会占主导地位的共同奋斗目标。

个人理想与社会理想的关系实质上是个人与社会的关系在理想层面上的反映。个人与社会有机地联系在一起,二者相互依存,相互制约,共同发展。同样,社会理想与个人理想也不是互相孤立的存在,它们之间既相互联系,相互影响,又相互区别,相互制约。

---

① 《马克思恩格斯全集》第 19 卷,人民出版社 1995 年版,第 13 页。

《一个大学生的反贫困之旅》

一位名叫徐海珊的大学生写了一本书:《苍生:一个青年学子对当代中国社会的思索与呐喊》。大学4年间,他三进西部,三进大别山,北进中原,行程4万多里,足迹遍及中西部11个省、自治区的51个县、市、区、旗(其中有25个是国家级贫困县),记下的调查笔记有数十万字,拍下的照片有十多斤重。用徐海珊自己的话来说,他是在关注贫困地区和贫困群体。

徐海珊的家乡在广东平远县,那是典型的客家山村。他有意识地开始思考农村问题,还是在高中时代。那时,他与一位念中专的朋友为日后彼此的出路问题经常发生争论,争论的焦点是回乡务农,还是进城闯荡。几番争论下来,他们发现,无论怎样,都无法找到让自己留在农村的理由。他有一种难言的心酸:农村,不但城里人看不起,就连生于斯长于斯的农村人也瞧不起,它就像一块是非之地,大家惟恐逃之不及。

于是,他开始关注中国农村问题。1998年9月,他考进中南民族学院法律系,成了都市里的大学生。但是,他无法忘记生他养他的故乡——粤北农村,还有在那块土地上艰辛劳作的父老乡亲。

大一下学期,徐海珊想创建大学生反贫困协会,团结同仁为农村做一些实在的事情。

同时,他开始做着进西部考察农村的准备,因为那里是中国贫困人口最集中的地方。他说,不经历农村,就不了解现在的中国,不体验贫困,就不了解中国的现在。1999年7月15日,他踏上了去西部的路。

1999年11月,徐海珊在武汉高校举办了"心系苍生反贫困展",展出了他深入西南民族贫困地区农村开展文化扶贫拍摄回来的照片。在影展开篇语中他写道:"我们知贫、言贫,为的是痛贫、省贫,我们痛贫、省贫,为的是脱贫、洗贫……"

短短两三天,前来观看影展的学生达到3000多人,不少人站在照片前不禁潸然泪下,400多人写下了三四万字的留言。一位学生在留言中感叹道:"当我们踌躇在找个女朋友还是养条狗之间的时候,我们的灵魂正变得空洞。长久以来,我们已习惯了繁华喧闹的都市,几乎遗忘了同一个国度里,还有贫瘠荒凉的黄土地,还有挣扎在寒冷、饥饿线上的同胞!"

影展引起的反响,促使徐海珊下定决心用最宝贵的学生时代去倡导、构建和实践中国校园慈善公益事业。几年里,徐海珊一直将它作为大学时代的社会理想,并为此竭心尽力。他说,悯怀弱者就是责任担纲:黎民不饥不寒,你我同心同行。

在一些同学为生活贫困而自卑失落,为没有奋斗目标而空耗时光,甚至为失恋、上网而不能自拔时,徐海珊同学却“悯怀弱者、心系苍生”,肩负起了一个中国大学生的社会理想和历史责任。是的,我们的青春除了美丽和灿烂,我们躲不开一副担子,那就是时代的责任,历史的使命。

社会理想决定、制约着个人理想

人是社会的人,追求个人理想的实践活动都是在社会中进行的,正确的个人理想不是依个人主观愿望随意确定的,从根本上说它是由正确的社会理想规定的。同时,个人理想的实现,必须以社会理想的实现为前提和基础。因此,在整个理想体系中,社会是最根本的、最重要的,而个人理想则从属于社会理想。个人理想的确立要以社会理想为指导,个人理想的实现依赖于社会理想的实现。个人理想只有同国家的前途、民族的命运相结合,个人的向往与追求只有同社会的需要和人民的利益相一致,才可能变为现实。

社会理想又是个人理想的凝练和升华

社会理想是建立在许许多多个人理想基础之上的,是个人理想的凝练和升华。社会是个人的联合体,社会理想与个人理想密不可分。社会理想不是凭空产生的,也不是由外在力量强加的,而是建立在众人个人理想基础之上的,是对社会成员个人理想的凝练和升华。社会理想的实现归根到底要靠社会成员的共同努力,并体现在实现个人理想的具体实践之中。

本节教学步骤四:(16 分钟)

三、在实现中国梦的实践中放飞青春梦想

中国传统文化中不乏励志警句。如孔子:三军可夺帅也,匹夫不可夺志也;曹操:老骥伏枥,志在千里;诸葛亮:志当存高远。这里的“志”具有双重含义:一是对未来目标的向往;二是实现奋斗目标的顽强意志。志向就是理想信念;立志就是确立理想信念。

感动中国人物:徐本禹

2003 年,徐本禹以 372 分的高分考取了本校农业经济管理专业的硕士研究生。然而,2003 年 4 月 16 日,徐本禹却作出了让所有人大吃一惊的决定:放弃攻读研究生的机会,去岩洞小学支教……电话那头,听到这个消息的父亲哭了,父亲用发颤的声音说:“全家尊重你的选择,孩子,你去吧,我们没有意见……”

徐本禹第一次知道狗吊岩是在 2001 年,当时他读大三,很偶然地在《中国少年报》上读到了一篇题为《当阳光洒进山洞里……》的文章:“阳光洒进山洞,清脆的读书声响起,穿越杂乱的岩石,回荡在贵州大方县猫场镇这个名叫狗吊岩的地方。这里至今水电不通,全村只有一条泥泞的小道通往 18 公里外的镇子,1997 年,这里有了自己的小学——建在山上的岩洞里,五个年级 146 名学生,三个老师……”读着读着,徐本禹哭了。

读完《中国少年报》上的文章,他决定要用自己的方式帮帮这些山洞里的孩子。徐本禹在学校里就开始为岩洞小学募捐,号召大家和他一起利用暑假时间到贵州支教,“给孩子们带去一些希望”。在华中农业大学团委和他所在的经贸学院支持下,2002 年暑假,徐本禹带着募集来的三大箱子衣服、一口袋书和 500 元钱,和几个同学坐上了开往贵州的火车。

2003 年,徐本禹本科毕业。当徐本禹决定放弃学籍去支教的事在华中农大传开后,很多人为之感动并主动追随。学校破天荒作出决定,为他保留两年研究生学籍。

徐本禹回到了狗吊岩村,向村长报到,与他一起报到的还有 7 名志愿者。来到这里以后,那 7 位同学都说,这里生活条件比他们想象中的要艰苦。他们最后由于水土不服病倒了,其中有两个人病得很厉害。

2004 年夏天,无数的人因为徐本禹而感动,因为感动而行动。

2004 年 6 月 26 日,华中农大的教授彭光芒和一位教师来到了贵州省大方县。他们看望了徐本禹,考察了猫场镇狗吊岩小学和大水乡大石村小学,深受震动。让两位大学教师深受震动的不仅是大石村的贫穷,还有当地老百姓同贫穷的顽强搏斗和孩子们强烈的求知渴望。他们在给学校党委提交的考察报告中写道:“大石村民风淳朴,有尊师重教传统。村办小学年久失修,摇摇欲坠,教室间用竹篱隔断,透光透风。屋顶大面积破漏,用塑料布和硬纸板遮雨。地板早已磨得凹凸不平,四处开裂,嘎吱作响,走在上面令人提心吊胆。教室里光线昏暗,课桌残缺不全,不少学生用破木板搭在两端的课桌上,挤在一起上课。黑板小而破旧。在这样的教室里,孩子们学习认真专注,书声琅琅,响彻山野,闻者无不动容。”

紧接着,从祖国内地到港澳台,从亚洲到欧洲,从北美到澳洲,要求捐款捐物的电子邮件雪片似飞来。成千上万的网友在邮件中表达了一个共同的意愿:因为徐本禹的故事而感动,因为感动而行动。华中农大一批教师和学生放弃休假,自发组织起来办理网友的捐款事宜。

西部计划一启动就反响强烈,"到西部去""到基层去"成为高校中最热门的话题之一。报名者踊跃,还涌现出了不少像北京大学医学部高才生莫锋那样放弃已找到的待遇优厚的工作,毅然选择到西部去的。这说明,当代大学生的主流是积极向上的,他们是有激情、有理想又很有理性的一代,愿意到祖国和人民最需要的地方去建功立业。从这次报名可以看出大学生们的选择富有激情和理性。着眼于最高远的理想,落脚于最低层的现实,在并不理想的就业现实中,努力寻求着实现理想的途径。

推选委员会委员凌志军说:如果年轻一代都无一己之外的理想主义和冲动激情,国家、民族便无美好未来,徐本禹们应受到表彰。

(一)立志当高远

青年时期是理想形成的重要时期,也是立志的关键阶段。志向是青春的火焰,是生命的动力;远大的志向如太阳,唯其大,才有永不枯竭的热能;如灯塔,唯其高,才能照亮前进的航程。有志者,事竟成;有大志者,人生事业才能辉煌。志向高远,就是要放开眼量,不满足于现状,也不屈服于一时一地的困难与挫折,更不要斤斤计较于个人私利的多与少、得与失。那些在事业上取得伟大成就、对人类作出卓越贡献的人,都是在青年时期就立志为之奋斗的人。

高尔基曾经说过这样一句话:"一个人追求的目标越高,那么他的才力就发展得越快,对社会就越有益;我确信这也是一个真理。这个真理是由我的全部的生活经验,即我观察、阅读、比较和深思熟虑过的一切确定下来的。"①

(二)立志做大事

中国民主革命先行者孙中山,当年曾激励广大青年要立志做大事,不要立志做大官,就是希望青年以国家民族的命运为己任,而不要以个人荣华富贵为人生的理想。今天,新时代的大学生更应该把个人的命运与国家和人民的命运联系在一起,胸怀祖国,服务人民,立志在为祖国和人民的利益而奋斗的实践中,在为实现社会理想而奋斗的过程中实现个人理想。

---

① 王涵:《名人名言录》,上海人民出版社1983年版,第24页。

（三）立志须躬行

漫长的征途需要一步一步地走，崇高理想的实现需要一点一滴的奋斗。“合抱之木，生于毫末；九层之台，起于累土；千里之行，始于足下。”①实现理想的历程，应当高远处着眼，细微处着手。没有踏踏实实的付出，再美的理想也只是空中楼阁。躬行，不仅仅是一种态度，更是具体的行动。没有一步步的实地勘探，没有一根根枕木的夯实，就没有青藏铁路全线通车的成功；没有技术人员一个一个数据的累积，没有航天员一分一秒体能、文化、心理的综合训练，就没有神舟飞天的辉煌；没有一滴滴汗水的冲刷，就没有刘翔刷新世界纪录的自豪。

躬行，不仅仅表现为行动，更需要智慧的指引—看当前的智慧，看未来的智慧；做事的智慧，做人的智慧。因此，大学生在学习中一定要注意理论与实践相结合，不能只有原则而没有方法；一定要专业知识与社会知识相结合，既会做事，也会做人。

中国梦，是中华民族的振兴之梦，也是每一个大学生的成才之梦。中国梦让生活在这个时代的大学生与祖国人民一起共同享有人生出彩的机会，共同享有梦想成真的机会，共同享有同祖国和时代一起成长与进步的机会。青春只有在为祖国和人民的真诚奉献中才能更加绚丽多彩，人生只有融入国家和民族的伟大事业才能闪闪发光。

课堂讨论：在实现中华民族伟大复兴的中国梦历史使命中大学生应负的责任。（1 学时）

推荐阅读

1. 恩格斯：《社会主义从空想到科学的发展》，《马克思恩格斯选集》第 3 卷，人民出版社 1995 年版。

2. 邓小平：《一靠理想二靠纪律才能团结起来》，《邓小平文选》第三卷，人民出版社 1993 年版。

3. 胡锦涛：《在庆祝中国共产党成立 90 周年大会上的讲话》，《人民日报》，2011 年 7 月 2 日。

4. 杨宇立：《审视中国——现代化进程的政治经济分析》，中国发展出版社 2000 年版。

---

① 《老子 64 章》。

5. 习近平:《在同各界优秀青年代表座谈时的讲话》,《十八大以来重要文献选编》(上),中央文献出版社 2014 年版。

【教学小结】

教学效果分析:

1. 本章教学中,教师本着"贴近生活、贴近学生、贴近实际"的原则,以具有感染力、说服力的语言和案例,全面阐释了理想、信念对大学生成长成才的作用。

2. 教师始终以自己的学识、坦诚、理想、信念和人格魅力感染教育学生,课堂上教师"言之有物",学生"听之有悟",讨论也很热烈,取得了应有的教学效果。

教学经验:

1. 突出重点。通过集体备课,教师准确把握本章的难点问题,并对讲授进行了精心设计,运用各种教学方式和手段,激发学生的学习兴趣。

2. 突破难点。让当时代大学生坚信:党的领导、中国特色社会主义道路、中华民族伟大复兴是一个难点。教师满怀激情,从理论到实践、从历史到现实、从中国到印度,将大道理讲清,小道理讲透,歪道理讲倒,澄清了大学生信念中的一些模糊甚至错误的认识。

改进措施:

子曰:其身正,不令而行;其身不正,虽令不从。① 孔子讲的虽是为政之道,但也是"为师之道"。《基础》课教师必须对远大理想和崇高信念"真讲、真信、真践行",让学生感到他们面前的老师就是一部活的教科书,从而产生潜移默化,"润物无声"之作用,提高理想信念教育的实效性。

① 《论语·子路》。

第二章

弘扬中国精神　共筑精神家园

【教学简况】

学时安排:4 学时,其中课堂讨论 1 学时。

教学目的:通过本章的学习,把握中国精神是民族精神与时代精神的统一。掌握民族精神的基本内容,认识爱国主义的时代价值,正确理解新时期爱国主义,充分认识经济全球化形势下更要弘扬爱国主义,做忠诚的爱国者。了解时代精神及其主要体现,把握改革创新的重要意义,树立改革创新的自觉意识,培养改革创新的责任感,增强改革创新的能力本领,把弘扬民族精神与弘扬时代精神有机结合起来,勇做时代精神的弘扬者和改革创新的实践者。

重点难点:本章重点是中华民族重精神的传统:对物质生活与精神生活相互关系的独到的理解,中国古人对理想的不懈追求,对道德修养和道德教化的重视,对人生境界和理想人格的重视。本章难点是在经济全球化与爱国主义相互关系上,当代大学生需要树立这样一些理念:人有地域不同、信仰不同,但报效祖国之心不应有差别;科学没有国界,但科学家有祖国;经济全球化是世界经济发展的必然趋势,但不等于全球政治、文化一体化。

学习思考

1. 中国精神的主要内容是什么?如何弘扬中国精神?
2. 在经济全球化条件下为什么要继续弘扬爱国主义精神?
3. 新时期的爱国主义有哪些主要内容?如何做一个忠诚的爱国者?
4. 如何正确理解民族精神和时代精神?
5. 结合自身实际,谈谈大学生如何成为改革创新的生力军?

【教学过程】

教学内容设计:本章共分三节。第一节中国精神的传承与价值,计划用 1 学时;第二节以爱国主义为核心的民族精神,计划用2学时;第三节以改革创新为核心的时代精神,计划用1学时。

教学步骤:第一节通过两个步骤讲解中华精神的传承与价值;第二节通过三个步骤讲解以爱国主义为核心的民族精神;第三节通过两个步骤讲解以改革创新为核心的时代精神。

教学组织:课堂讲授、热点问题讨论结合。

板书设计:多媒体课件与教师黑板辅助板书结合。

教学方法:体系讲授、视频、案例分析、讨论相结合。

第二章

弘扬中国精神　共筑精神家园

教学步骤一：导入(5 分钟)

课前播放 MTV：《我的中国心》

大家下午好！一曲《我的中国心》，可以说每个中华儿女都会唱，即使唱不全，至少也会哼："长江长城，黄山黄河，在我心中重千斤。"

1984 年，在 CCTV 春节联欢晚会上，这首歌经张明敏一唱，打动了亿万炎黄子孙的心，引起了中华同胞的强烈共鸣，现在我们就集体"卡拉 OK"一曲吧。

第一节　中国精神的传承与价值(1 课时)

本节教学步骤一：导入(5 分钟)

中华民族悠久辉煌的历史文化孕育了中国精神，涵养了伟大的民族精神和时代精神。

实现中国梦就必须弘扬中国精神。这就是以爱国主义为核心的民族精神，以改革创新为核心的时代精神。这种精神是凝心聚力的兴国之魂、强国之魄。爱国主义始终是把中华民族坚强团结在一起的精神力量，改革创新始终是鞭策我们在改革开放中与时俱进的精神力量。全国各族人民一定要弘扬伟大的民族精神和时代精神，不断增强团结一心的精神纽带、自强不息的精神动力，永远朝气蓬勃迈向未来。

本节教学步骤二：(45 分钟)

一、重精神是中华民族的优秀传统

中华民族精神是中华民族在漫长的社会历史发展过程中逐步形成的，它是中华各族人民社会生活的反映,是中华文化最本质、最集中的体现,是各民族生活方式、理想信仰、价值观念的文化浓缩,是中华民族赖以生存和发展的精神纽带、支撑和动力,是创新社会主义先进文化的民族灵魂。

四个表现

对物质生活与精神生活相互关系的独到的理解,中国古人对理想的不懈追求,对道德修养和道德教化的重视,对人生境界和理想人格的重视

孔颜之乐

"孔颜之乐"是儒家幸福的典范,但却不是孔子德性幸福的唯一形式。孔子的德性幸福观涵盖纯粹德性幸福、抽象德性幸福、现实德性幸福三种形态,始终坚持了德性至上的原则,纯粹德性幸福摒弃功利幸福,抽象德性幸福超越功利幸福,现实德性幸福把功利幸福作为德性完善的副产品。三种形态德性幸福的统一体就是孔子完整形态的德性幸福,既有作为理想追求的幸福境界,也有现实可及的幸福生活,从而奠定了儒家德性幸福的基本格局。①

实现纯粹之德性幸福,感性欲望的满足必须尽可能地降低,"安贫"不仅是达到纯粹德性幸福的途径,而且也就是纯粹德性幸福本身,"乐亦在其中"。摒弃世俗功利幸福、降低感性欲望要求,对常人来说无疑是痛苦的,在世人看来,孔颜境界固然高洁,但其实与苦行并没有多少分别。所以纯粹之德性幸福即使是儒家精英也少能企及,只是极少数圣人才能达到的理想境界,但也就是这样一种纯粹的理想境界清楚地展现着儒家幸福的核心内容和本质特征。

君子三乐

孟子提出了以儒家君子为指向的"君子之乐"、以内在心性为指向的"心性之乐"、以君王诸侯为指向的"君王之乐"、以庶民百姓为指向的"民生之乐"。四重向度的幸福观始终贯穿着德性幸福、功利幸福之间的对峙与融通。其中既包含着道德精英的幸福理想,也包含着社会大众的幸福追求;既涵盖着幸福的内在向度,也涵盖着幸福的外在层面;既有理想的幸福境界,也有现实的幸福生活。②

君子有三乐,而王天下不与存焉。父母俱存,兄弟无故,一乐也;仰不愧于天,俯不怍于人,二乐也;得天下英才而教育之,三乐也。君子有三乐,而王天下不与

---

① 张方玉:《论孔子德性幸福的三种形态》,载《学术论坛》,2007年第7期。
② 张方玉:《从"孔颜之乐"到"君子之乐"》,载《齐鲁学刊》,2014年第4期。

存焉。①

儒家思想具有强烈而深刻的忧患意识、使命意识,重义轻利、追求理想境界又鲜明地展现着儒家文化的价值取向,这就在很大程度上造成了儒家“放弃幸福”的假象。但实际上,讲伦理重道德的儒家从一开始就把“德”与“福”紧密相联,道德与幸福的关系在儒家思想中难解难分。以道德主体而言,个体德性的完满、理想人格的成就与人生幸福的实现乃是一种“三位一体”的关系。无论是作为儒家德性幸福典范的“孔颜之乐”,还是孟子提出的“君子之乐”,都展示着儒家思想对于幸福的思考与探求。儒家之“乐”意味着德性人格的实现,意味着真、善、美的统一,意味着儒家德性人生的幸福境界。

二、中国精神是兴国强国之魂

张岱年:中华民族精神是指导中华民族延续发展、不断前进的思想精粹,它集中表现在《周易》中的两个命题上,这就是:“天行健,君子以自强不息”“地势坤,君子以厚德载物”。

中国精神的伟大意义

实现民族复兴的精神引领,凝聚中国力量的精神纽带,提升综合国力的重要保证

中国梦与中国精神

今天,中国梦是一个极富多义性的象征性理念,也是一个有着特定所指的复合型理念。它体现着中国政治、中国哲学、中国文化、中国社会的当代关切,是中国人的民族集体记忆和中国历史、特别是近代苦难史和民族解放史的集中表述;是全体人民当下生存实践、生活现实、发展状况和社会变革的生动写照;是中国发展目标、民族共识、未来前景和中国道路的新的规划蓝图;是中国思想、中国精神、中国智慧的高度凝练的形象化展现;是中国当前经济、政治、文化、社会和生态文明五位一体的总括性理念。

儒家传统与中国精神

孔子是大力提倡有为并身体力行的思想家。他一生奔波,梦想以周礼匡扶乱世,“知其不可而为之”,结果是“发愤忘食,乐以忘忧,不知老之将至”。对“饱食终日,无所用心”的人生态度投以极度的蔑视。以为君子应当是“食无求饱,居无

---

① 《孟子·尽心上》

求安,敏于事而慎于言,就有道而正焉”。儒家学派的后继者们,对“有为”和“自强”的学说进一步发挥。孟子从人格修养、扩充人性中善的成分这一角度提出“吾善养吾浩然之气”;荀子则从天人关系角度提出“制天命而胜之”的著名论断。对于刚健有为、自强不息作出明确表述的是《易经》。《易经 - 象传》中说:“天行健,君子以自强不息”,以天体运行无休无止、永远向上的规律,要求人们积极有为,勇于进取。此后,刚健有为、自强不息,修身齐家治国平天下的精神,便一直作为中国传统文化的主导精神激励着中华民族。

三、中国精神是民族精神和时代精神的统一

中国伦理学会名誉会长陈瑛:一个人不能没有精神,一个国家不能没有梦想。实现中华民族伟大复兴,是中华民族近代以来最伟大的梦想。伟大的梦想,需要有伟大的精神做支撑。以习近平同志为总书记的新一届中央领导集体提出了弘扬中国精神,发挥中国力量,以实现“中国梦”,这一号召反映了时代要求和人民群众的愿望,极大地凝聚了中国人民的共识,指导并鼓舞我们同心同德,投入到建设中国特色社会主义的事业中去,全面建成小康社会,实现中华民族的伟大复兴。

民族精神

一个民族在长期共同生活和社会实践中形成的,为本民族大多数社会成员所认同的价值取向、思维方式、道德规范、精神气质的总和。

时代精神

在新的历史条件形成发展的,体现民族特质并顺应时代潮流的思想观念、行为方式、价值取向、精神风貌和社会风尚的总和,是一种对社会发展具有积极影响和推动作用的集体意识。

新轴心时代中国文化的民族性与时代性①

民族性和国度性本来一直是文化的重要特性。可以说,一部人类的发展史也是一部不同民族、不同国家的文化在历史舞台所呈现的风格各异的演出。然而,民族文化的传承与发展从来就不是一帆风顺的,伴随而来的常常是激烈的冲击、碰撞和对抗。在这种激烈的冲击、碰撞和对抗中,一些民族文化受到致命的重创而归于衰竭与消亡,历史上民族文化的“断裂”并不乏见;与之同时,那些富有强大生命力的民族文化则不断焕发出新的生命力,而那些新兴的民族和地域文化也开始崛起。中华文化的发展进程中,既发生着汉族与少数民族文化的接触、混杂、联

---

① 张方玉:《论新轴心时代中国文化的民族性与普世性》,载《探索》,2012 年第 4 期。

结与融合，也发生着外来文化传入所带来的冲击与碰撞，例如佛教与道教、儒家的论争、对抗和相互吸纳。特别是近代以来，西方列强的“坚船利炮”打开了锁闭的国门，在先进的西洋科技文明、政治文明面前，传统文化相形见绌，儒家文化陷入前所未有的困境。从“中体西用”到“全盘西化”，是否还要继承传统文化成为一个问题，这一问题在根本上动摇着中华文化的民族性。即使是在20世纪80年代的文化讨论中，一些论者仍然提出以“蓝色文明”取代“黄色文明”的观点，盲目崇拜西方的民族虚无主义并未间断。进入新轴心时代，中华文化可能面临的挑战与伤害，不仅仅来自于“好莱坞的大片”“麦当劳的薯片”“英特尔的芯片”文化，也来自于内部的自我贬抑、自我否定和自我放弃。正因为如此，当代中国的文化建设中，文化自觉、文化自信、文化自强就显得越发重要。

多个文化传统并存是中国当代社会所特有的基本事实，基于这样的事实，新轴心时代文化的民族性大体上可以展现为四种主要形态：古代优秀的传统文化、儒家文化的现代范型、融入中国文化的西学、中国化的马克思主义。

当代中国的文化建设不仅需要满腔的热情和崇高的使命感，而且要自觉认识、科学把握新时期文化发展的特性与规律。处于崭新的“轴心时代”，中国文化建设需要坚持先进文化的前进方向，需要面向全球化和市场化的时代背景，需要立足中华民族的传统与现实，需要具有世界性的眼光和包容的胸怀。社会主义核心价值体系所呈现的先进性、全球化与市场化所呈现的现代性、中华传统与现实相结合的四种形态所呈现的民族性、“文明”“幸福”“和谐”等理念所呈现的普世性，这便是新轴心时代中国文化所应有的特性。

第二节　以爱国主义为核心的民族精神（2课时）

本节教学步骤一：导入（5分钟）

民族精神是一个民族在历史长期发展当中，所孕育而成的精神样态。它是种族、血统、生活习俗、历史文化、哲学思想等等所熏陶、融汇而成的文化慧命，也可说是一个民族的内在心态和存养。是一个民族生命力、创造力和凝聚力的集中体现，是一个民族赖以生存、共同生活、共同发展的核心和灵魂。爱国主义是民族精神的核心。

本节教学步骤二:(45 分钟)

课堂讨论:我为祖国做点啥? 何为理性爱国?

刚才,同学们积极踊跃、争先恐后地发言,这本身就是一件好事,值得赞赏,希望大家能保持。当然,时间关系不可能人人发言,但我们依然可以看出,发言的同学都展现出拳拳爱国心。下面,我就结合同学们的发言、按照教材编排的内容,综合性地谈谈民族精神与爱国主义。

本节教学步骤三:(50 分钟)

一、民族精神的基本内容

在五千多年的历史发展中,中华民族形成了以爱国主义为核心的团结统一、爱好和平、勤劳勇敢、自强不息的伟大民族精神。

爱国主义的丰富表现

爱国主义体现了人民群众对自己祖国的深厚感情,反映了个人对祖国的依存关系,是人们对自己故土家园、种族和文化的归属感、认同感、尊严感与荣誉感的统一。

爱国主义是调节个人与祖国之间关系的道德要求、政治原则和法律规范,也是民族精神的核心。我们每个人来到这个世界,都要在社会中生存,都要获取生存发展的物质条件,都要寻求慰藉心灵的精神家园,这一切首先得之于祖国。“没有国哪有家,没有家哪有我”,这看似平常的话语,道出了最深刻的爱国理由:国家是小家的寄托,更是个人的寄托;国家是物质利益的寄托,更是精神家园的寄托。失去祖国母亲的呵护,人们就是无家可归的流浪儿。

(一)爱祖国大好河山

祖国 960 万平方公里,处处是我们可爱的大好河山。幻灯片上,是我精选的几幅照片:

母亲河(照片):长江源头

这一幅是长江的源头,我们母亲河的第一滴水就是从这里流淌出来的。我虽然至今尚未到过这里,但是心向往之。下面的照片,都是我亲自去过的地方,当然,选择给大家看的,仅仅是我印象最深刻的几幅而已。

喀纳斯湖(照片):神秘而美丽

2011 年 6 月,我去新疆参加学术会议期间,会议组织我们考察了新疆的几处名胜。这张照片我身后就是新疆阿勒泰地区神秘而美丽的喀纳斯湖。6 月的湖水清澈冰凉,湖周边湛蓝的天空,碧绿的高山,太美了!

壶口瀑布(照片):“黄河在咆哮”

2011年5月,我在国家教育行政学院参加全国“基础”课骨干教师研修班,教育部组织我们赴延安考察。照片上我身后如云似雾的就是滔滔黄河的著名瀑布——壶口瀑布。看到她,我们都激情澎湃,情不自禁地吟唱“风在吼,马在叫,黄河在咆哮,黄河在咆哮!”真是太壮观了!

海南岛(照片):“天涯海角”

2007年年末,我在省委党校参加全省哲学社会科学教学科研骨干研修班,这是我们赴海南岛考察时照的。此时的北方已是冰天雪地,而海南岛仍似盛夏酷暑,放眼望去,“蓝天碧海绿树”,真是个非常美丽的地方!

阿里山宝物(照片):“神木”

“阿里山的姑娘美如水呀,阿里山的少年壮如山。”一曲《阿里山》勾起多少大陆同胞魂牵梦绕般的向往。这一幅就是阿里山,我身后的大树是阿里山的宝物——神木,它在原始森林里生长了几千年,十几个人手拉手都合抱不过来。可恶的是,如此珍贵的神木,当年被日本鬼子砍伐得所剩无几。

小火车轨道(照片):日寇强盗的“罪证”

这幅是我上阿里山时特意照的,上面的小火车轨,是日本鬼子占领阿里山后,为把在阿里山上砍伐下来的名贵木材运下山、运回日本而专门修建的。目前是世界仅有的三座高山铁路之一。依我看,它更是日寇盗贼的罪证。每个大陆游客看了,都深表愤恨。

祖国大好河山,不只是自然风光,而且是主权、财富、民族发展和进步的基本载体。因此每一个爱国者都应把“保我国土”、维护祖国领土完整统一,作为自己神圣使命和义不容辞的责任。

爱祖国大好河山,不仅要为祖国风景秀美和丰富的资源而自豪,更要为祖国的可耕地面积在减少、人均资源占有量少而担忧。

忧患意识:“寸土寸金”

我们人均国土和人均耕地仅是世界人均的1/3;人均森林仅是世界人均的1/5;人均矿产资源储量仅是世界人均的3/5。这让我们每个生活在这块热土的中华儿女,不能不产生深深的忧患意识。坚定理性的爱国者,必须自觉捍卫国家领土完整、爱惜自然资源、珍惜每一寸土地、维护生态环境。

（二）爱自己的骨肉同胞

爱自己的骨肉同胞反映的是对整个民族利益共同体的自觉认同。民族利益是整体的利益、长远的利益，这种利益高于民族局部的、暂时的利益。爱自己的同胞，就是爱人民群众，爱人民是爱国主义的集中体现。对人民群众感情的深浅程度，是检验一个人对祖国忠诚程度的试金石。人民群众是历史的创造者，他们的意志决定着祖国的命运和前途。爱自己的骨肉同胞，最主要的是培养对人民群众的深厚的感情，紧紧地和人民群众站在一起。

（三）爱祖国的灿烂文化

视频剪辑：《上下五千年》

文化传统："民族精神基因"

文化传统作为一个民族群体意识的载体，常常被称为国家和民族的"胎记"，是一个民族得以延续的"精神基因"，是培养民族心理、民族个性、民族精神的"摇篮"，是民族凝聚力的重要基础。人们在现实生活中，或许会背井离乡，或许会彼此隔绝，但对祖国灿烂文化和历史传统的认同总会把人们的心连在一起。

书法、国画、京剧、中医、武术……

爱祖国的灿烂文化就应该认真学习和真正了解祖国的历史，深入理解祖国优良的历史文化传统。文化并不玄奥，文化也并不只是写在纸上。从某种程度上讲，文化就是一种生活方式，这种生活方式深深地融入了人们日常的生活之中，比如语言、风俗、建筑等等。我国优秀的传统文化在我们的现实生活中无时无处不在，如伦理道德中的仁义礼智信、忠孝悌义、礼义廉耻等，它们都包含着十分深刻、健康的积极因素，传统文化对培育民族的道德素质有着独特的作用，在现代化建设中我们应当注入传统文化的精髓。

二、爱国主义及其时代价值

爱国主义还是一个历史范畴，不同的历史时期爱国主义有着不同的内涵。我们以历史唯物主义态度去认识历史发展过程中的爱国主义，将其放到历史发展的链条中，依据当时的具体条件去进行评价，尊重历史不苛求古人，既充分肯定历史上的爱国人物、爱国情感、爱国思想和爱国行为，又要看到这些人物情感、思想和行为的历史局限性，从爱国主义的丰富表现中升华出爱国主义普遍情怀。

爱国主义时代价值的呈现

爱国主义是维护祖国统一和民族团结的纽带；爱国主义是实现中华民族伟大复兴的动力；爱国主义是实现人生价值的力量源泉。

习近平主席抗战胜利70周年纪念日讲话

中国人民抗日战争胜利,是近代以来中国抗击外敌入侵的第一次完全胜利。这一伟大胜利,彻底粉碎了日本军国主义殖民奴役中国的图谋,洗刷了近代以来中国抗击外来侵略屡战屡败的民族耻辱。这一伟大胜利,重新确立了中国在世界上的大国地位,使中国人民赢得了世界爱好和平人民的尊敬。这一伟大胜利,开辟了中华民族伟大复兴的光明前景,开启了古老中国凤凰涅槃、浴火重生的新征程。

在那场战争中,中国人民以巨大民族牺牲支撑起了世界反法西斯战争的东方主战场,为世界反法西斯战争胜利作出了重大贡献。中国人民抗日战争也得到了国际社会广泛支持,中国人民将永远铭记各国人民为中国抗战胜利作出的贡献!

视频:香港、澳门回归(节选)

维护国家主权和领土完整,是国家的核心利益。在反对分裂、维护国家统一这个重大原则问题上,中国人民从未有丝毫犹豫和退让。骨肉离别和纷争,是让亲者痛、仇者快的事情,只有骨肉团聚,祖国统一,才是各族人民的共同期盼和福祉。

中国国际学生联谊会:章程(节选)

继承爱国主义传统,团结正在海外留学同学、即将留学海外同学及刚刚回到国内的同学,广泛联系海内外同学,修学敦谊,相互切磋;成为广大海外留学生和国内优秀学生、企业、事业单位、社会团体密切联系的桥梁和纽带;共同为振兴中华,统一祖国大业做出贡献。

实现人生价值:力量源泉

爱国主义体现了中华儿女对祖国的责任,这种责任是社会发展的客观要求,也是每个人自身发展的客观需要。一个人能够和应该成为什么人,在很大程度上要依赖于社会,依赖于生于斯、长于斯的祖国。祖国给个人的成长发展创造条件,对个人创造的成果作出评价,为个人实现人生价值提供舞台、指明方向。

视频:爱国学者:林毅夫

伟大的人生目标往往产生于对祖国深厚的爱。一个人对祖国爱得越深,历史责任感就越强烈,人生目标就越明确,人生信念就越坚定。古往今来,彪炳中华民族史册的,无一不是忠诚的爱国者。他们之所以能做出一番事业,使自己的人生有价值、有意义,根本原因在于对自己的祖国和人民有一颗滚烫的赤子之心。

三、新时期的爱国主义

爱国主义具有历史性和具体性。爱国主义的具体内容是随着时代的发展变化而发展变化的。新时期中华民族的爱国主义,既承接了历史上爱国主义的优良传统,又吸纳了鲜活的时代精神,内涵更加丰富。

(一)爱国主义与经济全球化

需要树立以下观念:人有地域和信仰的不同,但报效祖国之心不应有差别。科学没有国界,但科学家有祖国。经济全球化过程是世界经济发展的必然趋势,但不等于全球政治、文化一体化。

(二)爱国主义与爱社会主义

在当代中国,爱国主义首先体现为对社会主义中国的热爱。这是中华人民共和国每一个公民必须坚持的立场和态度。社会主义制度在中国不是一句空洞的口号,而是集中代表着和体现着国家、民族和人民的根本利益。社会主义制度是祖国独立富强民主的可靠保障。在中国,爱国主义与热爱社会主义制度的统一具有历史的必然性,这是历史的选择、现实的必然、未来的昭示。

(图)邓小平:"怎么叫爱祖国呢?"

邓小平曾经指出:港澳、台湾、海外的爱国同胞,不能要求他们都拥护社会主义,但是至少也不能反对社会主义的新中国,否则怎么叫爱祖国呢?① 爱国主义与爱社会主义的统一是中国历史发展的必然结果。社会主义制度的建立,为祖国的繁荣发展提供了可靠的保障。

社会主义建设:巨大成就(图片展示)

正如图片中所展示的,中国的历史和现实都充分证明了,只有社会主义才能救中国,只有社会主义才能发展中国。

(三)爱国主义与拥护祖国统一

如果说,爱国主义与爱社会主义的一致性,主要是对生活在祖国大陆的中华人民共和国公民的基本要求,那么,爱国主义与拥护祖国统一的一致性,不仅是对生活在中国大陆的中国公民的要求,而且是对全体中华儿女包括港澳台同胞以及海外侨胞的基本要求。

作为中华儿女,你不一定赞成大陆实行的社会主义制度,但却不能损害社会主义祖国的利益,不能不拥护祖国统一。只要承认世界上只有一个中国,承认台

---

① 《邓小平文选》第二卷,人民出版社 1994 年版,第 392 页。

湾是中国领土不可分割的组成部分,就能够求维护祖国统一之同,存意识形态之异。在中华民族的发展史上,维护统一、反对分裂始终是中华儿女爱国情怀的重要体现,也是对国家主权、领土完整及民族感情的认同。任何旨在制造国家分裂、损害国家主权和领土完整的言行,都会遭到具有强烈爱国主义精神的海内外中华儿女的坚决反对。

视频:连战:访问大陆

两岸同胞是血脉相连的命运共同体,同属中华民族大家庭。希望两岸同胞进一步携起手来,共同开创两岸关系和平发展新局面,共同实现中华民族伟大复兴,共同促进人类和平与发展的崇高事业。这同时也体现了两岸人民实现祖国统一的共同愿望。

四、做忠诚的爱国者

如果说,爱的行为应该是理性的,爱国也是如此。仅仅有一颗爱国之心是远远不够的,还应懂得爱国之理。爱国主义包含着情感、思想和行为三个基本方面:情感是基础,思想是灵魂;行为是体现。爱国情感是人们对祖国的一种直接感受和情绪体验;爱国思想是人们对祖国的理性认识;爱国行为是指人们身体力行、报效祖国的实际行动,是爱国主义精神的落脚点和归宿。只有爱国情感、思想和行为一致的人才是真正的爱国者。

(一)促进民族团结

中华民族繁荣富强,靠的是各民族团结友爱。新中国的成立和社会主义制度的确立,开辟了各民族团结友爱的新纪元,中华民族展现出巨大的向心力、凝聚力,展现出无比的自信心、自豪感。60多年来,各族人民高举民族大团结的伟大旗帜,和衷共济、和睦相处、和谐发展,携手推进社会主义建设和改革开放事业,谱写了中华民族自强不息、团结奋进的壮丽史诗。60多年来,中华民族在前进过程中克服了来自政治领域、经济领域和自然界的种种困难和考验,顶住了来自国内外的种种压力和挑战,使我国现代化建设和改革开放的航船乘风破浪、胜利前进。其中,一个很重要的原因就是各民族始终同呼吸、共命运、心连心,同心同德、并肩战斗。今天,"汉族离不开少数民族、少数民族离不开汉族、各少数民族之间也相互离不开"的理念已经成为各族人民的自觉行动,共同团结奋斗、共同繁荣发展的主题已经成为各族人民的共同追求。这是中华民族自强不息、不断前进的力量源泉。

当代大学生是促进民族团结、完成祖国统一大业的生力军,要自觉做促进民族团结和祖国统一的模范，同一切破坏民族团结和祖国统一的思想、行为进行坚决的斗争。要努力学习掌握党和政府加强民族团结、实现国家统一的方针、政策及相关法律，努力增长才干，为全面开创各族人民共同团结奋斗、共同繁荣发展的新局面，实现祖国统一作出自己的贡献。

（二）增强国家安全意识

1. 确立总体国家安全观；2. 增强国防意识；3. 自觉履行维护国家安全的义务。

增强国防观念

中华民族是一个爱好和平的民族，中国共产党率领中国人民选择了和平发展之路，永远不称霸。但是中华民族也是一个不畏强暴、不容他人侵略的民族。在当今时代，维护世界和平，维护国家的安全，促进国家统一和发展，大学生需要增强国防观念。

增强国防观念是大学生报效祖国、弘扬爱国主义精神的重要体现；是大学生履行国防义务，关心支持国防和军队建设的必然要求；是大学生提高综合素质，促进自身全面发展的迫切需要。因此，当代大学生应当随时准备为抵御外来侵略，捍卫国家主权、领土完整，维护国家安全、统一和发展而斗争。

西方：西化分化的图谋依然未变

在经济全球化条件下，国外敌对势力妄图西化和分化我国的战略并未改变。经济全球化是一把双刃剑，既是机遇，更是挑战。现实情况表明，经济全球化背景下，发展中国家不仅要面对经济方面的挑战，而且也必然面对政治和文化上的挑战。西方发达国家利用经济、科技甚至军事等方面的优势，竭力输出他们的政治观、价值观、文化观和生活方式，力图主导经济全球化进程，把发展中国家纳入西方的发展模式和发展轨道。在这种情况下，更需要大力弘扬爱国主义，维护本国、本民族的利益。

我国周边：安全环境异常严峻

英国地缘政治学家麦金德有句名言：一个国家邻国越多，特别是接壤的邻国越多，麻烦就越多。此言不虚。现在我国陆地接壤国家有 14 个；隔海相望的国家有 8 个。在中国日益崛起强大的今天，出于各种利益关系和大国的挑拨，我们的好邻居越来越少，我们的周边安全环境越来越不容我们盲目乐观。有学者统计指出：当今世界有 25 支最强大军队，8 支在我周边；当今世界有 11 个人口超亿国家，有 7 个在我周边；新世纪以来世界有 7 个潜在热点，有 6 个在我周边。随时都有可能发生意想不到的问题,引导青年大学生关注。

第三节　以改革创新为核心的时代精神(1学时)

本节教学步骤一:导入(10分钟)

改革创新是时代精神的核心

时代精神是一个时代的人们在文明创建活动中体现出来的精神风貌和优良品格,是激励一个民族奋发图强、振兴祖国的强大精神动力,构成同时代精神文明建设的重要内容。根据一个国家、一个民族时代精神的内涵以及它在经济、政治、文化等建设活动中所发挥出来作用的大小,可以透视其国民的理性程度与成熟水平,因而成为衡量其文明进步的重要标准。

一、时代精神及其主要表现

时代精神是在新的历史条件下形成和发展的,是体现民族特质、顺应时代潮流的思想观念、行为方式、价值取向、精神风貌和社会风尚的总和。爱国主义是时代精神的历史基础,时代精神是爱国主义的当代发展。

时代精神的体现

——改革创新是时代精神的核心

突破陈规、大胆探索、敢于创造的思想观念,不甘落后、奋勇争先、追求进步的责任感和使命感,坚忍不拔、自强不息、锐意进取的精神状态。

载人航天精神

我国载人航天事业的建设者,是一支具有光荣传统、建立了卓越功勋的团队。中国航天人勇敢地肩负起攀登航天科技高峰的神圣使命,为了祖国的航天事业,淡泊名利,默默奉献。他们献出了青春年华,献出了聪明才智,献出了热血汗水,有的甚至献出了宝贵生命。他们用顽强的意志和杰出的智慧,将"一切为了祖国,一切为了成功"写在了浩瀚无垠的太空中。老一代航天人甘当人梯,新一代航天人茁壮成长。在载人航天工程的几大系统中,35岁以下的技术骨干已占80%,一批既懂专业、又善管理的人才成为各系统、各专业的带头人。一大批能够站在世界科技前沿、勇于创新的高素质人才,为我国航天事业实现新的突破积蓄了强大的发展后劲。

伟大的事业孕育伟大的精神,伟大的精神推动伟大的事业。载人航天工程是当今世界高新技术发展水平的集中体现，是衡量一个国家综合国力的重要标志。在实施载人航天工程的进程中，中国航天人牢记党和人民的重托，满怀为国争光的雄心壮志，自强不息，顽强拼搏，团结协作，开拓创新，取得了一个又一个辉煌成果，也铸就了特别能吃苦、特别能战斗、特别能攻关、特别能奉献的载人航天精神。这是以爱国主义为核心的伟大民族精神和以改革创新为核心的时代精神的生动体现，是井冈山精神、延安精神、"两弹一星"精神、九八抗洪精神、抗击非典精神的光荣传承，是我们党、国家、军队和人民的宝贵精神财富，值得全国人民认真学习和大力弘扬。

"特别能吃苦 特别能战斗 特别能攻关 特别能奉献"是对载人航天精神的高度概括。

劳模精神

习近平在讲话中强调，我们所处的时代是催人奋进的伟大时代，我们进行的事业是前无古人的伟大事业。全面建成小康社会，进而建成富强民主文明和谐的社会主义现代化国家，根本上靠劳动、靠劳动者创造。无论时代条件如何变化，我们始终都要崇尚劳动、尊重劳动者，始终重视发挥工人阶级和广大劳动群众的主力军作用。这就是我们今天纪念"五一"国际劳动节的重大意义。

我们要始终弘扬劳模精神、劳动精神，为中国经济社会发展汇聚强大正能量。劳动是人类的本质活动，劳动光荣、创造伟大是对人类文明进步规律的重要诠释。正是因为劳动创造，我们拥有了历史的辉煌；也正是因为劳动创造，我们拥有了今天的成就。我们一定要在全社会大力弘扬劳模精神、劳动精神，引导广大人民群众树立辛勤劳动、诚实劳动、创造性劳动的理念，让劳动光荣、创造伟大成为铿锵的时代强音，让劳动最光荣、劳动最崇高、劳动最伟大、劳动最美丽蔚然成风。在我们社会主义国家，一切劳动，无论是体力劳动还是脑力劳动，都值得尊重和鼓励；一切创造，无论是个人创造还是集体创造，也都值得尊重和鼓励。

二、改革创新的重要意义

进一步解放和发展生产力的必然要求，全面深化改革、推动经济社会全面发展的重要条件，建设社会主义创新型国家的迫切需要。

关于改革

改革一般指各种包括政治、社会、文化、经济、宗教组织作出的改良革新，相较于革命是以极端的方式推翻原有政权以达成改变现状的目的，改革是指在现有的政治体制之内实行变革。通常一个改革是否能成功会影响一个国家的命运，若成功可让该国走向稳定局势,若失败可能招致内乱或冲突。

关于创新

创新是以新思维、新发明和新描述为特征的一种概念化过程。起源于拉丁语,它原意有三层含义,第一,更新;第二,创造新的东西;第三,改变。创新是人类特有的认识能力和实践能力,是人类主观能动性的高级表现形式,是推动民族进步和社会发展的不竭动力。一个民族要想走在时代前列,就一刻也不能没有理论思维,一刻也不能停止理论创新。创新在经济,商业,技术,社会学以及建筑学这些领域的研究中有着举足轻重的分量。在中国,经常用"创新"一词表示改革的结果。既然改革被视为经济发展的主要推动力,促进创新的因素也被视为至关重要。

创新是一个民族进步的灵魂,是一个国家兴旺发达的不竭动力,也是一个政党永葆生机的源泉,这是江泽民同志总结20世纪世界各国政党,特别是共产党兴衰成败的历史经验和教训得出的科学结论。

创新涵盖众多领域,包括政治、军事、经济、社会、文化、科技等各个领域的创新。因此,创新可以分为科技创新、文化创新、艺术创新、商业创新等等。

创新型国家

创新型国家是指那些将科技创新作为基本战略,大幅度提高科技创新能力,形成日益强大竞争优势的国家。

自主创新、重点跨越、支撑发展、引领未来是中国共产党提出的建设创新型国家的指导方针。自主创新是我国科技发展的战略基点;重点跨越,坚持有所为、有所不为,是加快我国科技发展的有效途径;支撑发展,从现实紧迫需求出发,是我国科技发展的现实要求;引领未来,就是着眼长远,超前部署前沿技术和基础研究,是我国科技发展的长期根本任务。

到2020年,我们要达到的目标是:基本建成适应社会主义市场经济体制、符合科技发展规律的中国特色国家创新体系,原始创新能力明显提高,集成创新、引进消化吸收再创新能力大幅增强,关键领域科学研究实现原创性重大突破,战略性高技术领域技术研发实现跨越式发展,若干领域创新成果进入世界前列;创新环境更加优化,创新效益大幅提高,创新人才竞相涌现,全民科学素质普遍提高,科技支撑引领经济社会发展能力大幅提升,进入创新型国家行列。

三、做改革创新的实践者

创新,最根本的一条路就是要靠教育。我们大学生接受着高等教育,学习着先进的科学文化知识,是富有智慧的一体,是有创造力的一代,是思维活跃的一个集体,我们是未来创新的主力军,担当着责任,我们要努力把自己培养成为具有创新的能力和创新素质的大学生,使自己成为适应知识经济时代和我国社会主义建设事业需要的创新型高级专业人才,为我们的国家做贡献,报效祖国。

(一)、树立改革创新的自觉意识

突破陈规陋习的自觉意识,大胆探索未知领域的信心和勇气,以创新创造为目标的志向。

创新意识

创新意识是指人们根据社会和个体生活发展的需要,引起创造前所未有的事物或观念的动机,并在创造活动中表现出的意向、愿望和设想。它是人类意识活动中的一种积极的、富有成果性的表现形式,是人们进行创造活动的出发点和内在动力。是创造性思维和创造力的前提。

勇于探索

荀子曰:不登高山,不知天之高也;不临深谷,不知地之厚也;不闻先王之遗言,不知学问之大也。的确,探索自古以来都是生命中必不可少的一项重要任务。生命中的每一次探索,在本质上来看都会有其成功的一面,因此我们要勇于发现,敢于探索。

(二)培养改革创新的责任感

一是自主性,真正的改革创新必然是自主创新,是战胜自我和超越自我;

二是首创性,真正的改革创新必然具有"第一次"的特征;

三是先进性,真正的改革创新必然顺应文明之潮流、体现时代之脉动、展示历史之未来,因而能够独领风骚、影响深远。

3D 打印

3D 打印,即快速成型技术的一种,它是一种以数字模型文件为基础,运用粉末状金属或塑料等可粘合材料,通过逐层打印的方式来构造物体的技术。

日本筑波大学和大日本印刷公司组成的科研团队 2015 年 7 月 8 日宣布,已研发出用 3D 打印机低价制作可以看清血管等内部结构的肝脏立体模型的方法。据称,该方法如果投入应用就可以为每位患者制作模型,有助于术前确认手术顺序以及向患者说明治疗方法。

2014 年 8 月 31 日,美国宇航局的工程师们刚刚完成了 3D 打印火箭喷射器的测试,本项研究在于提高火箭发动机某个组件的性能,由于喷射器内液态氧和气态氢混合反应，这里的燃烧温度可达到6000华氏度，大约为3315摄氏度，可产生2万磅的推力，约为9吨左右，验证了3D打印技术在火箭发动机制造上的可行性。本项测试工作位于阿拉巴马亨茨维尔的美国宇航局马歇尔太空飞行中心，这里拥有较为完善的火箭发动机测试条件，工程师可验证3D打印部件在点火环境中的性能。

（三）增强改革创新的能力本领

扎实系统专业知识是增强改革创新能力本领的基础，培养创新性思维方式是增强改革创新能力本领的前提，积极投身实践是增强改革创新能力本领的关键。

推荐阅读

1. 邓小平：《中国大陆和台湾和平统一的设想》，《邓小平文选》第3卷，人民出版社1993年版。

2. 江泽民：《爱国主义和我国知识分子的使命》，《江泽民文选》第1卷，人民出版社2006年版。

3. 胡锦涛：《发扬伟大的爱国主义精神　为建设有中国特色社会主义努力奋斗——在五四运动八十周年纪念大会上的讲话》，《人民日报》，1999年5月5日。

4. 胡锦涛：《在纪念辛亥革命100周年大会上的讲话》，《人民日报》，2011年10月10日。

5.《爱国主义教育实施纲要》，《十四大以来重要文献选编》（上），1996年版。

6. 习近平：《在第十二届全国人民代表大会第一次会议上的讲话》，《习近平谈治国理政》，外文出版社2014年版。

【教学小结】

教学效果分析：

1. 在本章教学中，教师紧扣教材内容，同时紧密联系当下我国周边安全环境的严峻形势，深刻揭示了经济全球化条件下弘扬爱国主义精神的必要性和重要性。

2. 教师还对国内暗中涌动的“民族虚无主义”思潮进行了批判，澄清了部分大学生在爱国主义问题上的一些模糊的错误的认识。

教学经验：

1. 针对问题。经济全球化背景下为什么依然要弘扬爱国主义精神？为什么必须批判民族虚无主义？教师针对这两个问题，进行了重点的讲授，并力求精心设计，着力突破。

2. 激发热情。在本章教学中，教师开讲时师生共唱一曲《我的中国心》，新颖活泼，吸引学生，加之采取多种教学手段，激发了大学生立志做一个忠诚爱国者的热情。

改进措施：

如何将学生的爱国情感升华为爱国思想，最终落实于具体的爱国行动是一个重大课题，教师必须加强这方面的理论研究和实践教学研究，以促进教学。

第三章

领悟人生真谛　创造人生价值

【教学简况】

学时安排:6 学时,其中课堂教学 4 学时。主题讨论 2 学时:大学生舍己救老农值不值?

教学目的:科学认识人的本质;树立科学的人生观;把握评价人生价值的标准和实现人生价值的条件,在实践中创造有价值的人生;自觉促进自我身心、个人与他人、个人与社会、人与自然的和谐;正确对待人生环境。

重点难点:重点是认识人的本质;人生价值的标准与评价;人生价值实现的条件;如何对待人生环境。难点是马克思主义人的本质理论。

学习思考

1. 当下许多人讲"实惠",思考人生大问题有意义吗?
2. 为什么说人生价值在于人的创造性社会实践?
3. 如何理解健康的含义,怎样协调自我身心关系?
4. 如何正确认识和处理个人与他人、社会和自然的关系?

【教学过程】

教学内容设计:本章分三节。第一节树立科学人生观,计划用 2 学时,第二节创造有价值的人生,计划用 1 学时,第三节正确对待人生环境,计划用 1 学时。

教学步骤:本章第一节通过三个步骤讲解树立科学人生观;第二节通过四个步骤讲解有价值的人生;第三节通过五个步骤讲解正确对待人生环境。

教学组织:教师讲授、课堂讨论结合。

板书设计:多媒体课件与教师黑板辅助板书结合。

教学方法:体系讲授、视频、案例讨论结合。

第三章

领悟人生真谛 创造人生价值

本章教学步骤一:导入(5分钟)

当我们降生于世,世界便赠给我们一份宝贵的礼物——人生。人生是一种时间的流程,是一个生命展开和创造的过程。这里面包含两个意思,一方面,人生是一个过渡的过程,遵循自身的生老病死规律,从出生、成长到衰老再到死亡这一自然法则,这也是量的过程,是世上万物都遵循的自然规律;另一方面,人生是一种创造的过程,这赋予了生命以质的内容,就是人活在现实社会,有感受,有思索,有追求,有创造,对生存状态满意不满意,幸福不幸福会做出自己的判断。也就是说,人的生命的长短自己无法预知,但都想把生命的意义和价值把握在自己手里。因此,和人生相关的问题就成为人们为之苦苦思索的问题。思索的深度和广度不同,判断和选择有别就决定了人生的宽度和高度,有的光荣,有的无耻;有的悲惨;有的清贫,有的富有;有的绚丽,有的龌龊;有的壮烈,有的卑劣等等。

当代大学生的大学时代是青年社会化的关键时期,是人生观形成、确立的重要阶段,在这个时期,系统学习人生观理论,并结合个人实际和社会现实深入思考人生的相关问题,领悟人生真谛,不仅对于同学们个人的成长、成才和成功,而且对于能否承担起中国特色社会主义建设的重任和实现中华民族伟大复兴中国梦的历史使命都至关重要。

第一节 树立正确的人生观(2学时)

本节教学步骤一:(45分钟)

一、人生和人生观

人从自然界中发展而来,因此人具有自然属性,在向自然界索取物质生活资料的过程中结成人与人的社会关系，因此人又具有社会属性。那么人的本质是由自然属性决定的，还是由社会属性决定的？是先天就存在，还是后天形成的？是抽象的，还是具体的、历史的？弄清这些问题，也就是揭示人的本质，是解决人生诸多问题的钥匙，因此成为人生观争论的焦点和思考人生其他问题的逻辑起点。

（一）人的本质

在中外思想史上，许多思想家、哲学家都从不同的角度对"人性"提出了自己的见解：如孟子的性善论、荀子的性恶论、世硕的善恶兼有论、告子的无善无恶论、苏格拉底的理性动物论、亚里士多德的政治动物论、霍尔巴赫的感性主义人性论、康德的理性主义人性论和费尔巴哈的感性与理性同体论等等，其中不乏真知灼见。

然而，在马克思主义产生以前，中外思想家们有关人的本质的探讨从根本上看不外乎三点：一是把人的本质看成是先天就有的；二是主张超阶级的、抽象的人性论；三是脱离了人的社会性去考察人的本质，往往把人的自然属性看作人的本质。这些都带有唯心主义和形而上学的性质。马克思运用辩证唯物主义和历史唯物主义的立场、观点和方法，解开了人的本质之谜。

马克思：对人的本质的科学揭示

马克思在《关于费尔巴哈的提纲》中提出："人的本质并不是单个人所固有的抽象物。在其现实性上，它是一切社会关系的总和。"①从而使人的本质问题在人类历史上第一次得到科学的说明。

社会属性：人的本质属性

任何人都是处在一定社会关系中从事社会实践活动的人。社会属性是人的本质属性。人类发展史证明，人一开始便是他人的产物，受社会关系的制约。所谓"体之发肤，受之父母"，人最初接触的是父母关系、血缘关系，随着年龄渐长，社会面逐渐扩大，进而置身于一定的地缘关系、业缘关系、生产关系、政治关系、法律关系、道德关系之中。这些社会关系的总和决定了人的本质。人们正是在这种客观的、现实的、不断变化的社会关系中塑造自我，成为真正意义上的人，成为具有个性特征的自我。

马克思主义从来就不否认人具有自然属性。自然本能不是人与动物相区别的标志，反倒是人类起源于动物的佐证，说明人是自然界有机生命长期发展的结

---

① 《马克思恩格斯选集》第1卷，人民出版社1995年版，第60页。

果。但是,人身上的自然属性已经不是原来意义上的自然属性,而是“人化”了的自然属性,即深深地打上了社会烙印的自然属性。虽然自然属性是社会属性的基础和前提,但人是社会存在物,社会属性是人的本质属性,包括劳动、语言、思维、理性等,是决定人区别于动物,人之为人的东西。

人的本质:现实的、具体的

社会关系是发展变化的,不同的社会历史时期社会关系尤其是生产关系都有所不同,所以人的本质也是发展变化的。不同历史时期人的本质不同,比如说原始人的本质是纯朴的、无私的,而现在人的本质是复杂的、多样的,所以恩格斯认为:在每一个时代,人的本质都发生了变化。总之,人的本质是由一切社会关系的总和决定的,这是人的本质的唯物论;人的本质又是历史的、变化的、发展的,这是人的本质的辩证法。

课堂讨论:人的本性是自私的吗?

通过大家的讨论,我们可得出如下结论:人的自然属性不是人的本质属性;人的本质是社会关系的反映,自私与否受社会关系的影响;自私绝不是人的共同本性,因为从来就不存在这种抽象普遍共同的所谓人性。

自私也的确在一些人的人性中存在,但在一些人的人性中形成自私品性的同时,另外一些人却形成利他主义和自我牺牲的人性。况且,“真正的人性是不可能自私的”,人之为人不是因为他自私、自利、自爱,这种自私、自利、自爱源于肉体快乐的本能追求。德谟克利特说:“如果幸福在于肉体的快乐,那应当说,牛找到草吃时是最幸福的了。”这应当使信奉“人性自私”的人为之汗颜。

(二)人生观

人生观是世界观在对待人生问题上的具体体现,是人们在实践中形成的对于人生目的和意义的根本看法,它决定着人们实践活动的目标、人生道路的方向和对待生活的态度。有什么样的人生观就有什么样的人生。

人生观与世界观是联系在一起的。一方面,世界观决定人生观,有什么样的世界观就有什么样的人生观。另一方面,人生观又对世界观的巩固、发展和变化起着重要作用。

本节教学步骤二:(35 分钟)

二、人生观的主要内容

科学人生观即共产主义人生观。自马克思、恩格斯提出科学共产主义起,一百六十多年来,这一科学的人生观一直以其神奇的魅力激励着无数的仁人志士。然而,历史的曲折使人们对共产主义人生观有了极多的误解。其中一个最典型的表现就是在没有真正了解共产主义人生观的全部科学含义之前,便匆忙地宣称:我不信仰共产主义人生观。其实,真正的共产主义人生观包含着丰富而深刻的内涵。

(一)视人生为抗争

科学人生观回答的一个首要问题就是人生是什么?科学的人生观把人生理解为抗争。事实上,我个人也认为,人的一生总是在抗争,与自己的惰性抗争,与生存的压力抗争,与坎坷挫折抗争,与疾病苦难抗争,与大自然抗争,还要与社会抗争。可谓生命不息,抗争不止!

1. 与惰性抗争

如大学生的学习,摆脱了高考的重压,"天亮了,解放了"几乎成为大学新生共同的感受。孔夫子讲:学而时习之,不亦说乎?可见孔夫子是以追求知识为快乐,这就是孔圣人的人生境界。然而,对我们一般的凡夫俗子来说,"学而时习之,不亦说乎?"我敢说"说乎哉?不说(悦)也!"为什么?因为在信息成本异常低廉,网吧、游戏厅重重包围校园的今天,同学们要寻求一种方式,消磨自己的时间,实在是太容易了。这就更需要我们 Hold 住自己,与自己的惰性抗争。

2. 与疾病抗争

人道是:人食五谷杂粮,谁能不生病?人一旦生了病,就需要与之抗争。在这方面大名鼎鼎的张海迪堪称楷模:

张海迪(图):人生的意义不在于索取,而在于奉献

张海迪,1955 年出生,山东聊城莘县人。5 岁患脊髓病,导致了胸部以下全部瘫痪,根本无法上学,但她一边与病魔抗争,一边以常人难以想象的毅力,自学了小学、中学和大学的课程,获哲学硕士学位。

在与病魔抗争中,她坚持写作,出版了许多鼓舞人心的作品。在 20 世纪 80 年代初,以她只有三分之一有知觉的身躯喊出了:人生的意义不在于索取,而在于奉献。她的事迹感动了大学生,感动了全中国。2008 年,张海迪当选第五届中国残联主席。与病魔抗争,张海迪让自己的生命绽放出了异彩。

张鸣:"为了女儿……"

2011 年 2 月 18 日,《长江日报》刊发的一则消息令我很感动:毕业于华南理工大学的张鸣,28 岁身患淋巴癌。为了让女儿看到父亲的坚强,他躺在病床上坚持用博客给女儿写下了30万字的日志。我真的祝福他战胜病魔,与女儿一起成长。

(二)以为大多数人谋幸福为人生目的

人生目的决定人生道路、人生态度和人生价值标准。在这方面,革命导师都是我们学习的楷模。马克思和恩格斯提出,为绝大多数人谋利益;列宁提出,为千千万万劳动人民服务;毛泽东提出,全心全意为人民服务。科学的人生观将为绝大多数人谋幸福视为自己的人生目的。它宣称:大多数人的幸福便是我的幸福。并认为这是一个使自己变得崇高的唯一途径。人生正是在这里体现出"比可怜的自私者高出千百倍的价值。"

说到这里,有同学会说:老师,现在是市场经济时代,人人追求个人利益,有谁还在为多数人谋幸福?我想告诉同学们一个简单的道理——你,现在好好活着,就在为好多人谋幸福:你的父母及家族、你的亲朋与好友、你母校的老师和同学、你现在的同学等等,都为你上大学而自豪和幸福,不是吗?我们不妨来看一个农民:

王乐义:"让更多的农民富裕起来"

山东省寿光县三元朱村党支部书记王乐义,潜心研制开发了冬温蔬菜大棚技术,在改革开放的大潮中,带领全村农民、全县农民以及周边地区的农民富裕起来。王乐义的大棚技术可以说达到国际先进水平,富裕起来的他,应邀到新疆免费为广大农民传授技术,有时在新疆一住就是几个周、几个月。

传播技术:足迹遍及大半个中国(图)

大家看幻灯片上的这张地图,绿色部分是王乐义足迹到过的地方,基本上走了大半个中国。他为的是什么?我们请听他的表白:我是一个地地道道的农民,我最大愿望是让更多的农民富起来。

(三)以乐观主义精神作为人生基本态度

《时代》周刊1985年"年度人物"评选,我们改革开放的总设计师邓小平榜上有名。

邓小平(图):"天塌下来怕什么?"

邓小平戎马一生,三落三起,历尽人生坎坷。但是他始终乐观。在他的最后一起,终于站在中国发展的历史制高点上,以战略家的气魄和政治家的智慧,将中国的航船校正和引向了正确的航道,并奋勇前进。据说邓小平他老人家有一句名言:天塌下来怕什么?有大个子顶着!他的幽默与乐观来源于哪里?来源于他豁达的胸怀,来源于他对理想的执着和信念的坚定。

圣地延安:军民的乐观主义精神

2009年4月,我参加中央党校研修班去革命圣地延安考察过。2011年5月,我在国家教育行政学院参加全国“基础”课骨干教师研修班又去延安考察了一次。不过,我并未感到单调重复,而是感觉:去延安就像读一部伟大的经典——读一遍有一遍的味道,读一遍有一遍的收获,可谓是“常读常新”。

让我感受最深的是,六十多年前,在那无法想象的生活环境里,处处闪耀着革命的乐观主义精神:偏僻的山沟,贫瘠的黄土,饥寒的生活,严密的封锁,八百里的秦川,挡不住热血青年投奔延安的脚步;露天的教室、砖石的桌凳、流动的课堂、飞机的轰炸,难不住抗大培养出那么多共和国的元帅和成千上万抗日先锋将士;低矮的窑洞,昏暗的油灯,破旧的桌椅,难不住毛泽东在世界最小的司令部里,指挥最大的人民解放战争。在那里考察,我们时时处处被先辈们乐观主义精神所感染。

作为当代大学生,需要端正人生态度,在乐观主义基本态度的基础上,还要注意:人生须认真;人生当务实;人生当进去。

(四)不否认个人利益对自我人生的重要性

科学的人生观不否认个人利益对自我人生的重要性。这正如马克思指出的那样:“共产主义并不剥夺任何人占有社会产品的权力。它只剥夺利用这种占有去奴役他人劳动的权力”。当前我国虽然发展了,变化了,但是仍将长期处于社会主义初级阶段,人民日益增长的物质文化需要同落后的社会生产之间的矛盾依然是社会主要矛盾。在这种情况下,我们提倡通过自己的劳动致富,致富光荣,致富者也应当受到社会的尊重。

(五)视个人自由全面发展为人生一个重要追求

马克思在描绘未来理想的社会时这样指出:代替那存在着阶级和阶级对立的资产阶级旧社会的,将是这样一个联合体在那里,每个人的自由发展是一切人的自由发展的条件。① 科学人生观把个人的自由全面发展视为人生的一个重要追求。但同时又指出,这种追求只能置于集体和社会之中才是可能的。

我们可以看出,在对共产主义人生理想追求中,几乎包含了人生所有的追求,我们只能在共产主义人生观的实践中拥有完整的人生;在为社会大多数人谋幸福的过程中实现人生的价值;在为共产主义理想社会和理想人格的追求中实现人生

---

① 《马克思恩格斯选集》第1卷,人民出版社1995年版,第294页。

的目的；在对共产主义理想追求的奋斗、创造和抗争中体验人生的幸福和快乐；在共产主义道德的熏陶和规范下形成完美的人性；在共产主义社会的完善和发展中实现人生自由全面的发展。

本节教学步骤三：(15 分钟)

三、摈弃错误的人生观

罗曼·罗兰有一句名言：人生不是旅行，可出售来回票，一旦动身就很难返回。我们选择了什么样的人生观就拥有什么样的人生。改革开放以来，花花世界，鸳鸯蝴蝶，耐不住的是寂寞，顶不住的是诱惑。许多人尤其是领导干部在金钱、美女的诱惑下，自甘堕落，走向了自己铺就的断头台。我们高校也深受社会风气的熏染，一些大学生被拜金主义、享乐主义、个人主义所腐蚀，为金钱和享乐不惜丧失人格，荒废学业，损人利己，有的甚至走向了牢狱。因此我们必须摈弃各种错误的人生观。

（一）拜金主义人生观

拜金主义人生观是一种认为金钱可以主宰一切，把追求金钱作为人生至高目的的人生观。在人类历史上，有了金钱就有了对金钱的崇拜，但拜金主义作为一种社会思潮却是伴随资本主义的发展而形成的。拜金主义人生观将金钱神秘化、神圣化，视金钱圣物，以追逐和获取金钱作为人生的目的和生活的全部意义，是诱发钱权交易、贪赃枉法等丑恶现象的重要思想根源。

李友灿："我有钱了！"

原河北省外经贸厅副厅长、省机电办主任李友灿，通过为他人提供汽车进口配额，不足三年受贿 4744 万元。月均受贿 170 多万元，日均受贿 5 万元。与一般的贪官不同，李友灿受贿一律要现金。他自己专门找了一套并不大的房子，连家人都不知道，他每次都亲自驱车把受贿的钱拉到楼下，然后自己一包一包地扛到楼上，只要一有时间，他就到藏钱的房子，像农民晒粮一样，把那些现金一摞摞翻整一下，然后坐在那里面带喜色，静静地"欣赏"，口中念念有词：我满足了，我有钱了！2006 年 4 月 26 日，经最高人民法院核准，李友灿被依法执行死刑。

作家肖复兴不无感慨地写道：在金钱中迷失，便成为金钱的奴隶；在金钱中疯狂，便堕入金钱的地狱。

（二）享乐主义人生观

享乐主义人生观是一种把享乐作为人生目的的人生观，主张人生的唯一目的和全部内容就在于满足感官的需求与快乐。人们在辛勤劳作之后享受生活，这是正当的需要，是有利于经济社会发展的。然而，如果把享乐尤其是感官的享乐变成人生的唯一目的，作为一种“主义”去诠释人生的全部意义，则是对人的需要的一种褊狭的理解，由此确立的人生目的是不正确的。

父亲：“是爱享受害了她”

我校一位女生，平时对老师和同学一直自称父母是国家公务员，平时吃的穿的戴的都很时尚，使用的日用化妆品也全是名牌。去年她在图书馆随手“拎”同学的书包，被学校“潜伏”的公安便衣当场抓住。随后公安人员在她宿舍的壁橱里搜出了一些高档的学生书包、笔记本电脑，还有很多张银行卡、购物卡等。眼见事情败露，她乘人不备，一头从四楼的窗户栽了下去，一条鲜活的生命就这样陨落了。其实她父母是地地道道的农民，生活并不富裕。见到女儿就这样地走了，父亲用嘶哑的声音说“是爱享受害了她”。

（三）个人主义人生观

个人主义人生观是一切从个人出发，把个人利益放在集体利益之上的人生观，主张个人本身就是目的，具有最高价值，社会和他人只是达到个人目的的手段。个人主义作为资产阶级的人生观，与社会主义的为人民服务的人生观是根本对立的。极端个人主义是个人主义人生观的一种表现形式，它突出强调以个人为中心，否认社会和他人的价值，甚至不惜采用损人利己的方式来追求自己的人生目标。现实中因个人主义膨胀而走向违法犯罪的案例举不胜举，不能不引起我们的警惕。

第二节　创造有价值的人生（1 学时）

本节教学步骤一：导入（2 分钟）

臧克家诗歌《有的人》

中学时我们学过诗人臧克家的一首诗《有的人》：“有的人活着，他已经死了；有人死了，他还活着。……”有人虽然已经离世，可是后人对他念念不忘，深切缅怀，有的人虽然活着，但是人民群众对他恨之入骨，遭到社会的唾弃。为什么人们会对人生做出如此截然不同的评价，这就要求我们系统地学习人生价值理论，在系统学习的基础上去追求去创造自己有价值的人生。

本节教学步骤二:(5 分钟)

一、价值观与人生价值

(一)价值与价值观

在哲学中,价值的一般本质在于,它是现实的人的需要与事物属性之间的一种关系。某种事物或现象具有价值,就是该事物或现象能满足人们某种需要,成为人们的兴趣、目的所追求的对象。价值是客观因素和主观因素的统一,即主体与客体发生关系,不与主体发生关系的客体是无所谓价值的。

价值观,是人们关于什么是价值、怎样评判价值、如何创造价值等问题的根本观点。价值观的内容,一方面表现为价值取向、价值追求,凝结为一定的价值目标;另一方面表现为价值尺度和准则,成为人们判断事物有无价值及价值大小、是光荣还是可耻的评价标准。思考价值问题并形成一定的价值观,是人们使自己的认识和实践活动达到自觉的重要标志。

司马迁说过:"人固有一死,或重于泰山,或轻于鸿毛。"①这里,司马迁是从"死"的角度谈人生价值的,但司马迁并没有明确指出为什么而死才重于泰山,为什么而死才轻于鸿毛。在历史的长河中,人的生命是短暂的,但问题是应该怎样活得更有意义?这就涉及价值与人生问题。

(二)人生价值与人生价值观

人生价值是一种特殊的价值,是人的生活实践对于社会和个人所具有的作用和意义。选择什么样的人生目的,走什么样的人生道路,如何处理生命历程中个人与社会、现实与理想、付出与收获、身与心、生与死等一系列矛盾,人们总是有所取舍、有所好恶,对于赞成什么反对什么、认同什么抵制什么,总会有一定标准。把价值概念引入人生领域,就产生了"人生价值"概念。

人生价值观,是人们对人生价值目标、衡量人生价值的标准以及怎样实现人生价值等问题的根本看法和态度。人生价值观在整个人生观体系中具有重要地位,他影响、制约和指导人们的实践,为人生目的和人生态度的选择提供依据。人生价值观是相对稳定的,它也会随着社会生活的变化而改变。当前市场经济的发展导致许多新的利益群体出现,不同群体有着不同的价值标准和追求,人们的人生价值观出现了多样化趋势。因此,大学生必须用科学的人生价值观来指导

① 司马迁:《报任安书》。

人生。

本节教学步骤三:(25 分钟)

二、人生价值的标准与评价

(一)人生的自我价值和社会价值

人生价值包含自我价值和社会价值两个方面。人生自我价值是个体的人生活动对自己的生存与发展所具有的价值,主要表现为对自身物质和精神需要的满足程度。人生的社会价值是个体的人生活动对社会和他人所具有的价值,衡量标准是个体对社会和他人所作的贡献。

自我价值和社会价值本质上是个人与社会的关系。个人与社会的关系是人生自我价值和社会价值辩证关系的基础。

第一,人总是生活在一定的社会关系当中,这就决定了创造人生价值的活动本质上都是社会活动。个人不能脱离社会而生存和发展,所以,个人只有在与他人和社会的关系中才能实现社会价值和自我价值。

第二,人生价值实现的基础是社会价值,也就是说个人对社会的贡献越大,他的社会价值就越大,他的自我价值就越会得到肯定。自我价值不是孤立和抽象的个人对自己的满足和认同,而是社会价值在个人身上的体现。人生价值是人生社会价值和自我价值的统一,人生价值归根结底是一个人在一生的社会实践活动中对于包括自己在内的社会所作出的贡献。

(二)人生价值的标准

人只有献身社会,才能找到那实际上是短暂而有风险的生命意义。——爱因斯坦

生命的长短以时间来计算,生命的意义以贡献来计算。——裴多菲

个体生活的价值意义,是在社会实践中形成和创造的,所以从本质上讲,一个人的生活具有什么样的价值,是社会所赋予的,而社会对一个人的价值评价的标准,主要依据是他对社会所作的贡献。个体对社会和他人的生存和发展贡献越大,其人生的社会价值也就越大;反之,人生的社会价值就越小。

(三)人生价值的评价

比较客观、公正、准确地评价社会成员人生价值的大小,除了要掌握科学的标准外,还需要掌握恰当的评价方法:

1. 坚持能力有大小与贡献须尽力相统一

视频:徐虎的事迹

人的能力是各不相同的。具有不同能力的人,对社会所承担的责任是不同的。尽管每个人的能力有差异,贡献有大小,但只要认真,踏实地努力工作,作出了应有的贡献,促进了社会发展和人类进步,符合最广大人民群众的根本利益,就会受到社会的肯定和尊重,他的人生价值就会得到高度评价。

2. 坚持物质贡献与精神贡献相统一

在现实生活中,人们容易把人对社会的贡献局限于物质贡献,而忽视精神贡献。社会劳动的内容是物质生产劳动和精神生产劳动的相互转化和统一,精神贡献同样是社会发展的巨大推动力。社会的发展与进步是物质文明和精神文明的共同发展与进步,评价人生的价值,不能只认可个人对社会做出的物质贡献,也要看到和认可对社会做出的精神贡献。

1982 年 7 月,第四军医大学的学生张华为救掉入粪池的老农牺牲了。当时就有人认为张华为救老农牺牲不值得,理由是家庭和国家培养一个军医大学生太不容易了,为救老农而牺牲太不值得。

课堂讨论:大学生舍己救老农值不值?

在刚才的讨论中,我们依然可以看出,仍有个别的同学认为一个大学生为救老农而死不值得,尤其强调了“大学生”和“老农”的身份,似乎大学生要是为救总理而牺牲就值得了。

问题是这样吗?我们不妨设想一下,当有人落井危难之时,我们“见义勇为”前,能否先对着井口喊:你是农民还是高干?是老人还是儿童?是男的还是女的?若女的是漂亮还是不漂亮?要是漂亮救上你来能否嫁给我?我想,要是那样的话,恐怕遇险的人也就不用救了——早就死了。

这听起来似乎有点可笑,但是它实际上是涉及到一个如何看待物质奉献与精神奉献的问题。首先,我们应该看到,人生的价值不能仅仅从外在的功利上来衡量,也应该从内在精神上来考虑。大学生救人的行为,不仅为人们树立了光辉的道德榜样,而且用行动证明了社会主义道德的巨大精神价值。其次,精神价值也可以转化为物质价值。大学生舍己救人的先进事迹和崇高精神能够激励着人们在自己的工作岗位上加倍努力,创造出更多的物质财富和精神财富。因此,第四军医大学的新生入校后,都要集体在英雄张华的塑像前宣誓,张华精神激励了一代又一代大学生。

3. **坚持完善自身与贡献社会相统一**

案例:张浩创业

张浩,1991 年大学毕业,以“机电一体化”和“企业管理”双学位分配到大连某公司。公司选派其去日本进修,半年里他深受日本高科技自动化农业的触动。深思熟虑后,1995 年他放弃了优越的工作条件和优厚的待遇,带着几万元积蓄,回到了湖南省浏阳市洞阳镇生基村。顶着压力和猜疑,他矢志要探索一种可持续发展的现代农业模式,带领乡亲们脱贫致富。十年艰苦创业,张浩的浩博公司由一个小养猪场,变成了拥有千万资产的公司,乡亲们也在他的带领下走上致富之路。

人生的社会价值是实现人生自我价值的基础,评价人生价值的大小主要应看一个人的人生活动对社会所作的贡献。但这并不意味着要否认人生的自我价值。社会是人创造并由个体组成的,人的自我完善和全面发展、人生自我价值的实现将使个体为社会创造更大价值奠定更好的基础。

三、人生价值实现的条件

这部分内容我就不展开讲了,大家课后自学。给同学们留个作业,请大家思考:要实现人生价值,如何协调社会条件和个人条件的关系。

本节教学步骤四:(10 分钟)

四、在实践中创造有价值的人生

人生价值的实现不仅仅是个理论问题,更重要的是付诸实践。确立了科学的人生价值目标,具备了科学文化素质和良好的身心素质,只是为人生价值的实现创造了良好的条件,人生价值的实现还要靠付出辛勤的劳动和汗水。社会实践是人生价值真正的源头活水,是实现人生价值的必由之路。

(一)走与人民群众相结合的道路

人民群众是历史的创造者,是国家的主人。大学生要在为人民群众服务的过程中实现人生价值。只有走与人民群众相结合的道路,才能使自己的人生大有作为。正如江泽民所说:“人的一生只能享受一次青春,当一个人在年轻时就把自己的人生与人民的事业紧密相连,他所创造的就是永恒的青春。”①

(二)走与社会实践相结合的道路

艰辛知人生,实践长才干,这是古往今来许多人成就事业的经验总结。邓小

① 《江泽民论有中国特色社会主义(专题摘编)》,中央文献出版社 2002 年版,第 422 页。

平的人生社会价值是一位成功的政治家、一位马克思主义者的价值；袁隆平的人生社会价值是一个农业科学家的价值；李素丽的人生社会价值是一位优秀的公共汽车售票员的价值，人生价值的实现是在承担社会责任、在社会实践中实现的。

在当代中国，最重要的社会实践就是全面建设小康社会、加快推进社会主义现代化、实现中华民族伟大复兴的实践。对大学生来说，基层一线是了解国情、增长本领的最好课堂，是磨炼意志、汲取力量的火热熔炉，是施展才华、开拓创业的广阔天地。

第三节 科学对待人生环境(1 学时)

本节教学步骤一：导入(3 分钟)

名人名言

我愿做一滴水，我知道我很微小，当爱的阳光照射到我身上的时候，我愿意毫无保留地反射给别人。——徐本禹

创造有价值的人生，总是在一定的环境中进行的，人生价值能否实现以及实现的程度，与如何对待人生环境有重要关联。

所谓人生环境，就是人们的社会实践活动所赖以展开的各种关系的总和。科学对待人生的环境，主要就是要协调好几个关系。

本节教学步骤二：(7 分钟)

一、促进自我身心的和谐

每个人都有身心两个基本方面。身是指人体的生理组织及身体的机能；心是指人的心理活动，通常用知情意来概括。生理是心理的物质基础，心理是生理的精神机能，两者相互作用，作为有机统一体对人的生活和生产实践产生影响。一个健康的人，不仅要有健康的生理，还要有良好的心理，即所谓"身心健康"。协调身心关系以及身心与外部环境的关系以保证人自身系统的健康和活力，是保持身心健康的关键环节。

社会焦点：大学生心理健康

2004 年，团中央和教育部将每年 5 月 25 日定为"全国大学生心理健康日"，反映了国家对大学生心理健康的重视。当前，我国大学生的心理健康问题需要我们

引起重视。

关于保持心理健康的途径和方法问题,我在绪论中讲过一些,在这里就不一一展开了。

本节教学步骤三:(20 分钟)

二、促进个人与他人的和谐

我们每个人都希望并追求幸福的生活,那么,在人的一生中,什么是生活幸福的首要条件呢?是金钱、事业,还是名誉地位?同学们肯定有不同的回答。就这个问题,心理学家克林格对法国公众做了一个广泛的调查,当人们被问到"什么使你的生活富有意义"的时候,有超过 70% 的人将亲密的人际关系列为首要因素。

个人与他人的关系是每个人都必须面对的,是人与社会关系的直接而具体的体现。明确个人在与他人关系中的定位,处理好个人与他人的关系,才能为人生价值实现创造良好人际环境。

(一)促进个人与他人的和谐应坚持的原则

1. 平等原则

平等待人是协调个人与他人关系的前提。平等和被尊重是人们正常的基本的心理需要。人际交往的心理动机主要的就是寻找自己的社会位置,获得他人的肯定性评价,以证明自己的存在价值。平等待人就要学会将心比心,学会换位思考,只有平等待人,才能换取别人对自己的平等相待。古语云:"爱人者,人恒爱之。""敬人者,人恒敬之。"说的就是这个道理。

2. 诚信原则

据说,一名在德国的中国留学生,成绩优秀,他自认为可以理所当然地留在德国工作。他四处求职,拜访过许多大公司,没想到均遭拒绝。最后,他选择了一家小公司去求职,没想到小公司也拒绝了。高才生忍无可忍,拍案而起。当他知道自己频频遭拒的原因时,他很惊讶——只因为自己乘坐"公交车"曾 3 次逃票。他感到非常气愤——就这么点鸡毛蒜皮的小事就小题大做?可德国人并不这么看,在德国抽查逃票一般被查出的几率为万分之三,也就是说你逃 1 万次票才有可能被抓住 3 次。这位高才生居然被抓住了 3 次,这在严谨的德国人看来,是绝对不可饶恕的。

3. 宽容原则

古希腊神话里有一则"仇恨袋"的故事。说的是威风凛凛的大力士赫格利斯,从来都是所向披靡、无人能敌的，他唯一的遗憾就是找不到对手。有一天，他行走在一条狭窄的山路上，突然，一个趔趄险些被绊倒。他定睛一瞧，原来脚下躺着一只袋囊。他猛踢一脚，袋囊不但纹丝不动，反而气鼓鼓地膨胀起来。赫格利斯恼怒了，挥起拳头又朝它狠狠地一击，但它依然如故，仍迅速地膨胀着；赫格利斯暴跳如雷，拾取一根木棒朝它砸个不停，袋囊却越胀越大，最后将整个山道堵得严严实实。赫格利斯累得躺在地上，气喘吁吁。不一会儿，一位智者走来，见此情景，困惑不解。赫格利斯懊丧地说："这个东西真可恶，存心跟我过不去，把我的路都给堵死了。"智者淡淡一笑，平静地说："朋友，它叫'仇恨袋'。当初，如果你不理会它，或者干脆绕开它，它就不会跟你过不去，也不至于把你的路堵死了。"

人际间的摩擦、误解乃至纠葛、恩怨总是在所难免，如果肩上扛着"仇恨袋"，心中装着"仇恨袋"，生活只会是如负重登山，举步维艰了，最后，只会堵死自己的路。所以说，宽容是协调个人与他人关系必不可少的条件。宽容就是心胸宽广，大度容人，对非原则性的问题不斤斤计较。法国大作家雨果说："世界上最宽阔的是海洋，比海洋宽阔的是天空，比天空宽阔的是人的胸怀。"宽容对于协调个人与他人的关系具有重要的意义，它有助于扩大交往空间，也有助于消除人际间的紧张和矛盾。

4. 互助原则

互助是促进个人与他人和谐的必然要求。在人和人的交往中，相互关心，相互帮助，对增强彼此的理解，加深彼此的感情，有着重要的意义。同学们在学习和生活中，难免遇到这样那样的困难，每一个人既离不开他人的帮助，也能够帮助他们人，因此，在交往中了解他人的困难，主动帮助他人，是交往关系中一个重要的原则。

（二）正确认识和处理竞争与合作的关系

我先给大家讲一个小故事：话说美国南部的一个州，每年都举办南瓜品种大赛。有一个农夫，经常是首奖或优等奖的得主。他在得奖之后，毫不吝惜地将得奖的种子分给街坊邻居。有位邻居就很诧异地问他："你的奖项得来不易，每季都看你投入大量的时间和精力来做品种改良，为什么还这么慷慨地将种子送给我们呢？难道你不怕我们的南瓜品种因而超越你的吗？"农夫回答："我将种子分给大家，帮助大家，其实也就是帮助自己！"原来，这位农夫所居住的城镇是典型的农村形态，家家户户的田地都毗邻相连。如果农夫将得奖的种子分给邻居，则既可以让邻居们改良他们南瓜品种，也可以避免蜜蜂在传递花粉过程中，将邻近的较差的品种转而传染自己。

1. 正确认识竞争

从某种意义上说，这位农夫和他的邻居们是处于相互竞争的形势，而双方却又处于微妙的合作状态中。过去为防范外来花粉，农夫用铁丝网将自己的田罩起来，自己养了一群蜜蜂，然而此举既影响了授粉效果，又使邻里关系骤然紧张。如今，农夫的慷慨为自己和同行创造了和谐的发展环境，农夫终于可以专心致力于品种的改良，这个镇也逐渐成为美国最大的南瓜产销基地。

通过这个案例我们能够清楚认识到，双赢是竞争最理想的结果，良好的合作创造双赢。我们只要在法律和道德允许的范围内，按照平等、公平、诚信的原则去进行竞争，在这过程中双方相互激励、相互帮助、取长补短，大家都会有所收获，都能得到提高，这就是竞争中合作的真谛。

正确认识竞争。从积极意义看，正当的竞争有利于推动先进生产力的发展，有利于激发人的创造潜能和个体的进取心，调动人的积极性、主动性、创造性。从消极的意义看，不正当的竞争对社会而言，可能破坏公正平等原则，扰乱正常的经济和社会秩序，阻碍先进生产力的发展和社会进步。因此，在倡导竞争精神的同时，要鼓励和保护正当竞争，反对和遏制不正当竞争。

2. 正确认识合作

一个人、一个群体的力量总是有限的。“众人拾柴火焰高”，真正伟大的力量在于团结协作，团结有力量，团结能制胜。社会越发展，人们合作的范围越广大，合作的形式也越多样。我们可以看到，人类社会所取得的科技进步与重大发现，许多都是合作的结果。西方对诺贝尔奖的研究发现，合作获奖的1926—1950年为40%，1951—1971年为99%。当代大学生，应当高度重视合作精神的自觉养成问题。

3. 正确处理竞争与合作的关系

王选在谈到日本、美国、中国的做人做事方式时，用了一个很形象的比喻，说日本人做人处事如“下围棋”，美国人如“打桥牌”，而中国人如“打麻将”。下围棋总是从全局出发，为了整体的利益和最终的胜利，可以自觉牺牲局部的某些棋子；打桥牌注重的是与对方紧密合作，既强调团队精神、同伴的合作默契，又善于发挥个人的作用，形成联盟竞争；而打麻将既靠技巧又靠运气，总是孤军作战，讲究“看住上家、防住下家、盯着对家”。自己和不了也不让别人和。当代大学生，要真正做点事，做出点成绩，就应该倡导围棋意识，弘扬桥牌精神，反对麻将作风。不要老是“看住上家、防住下家、盯着对家”，自己和不了也不让别人和。

本节教学步骤四：(10 分钟)

三、促进个人与社会的和谐

(一)正确认识个体性与社会性的统一关系

(二)正确认识个人需要与社会需要的统一关系

(三)正确认识个人利益与社会利益的统一关系

(四)正确认识享受个人权利与承担社会责任的统一关系

马克思以前的思想家们，往往是从两个相反的角度谈论个人与社会的关系。要么片面夸大个人的作用，把个人看作是历史的起点，强调脱离社会的个人自由和个人发展，反对社会对个人的任何约束和限制，宣扬英雄创造历史的唯心史观；要么完全否认个人在历史中的作用，抽象地强调社会的存在，要求人们完全放弃个人的一切欲望，服从剥削阶级统治的社会对个体的剥削和奴役。唯物史观在人类历史上第一次科学揭示出个人与社会既对立又统一的辩证关系。当代大学生只有科学地把握个人与社会的辩证关系，协调好个人与社会的关系，才能为人生价值的实现创造良好的社会环境。协调个人与社会的关系，关键在于把握个人在社会中的定位。

人具有个体性，有其特定的思维、行为方式和需要。人又具有社会性。人是社会的人，处于一定的社会关系之中，在社会中获得生存和发展的条件。人的个体性与社会性是辩证统一、相辅相成的。人在社会关系当中，必然决定他具备所处社会最本质、最基本的特征。人以个体的形式存在，同时又以社会的形式存在。在生物本能上，人只有在社会中才能获得生命生存和延续的条件，在自身价值的实现上，也只有在社会关系中才能找到途径并具有可能。人必须经过充分的社会化的洗礼，使个体性与社会性统一起来，才能获得自我发展、自我完善的基本条件。人的个体性和社会性的统一在人的发展中具有重要意义。

人作为独立个体存在，有维持个体生存和发展的基本需要。但是，人的需要不同于动物的需要，即使是人的本能需要，也深深地打上了社会历史的印记，成为一种社会性需要。孤立地、不联系社会需要来考虑个人需要，将使个人需要失去基础和条件，还可能导致个人欲望的无限膨胀，最终不仅不能使个人需要得到满足，甚至还可能使个人走上危害社会、违法犯罪的道路。

本节教学步骤五:(10 分钟)

四、促进人与自然的和谐

(一)正确认识人对自然的依存关系

(二)科学把握人对自然的改造活动

(三)自觉珍爱自然,保护生态

人类共同家园——地球,有 40 多亿年的历史。在漫长的演变过程中,一些物种消失了,一些新物种诞生了。地球上有人类,也有 500 万其他的物种,从这个意义上看,人类是地球之子,地球是人类的母亲。从整体上看,人类是整个自然界的一员,人类社会的历史只是自然史的一个部分。无论人如何进化,都改变不了这样的事实:人来源于自然界又依存于自然界,人永远是自然界的有机组成部分。物质资料的生产和再生产以及人自身的生产和再生产都是以自然界的存在和发展为前提条件的,没有自然界就没有人本身。

视频——全球变暖:对人类的影响

人对自然的改造存在着两面性,随着人类社会的发展,人类干涉自然的范围在扩大,程度在加深,人类也因此饱受恶果。早在 160 多年前,恩格斯就警告过人们,不要过分陶醉于我们对自然界的胜利,对于每一次这样的胜利自然界都报复了我们。① 生态环境的恶化、自然资源的枯竭,严重影响了社会的健康发展和人们的生活质量。无数事实证明,没有良好的生态环境就没有和谐的社会生活,更谈不上人的全面发展。社会主义的根本目的是为了全体人的幸福,为了人的全面自由的发展。如果我们的人类生存环境非常糟糕,我们就达不到社会主义的根本目的。

全面建设小康社会,努力实现现代化,一定要贯彻落实以人为本的科学发展观,处理好经济建设、人口增长与资源利用、生态环境保护的关系,避免以牺牲环境为代价换取一时经济增长。

推荐阅读

1. 马克思:《关于费尔巴哈的提纲》,《马克思恩格斯选集》第 1 卷,人民出版社 1995 年版。

2.《毛泽东邓小平江泽民论世界观人生观价值观》,人民出版社 1997 年版。

---

① 《马克思恩格斯选集》第 4 卷,人民出版社 1995 年版,第 383 页。

3. 张大均:《大学生心理健康》,清华大学出版社 2007 年版。

4. 爱因斯坦:《我的世界观》《社会和个人》,《纪念爱因斯坦译文集》,上海科学技术出版社 1997 年版。

5. 中共中央宣传部:《科学发展观学习读本》,学习出版社 2008 年版。

6. 张应杭:《穿越黑洞:人生哲学精华》,上海文化出版社香港海风出版社 1999 年版。

【教学小结】

教学效果分析:

在教学过程中,我们运用多媒体、案例分析、视频资料、课堂讨论等教学手段和方法,深化了学生对于相关知识的理解和把握。教学与讨论结合,让大学生立足现实,着眼实践,思考人生,思考社会,增强了责任感,澄清了对人生的一些错误认识,领悟了人生真谛,收到了预期的效果。

教学经验:

1. 本章教学的理论性较强,教师对许多抽象深奥的理论作了深入浅出、生动形象的讲授。

2. 除以多种教学手段和方法引起学生的浓厚兴趣外,课前自学也是重要环节,理论的讲授要针对学生的疑惑,有的放矢。

3. 教学课时有限,教师的引导对案例分析、课堂讨论十分重要,要将学生的关注和教学内容及重点难点有机统一,以提高实效。

改进措施:

在当今形势下,大学生科学人生观的形成非一日之功。因此,人生观的教育不可过分追求"轰轰烈烈"、立竿见影,应将教学、讨论、影视、社会调查和社会实践等有机结合,全方位立体式地实施教育。

第四章

注重道德传承　加强道德实践

【教学简况】

学时安排:5 学时,其中课堂讨论 1 学时。

教学目的:使学生了解道德的起源与本质;正确对待中华民族的优良道德传统;继承与发扬中国革命道德;准确把握社会主义道德建设的核心和原则,培养正确的道德判断力,增强道德责任感,提高道德实践能力尤其是自觉践行能力,努力锤炼良好的道德品质。

重点难点:本章的重点是继承和弘扬中华传统美德和中国革命道德,社会主义道德建设的核心和原则;本章的难点是中华传统美德的创造性转化与创新性发展。

学习思考

1. 道德的本质、功能和作用是什么?

2. 中华传统美德的基本精神体现在哪些方面?

3. 谈谈加强社会主义道德建设对于落实“四个全面”战略布局的重要意义。

4. 怎样理解为人民服务是社会主义道德建设的核心,集体主义是社会主义道德建设的基本原则?

5. 结合全国道德模范的先进事迹,谈谈大学生如何投身崇德向善的道德实践。

6. 结合孔子故里的区域优势,谈谈儒家伦理在当代社会道德建设中的作用。

【教学过程】

教学内容设计:本章分四节。第一节道德及其历史发展,计划用 1 学时;第二节弘扬中华传统道德,计划用 2 学时;第三节继承与发展中国革命道德,计划用 1 学时;第四节加强社会主义道德建设,计划用 1 学时。

教学步骤:本章第一节通过两个步骤讲解道德及其历史发展;第二节通过三个步骤讲解继承和弘扬中华民族优良道德传统;第三节通过两个步骤讲解继承与发展中国革命道德;第四节通过两个步骤讲解加强社会主义道德建设。

教学组织:课堂讲授、课堂讨论结合。

板书设计:多媒体课件与教师黑板辅助板书结合。

教学方法:教师体系讲授与视频播放、案例分析、课堂讨论结合。

第四章

注重道德传承　加强道德实践

教学步骤一:导入(5 分钟)

大哲学家康德有一句名言:这世界唯有两种东西能让我们的心灵感到深深的震撼,一是我们头顶上灿烂的星空,二是我们内心崇高的道德准则。

培养良好的道德品质,做一个有道德的人,是当代大学生立志成才的重要条件之一。良好道德品质的培养,需要行为个体将道德原则、道德规范作为自己的价值目标,坚持不懈地追求。而加强道德修养,锤炼道德品质,必须要对道德的起源、本质、功能与作用以及道德历史发展有一定的了解。

第一节　道德及其历史发展(1 学时)

本节教学步骤一:导入(15 分钟)

视频:马云卸任 CEO 演讲

诚信、经济伦理、社会主义道德的体现

"我在想,是什么东西让我们有了今天,让马云有了今天,我没有理由成功,阿里和淘宝没有理由成功,居然我们走了这么多年,依旧对未来充满理想,其实这是一种信任,在所有人不相信这个世界、不相信未来的时候,我们选择了相信,我们选择了信任,选择了十年之后的中国更好,选择相信同事做的更好,相信中国年轻人比我们更好。"

"感谢各位,我将会从事自己感兴趣的事情,比如教育、环保,刚才那首歌 *Hear the world*,这世界太多的事情我们做不了,做好自己喜欢的、感兴趣的工作已经了不起。在做好工作之外,我们来完善中国的环境,让水清澈、让天空湛蓝、让粮食安全。"

本节教学步骤二：(30分钟)

一、道德的起源与本质

“道德”一词源于古希腊语，当时指的是习俗风尚。“道”是指事物运动变化必须遵循的普遍规律、法规；“德”指道德、美德、品德。在中国古代，“道”表示事物运动变化的规律或人们必须遵循的社会行为准则、规矩、规范；“德”即“得”，指人们认识“道”、遵循“道”，内得于己，外施于人。外施于人称为“德”。中国古代最早把“道”与“德”作为一个概念使用的是战国末期的荀子，他在《劝学》篇中说：“故学至乎礼而止矣，夫是之谓道德之极。”①意思是说，学了礼以后，做任何事情都能按“礼”的规定，就达到了道德的最高境界。

(一)道德的内涵

道德属于上层建筑的范畴，是一种特殊的社会意识形态。它以善恶为标准，通过社会舆论、传统习俗和人们的内心信念来维系，是对人们的行为进行善恶评价的心理意识、原则规范和行为活动的总和。首先，上层建筑是建立在一定的经济基础之上的各种制度、设施和意识形态的总和。意识形态是指自觉地、直接地反映社会经济形态和政治制度的思想体系，包括政治法律思想、道德观念、宗教观念、艺术思想、哲学观念和经济主张等等。其次，道德对人们的行为进行评价的角度：以善恶为标准。最后，道德发挥作用的三种手段：社会舆论、传统习俗和人们的内心信念。

(二)道德的起源

在人类社会中，道德究竟是怎样产生的？关于这个问题，中外思想家有以下几种观点。

1. 神启论

“神启论”认为，道德起源于“天”的旨意，或“上帝”的启示，或“绝对精神”的产物。西汉思想家董仲舒把封建道德规范“三纲五常”看成是上天的意志，认为违背纲常就是触犯天意。在西方，中世纪神学家和经院哲学家托马斯·阿奎那认为，人们所具有的美德都来自上帝的直接启示。

2. 天赋论

“天赋论”认为，美德是人类的天赋，与生俱来，道德起源和规范是生而固有

① 《荀子·劝学篇》。

的。明代王守仁强调“致良知”,认为道德意识起源于心,只要致吾心之良知,即可得到圆满的知识。康德认为,道德起源于人类固有的纯粹的“理性”,理性发端于人的善良意志,道德就是善良意志发出的“绝对命令”。

3. 生物进化论

“生物进化论”认为,人类的道德观念、道德情感和道德规范都来自动物界,道德起源于动物的社会本能或动物的合群性。道德不是人所独有的,一切群居性动物都有道德感。

4. 感觉欲望论

“感觉欲望论”从唯物主义的自然观出发,从人的心理过程和生理需要分析道德的起源。爱尔维修认为,人是有感觉的动物,人的本性就是趋乐避苦,就是自利、自爱,也就是追求个人的利益和幸福,这是一切道德的根源。卢梭认为,道德源于人心中的社会情感和利他之心,源于对公共利益的追求。亚当·斯密、大卫·休谟认为,道德起源于人所固有的推己及人的同情心。

以上这些观点尽管对道德的起源问题进行了深入的研究、积极的探求,但由于历史的局限和阶级的偏见,它们都不可避免地离开了人类社会历史发展和社会实践去考察道德起源问题,因而也就不可能对道德的起源问题做出科学的回答,所以这些观点是非科学或反科学的。

5. 马克思:道德起源论

马克思主义伦理学认为,道德作为社会现象,属于上层建筑和社会意识形态,是社会历史的产物,是从人类社会物质生活条件中发生并在长期的社会实践中逐步形成的,所以必须而且只能从人类社会关系和社会生活本身去探讨道德的起源。客观方面,社会关系的形成是道德赖以产生的客观条件;主观方面,人的自我意识的形成和发展是道德产生的主观条件;同时,生产实践是道德产生所需要的主客观条件统一的重要条件。随着生产和交往的发展,特别是脑力劳动和体力劳动分工的发展,阶级的出现,道德逐渐从风俗习惯中分化出来,成为一种相对独立的社会意识形态,这时,统一的道德分化为阶级的道德。

(三)道德的本质

1. 社会经济关系的性质决定道德体系的性质

一定社会的生产关系的性质决定与之相适应的各种道德体系的性质,有什么样的社会生产关系,就有什么样的社会道德。如,“不可偷盗”的行为规范,我们可以肯定它是私有制社会的产物,在原始社会,没有个人私有财产,是不会产生“不可偷盗”这种道德观念的。

2. 利益决定基本原则和主要规范

人们总是从一定的利益出发选择自己的行为，处理与他人或社会的关系，做出善恶的价值判断，从而形成一套较为固定的道德原则和规范。因此，利益是道德的基础，直接决定着一定社会道德体系的基本原则和规范，也决定着各种道德活动的标准和方向。

3. 阶级社会道德带有阶级性

阶级社会的全部历史表明，对立阶级的道德之间常常处于尖锐的矛盾和斗争之中，这种矛盾和斗争归根结底都是围绕各自的经济利益而展开的。从这一点来说，一切阶级社会的各种不同的道德体系，都具有强烈的阶级性。

4. 社会经济关系变化引起道德变化

随着生产力的发展，社会经济关系必然发生变化，与之相适应的道德也必然会发生变化，道德也在改变自己的具体形态，表现为社会道德的不同类型。

需要指出的是，道德对社会经济关系的反映不是消极被动的，而是以能动的方式来把握世界，引导和规范人们的社会实践活动。人们正是通过对道德的把握，来感受社会关系的脉动，识别社会发展的方向，确定自身生存发展与社会和自然的关系，并形成自己关于责任和义务的观念，确立自己的道德理想，自觉扬善抑恶、明辨荣辱、选择高尚、弃绝卑下，保持社会和个人的健康发展。

二、道德的功能与作用

（一）道德的主要功能

道德的功能，是指道德作为社会意识的特殊形式对于社会发展所具有的功效与能力。道德的功能集中表现为，它是处理个人与他人、个人与社会关系的行为规范及实现自我完善的一种重要的精神力量。在道德的功能系统中，主要的功能是认识功能、规范功能与调节功能。

1. 认识功能

道德历来强调的是“知”和“行”的统一，道德的认识功能立足于解决一个“知”的问题。从这一点来说，道德是一种知识，是人们认识社会和改造社会，认识自我和创造人生的指南。因为良好的道德素养，不是与生俱来的，而是学校、家庭、社会长期教育的结果。学校、家庭、社会通过道德知识的传播，道德行为的评价和道德榜样的树立等手段，引导人们确立科学的道德意识，培养人们的良知和羞耻感，提升人们的道德信念，从而为正确选择自己的道德行为提供科学的认识基础。

2. **规范功能**

规范功能是指在正确的善恶观的指引下，规范社会成员在职业领域、社会公共领域、家庭领域的行为，并规范个人品德的养成。

3. **调节功能**

道德的调节功能，立足于解决一个“行”的问题。人生活在社会中总是要与自己的同类发生这样或那样的关系，不可避免地要产生各种矛盾。在非对抗性的矛盾范围内，就需要由道德加以调节，其中包括调节个人与家庭成员之间的关系、个人与朋友同事的关系、个人与领导的关系、个人与集体乃至与国家的关系。道德的这种调节功能，一方面可以指导人们在行动之前采取正确的做法，另一方面在出现矛盾的时候可以纠正错误的行为，使人们的行为合乎道德标准，可以说，道德是社会生活的重要调节器。

（二）道德的社会作用

道德功能的发挥和实现所产生的社会影响及其社会效果，就是道德的社会作用。道德的社会作用问题是中外伦理思想史上长期争论的问题之一。在马克思主义伦理学产生以前，概括起来主要存在着两种倾向：一种是“道德决定论”，一种是“道德无用论”。

1. **决定论**

亚圣孟子认为：三代之得天下也以仁，其失天下也以不仁。因之所以废兴存亡者亦然。①

“道德决定论”，又叫“道德万能论”。这种理论过分地夸大道德的能动作用，认为社会的道德状况甚至个别人物的道德品质和道德威望可以决定整个社会的发展。他们从根本上否认社会生产力的发展对历史进步的决定作用，否认社会经济基础对道德的决定作用，而是把道德看作一种独立的、具有决定作用的力量，把整个社会的改造和自己政治与社会理想的实现，寄托于道德的改良，把道德说教尊奉为改造社会的唯一法宝和济世救人的万应药方。

2. **无用论**

中国古代著名的哲学家、思想家、政论家和散文家，法家思想的集大成者韩非子认为：仁义爱惠不足用。西方大哲学家叔本华也提出：道德只不过是一种巧妙

---

① 《孟子·离娄篇上》。

的自私自利和好看的罪恶。

“道德无用论”，又称“非道德主义”。这种理论片面低估甚至从根本上否定道德的社会作用，认为道德只是人们主观上的某种“情绪”和“爱好”，并不具有任何客观依据，人们在社会中完全可以不受道德观念的约束，道德对人类社会生活的稳定和进步也没有任何实质性的作用，因而它是一种可有可无的东西。

“道德决定论”和“道德无用论”的根本错误在于，他们未能认识到社会经济基础和道德之间的辩证关系，从而否定或片面夸大了道德的能动作用。

3. 马克思：道德作用论

马克思主义伦理学根据唯物主义历史观，对社会经济基础和道德之间的关系进行了深入考察，对道德的社会作用进行了具体分析，从而在人类伦理思想史上第一次科学地阐明了这一问题。

道德能够影响经济基础的形成、巩固和发展

道德是影响社会生产力发展的重要精神力量

道德对其他社会意识形态的存在有着重大的影响

道德通过调整人们之间的关系维护社会秩序的稳定

在阶级社会里，道德是进行阶级斗争的重要工具

在看到道德具有重大的社会作用的同时，也必须看到道德发挥作用的性质并不都是一样的。道德发挥作用的性质与社会发展的不同历史阶段相联系，由道德所反映的经济基础、代表的阶级利益所决定。也就是说只有反映先进生产力发展要求和进步阶级利益的道德，才会对社会的发展和人的素质的提高产生积极的推动作用，否则，就不利于甚至阻碍社会的发展和人的素质的提高。

社会主义道德在社会主义精神文明中占有重要地位。它对于社会发展的能动作用，比历史上任何道德都更加广泛、更加深刻、更加强大。它是国家发展、社会和谐、人民幸福的重要因素。它对于增强大学生成才的动力、提高大学生的全面素质、优化大学生的成长环境具有不可或缺的重要作用。

三、道德的历史发展

人类历史上，适应社会发展的不同历史阶段和不同历史条件，出现过不同的道德类型。

（一）五种道德类型

即原始社会的道德、奴隶社会的道德、封建社会的道德、资本主义社会的道德、社会主义社会的道德。在社会主义社会，有一部分先进分子还身体力行共产

主义的道德。

每一个社会都有与其经济基础相适应的占统治地位的道德;在同一社会形态中,不同的阶级或人群还会有不同的道德。在阶级社会中,占统治地位的道德是统治阶级的道德,而同时存在着的被统治阶级的道德则是处于从属的地位。

(二)道德发展规律

人类道德的发展是一个曲折上升的过程。道德发展的规律是:人类道德发展的历史过程与社会生产方式的发展进程大体一致。虽然在一定时期可能有某种停滞或倒退现象,但是道德的发展的总趋势是向上的、前进的,是沿着曲折的道路向前发展的。

(三)人类道德进步的表现

人类道德进步的表现:1. 道德在社会生活中所起的作用越来越重要,对于促进社会和谐与人的全面发展的作用越来越突出。2. 道德调控的范围不断扩大,调控的手段或方式不断丰富,更加科学合理。3. 道德的发展和进步成为衡量社会文明程度的重要尺度。

社会主义和共产主义道德,是人类道德发展合乎规律的必然产物,是人类道德发展史上一种崭新的道德,是对人类道德传统的批判继承,并不断随着社会的进步和实践的发展而与时俱进。

第二节　弘扬中华传统美德(2 学时)

本节教学步骤一:导入(5 分钟)

人类道德的发展具有内在的规律性,是在继承和弘扬优良道德传统基础上不断发展和进步的。悠悠五千年,在历史的发展中,中华民族形成了自己独特的优良的道德传统。在推进中国特色社会主义道德建设中,我们应当加以继承和弘扬。曲阜是孔子故里,曲阜师大的学生应该在继承弘扬儒家传统优良道德中承担独特的使命、发挥独特的作用。

本节教学步骤二:(45 分钟)

一、中华传统美德的当代价值

传统似江河之水,又似生命之流,它是一个民族世代积累下来的相对稳定的历史经验。虽然其中也有落后保守的成分，但其精华部分，往往凝聚着一个民族的智慧和力量，成为一个民族迎接新的挑战、开拓前进的内在精神动力。中国五千年的文明史，道德资源十分丰厚。中国传统道德是中国历史上不同时代的人们的行为方式、风俗习惯、价值观念和文化心理的体现，是中国古代思想家对中华民族道德实践经验的总结、提炼和概括。今天，我们继承和弘扬中华民族优良道德传统具有重要的现实意义。

(一)社会主义现代化建设的需要

历史和现实都告诉我们，在实现现代化过程中，任何一个国家都面临着如何对待传统文化和传统道德的问题。世界各国都有各自的历史和文化道德传统，这是它们在实现现代化的过程中能否保持自己的特色、走出自己道路的重要基础。

现代化:不能脱离民族性

世界各国现代化的实践证明，现代化的模式可以多种多样，但都不能脱离自己的民族性。中国的现代化进程，如果离开对中华民族优良道德传统的继承和弘扬，就会失去历史的基础而难以更好推进。只有继承和弘扬中华民族优良道德传统，加强包括各少数民族文化在内的中华优秀文化传统教育，才能充分激发整个民族的潜能，为社会主义现代化建设提供精神动力。

(二)加强社会主义道德建设的需要

从道德发展来看，社会主义道德不是凭空产生的，而是继承中华民族优良道德传统，并结合时代发展的要求而形成的。建设中国特色社会主义新道德体系，必须继承和弘扬中华民族优良道德传统。

继承和弘扬优良道德传统

在社会主义道德建设中，我们大力继承和弘扬中华民族优良的道德传统能够提高民族自信心、自尊心，增强民族自豪感、责任感；能够使社会主义道德体系具有更丰富的内容，更能为广大群众所喜闻乐见的民族形式；能够使人际关系更加和谐，促进经济社会更好的发展；能够使爱国主义、集体主义和社会主义思想更加深入人心，形成适应时代发展、具有中国特色的价值观和伦理道德规范。

(三)大学生健康成长的重要条件

人总是需要精神力量支撑，总是在一定的道德环境中成长。中华民族优良道德传统是中华民族的根，也是每一个中国人的根。它像一块永不会磨蚀的“胎记”，是中华民族身份认同的重要标志。继承和弘扬中华民族优良的道德传统，有利于中华民族共有精神家园的构建，也有利于我们每个人的道德修养。优良道德传统的熏陶和润泽,能够内化为个人价值选择和价值判断的准则,不断丰富我们的精神世界,完善我们的人格和道德品质,成为个人成长成才的重要推进力量。

二、中华传统美德的基本精神

中华民族的优秀道德传统源远流长,博大精深,而且影响相当广泛。它作为一种文化现象,已经成为全人类的共同财富。作为中华民族的一员,我们应该感到骄傲和自豪。中华民族优良道德传统的主要内容:

(一)注重整体利益、国家利益和民族利益,强调对社会、民族、国家的责任意识和奉献精神

(二)推崇“仁爱”原则,追求人际和谐

(三)讲求谦敬礼让,强调克骄防矜

(四)倡导言行一致,强调恪守诚信

(五)追求精神境界,把道德理想实现看作是一种高层次的需要

(六)重视道德实践,强调修养的重要性,倡导道德主体要在完善自身中发挥自己的能动作用

中华民族的种种优良道德传统,就今人而言,重在继承和发扬。同时,也应当注意去粗取精,去伪存真,有选择地吸收对我们真正有益的东西,使之更适合知识经济社会的发展。如传统的“孝”的思想,在老龄化社会加速到来的当下中国,具有更为重要的现实意义。父母无私地养育子女,子女应当孝敬体贴双亲,在父母年迈之时担负起赡养的义务,这在任何时期都是必要的。父母为培养子女成为一名大学生花费了很大的心血,作为我们大学生应当作当代青年孝敬父母的楷模。当然,传统道德中“孝”的思想应当批判地继承,孝顺父母,并不是无原则地顺从。如宋明理学家鼓吹的“父叫子亡,子不得不亡”“不孝有三,无后为大”等,是对孝的绝对化、片面化的理解,应当持批判的态度。

三、中华传统美德的创造性转化和创新性发展

中华民族的道德传统是一个矛盾体,具有鲜明的两重性。属于精华的部分表现出积极、革新、进步的一面;属于糟粕部分,则表现出消极、保守、落后的一面。正确对待中华民族道德传统,要坚持马克思主义立场、观点和方法,既不能全盘肯定、全面照搬,也不能全盘否定、全面抛弃。然而,在对待传统道德问题上恰恰就有这么两种错误思潮。

(一)民族虚无主义

关于反对民族虚无主义,我在第二章讲爱国主义内容时已经进行了比较细致

的分析批判，时间关系在这里就不再重复了。

（二）文化复古主义

文化复古主义认为，中国之所以落后，就是因为传统文化特别是儒家传统文化的失落。所以，道德建设的最终目标就是要恢复中国“固有文化”，形成以中国传统文化为主体的道德体系，并通过这种传统道德的复兴来衍生出现代的科学和民主。

案例分析：特殊的开学礼

2009年9月1日，杭州紫阳小学在太庙广场举行了一场“古色古香”的新生入学仪式。当天上午，紫阳小学92名新生身穿清朝“学士服”，脚蹬长靴，在悠扬的古乐声中，昂首挺胸，整齐有序地步入开学仪式现场。他们手捧“三字经”，大声诵读，缓步走向“学堂”。只见他们诵读完《紫阳入学三字经》后，向老师、学长与家长恭恭敬敬地三鞠躬：“一拜老师，胸怀理想、刻苦学习；二拜学长，岁月同窗，互爱互帮；三拜家长，养育之恩，永生不忘……”稚嫩而响亮的声音打动了在场的每一个人——这就是小学新生的入学礼。

家长：“我忍不住怒了”

9月2日上午9点48分，一名自称紫阳小学新生家长的网友在“天涯杂谈”上发布了名为《昨日开学，我儿子被迫穿清朝服行师礼，我忍不住怒了》的帖子，质疑学校的做法。不到两天，该帖浏览量已超20万。更有网友将新闻贴到猫扑、凯迪等各大论坛上，这一事件经媒体广泛报道后，在教育界和社会各界立即引起了强烈的反响。

王蒙：“这是对传统文化的巨大戕害”

中国作协名誉副主席王蒙表示，穿上清朝官服诵读《三字经》的形式，不仅不是一种“文化复古”，反而让我们看到了扭扭捏捏、丑态百出的“芙蓉姐姐”。文化不是不可以复古，汉服唐装亦不是不可以穿在学生身上，但是，文化复古首先应以得体、得当为前提。如果像“着清朝官服、背三字经”这般张冠李戴，其影响绝非是“芙蓉姐姐”和“文化小丑”两个词语能形容得了的。对于小学生而言，这算蒙蔽幼稚；对于社会大众来讲，这算误人子弟；对于传统文化而言，这则算是一种巨大的戕害。

创造性转化与创新性发展

加强对传统美德的挖掘和阐发，用传统美德滋养社会主义道德建设，以开放的胸怀和视野吸收借鉴人类文明的有益道德成果。

道德理想主义·生活儒学·德性幸福①

从“孔颜之乐”到孟子的“反身而诚，乐莫大焉”，从苏格拉底“正确的生活”到亚里士多德的“至善”与“幸福”，中西方文明中的道德理想主义都闪耀着高贵的光芒。这种高贵的光芒通常是世俗社会难以普遍企及的，但却是那样的迷人和充满魅力。因为它们展现着人性的光辉，它们甚至还常常超越现实人性而具有神圣的光环。然而，随着近代科技与民主政治的兴起，以及随之而来的市场经济、信息社会，道德理想主义的魅力渐失且被淡忘，一个喧嚣而贫乏的现代社会的精神危机可想而知。何为“君子之乐”？何为“正确的人生”？这些问题越来越拷问着焦虑与迷茫的现代人，面向生活世界的哲学所承担的提供价值理想、人生境界的使命显得更为迫切。

道德理想主义是人类精神生活的古典纲领，是基于人性修养而实现的精神超越，是由人与自然、人与社会、人的身心的和谐而达到“天地境界”，在传统社会承载着安身立命的重要价值。以儒家传统文化为例，道德理想主义就是所谓的“为己之学”“成人之道”，就是“天人合一”“内在超越”。“善与美的人格追求基于人的内在德性或潜能，而完成于生活实践，包括个人的德性修养。过一种承担责任的道德生活以及富有诗意的艺术化生活，既是人生的享受，也是德性的实现。”不幸的是，人们提及儒家的道德理想主义，往往更容易联想到“修齐治平”“内圣外王”“为政以德”，道德理想主义常常被演绎为伦理政治方案。而且，一旦这样的伦理政治构想失效或挫折时，道德理想主义便被视为陷入困境。作为精神生活的古典纲领，道德理想主义所关注的乃是个体德性、生活修养、人生境界、生命情调、理想人格，所追寻的是生活的意义和价值。扼要言之，就是纯粹之“道德”，而不是所谓的“伦理”。尽管“道德”与“伦理”常常通用，但很明显，“伦理”更加具有社会关系的意义，更加具有意识形态的色彩，更加具有行为规范的功能。在这一点上，黑格尔的《法哲学原理》已经做出了富有成效的工作。当道德理想主义在社会伦理或伦理政治的层面上被使用，就首先遭遇到来自伦理范畴的文化困境。道德理想主义强调个体的德性与操守，在很大程度上意味着人类独有的高贵的实践精神，并且此种精神可以不断上升与超越，进而达到“与天地合其德”，这正是道德理想主义的特质所在。

道德理想主义更大的文化困境来自于近代以来兴起的科学技术和民主政治，

① 张方玉：《道德理想主义·生活儒学·德性幸福》，载《天府新论》，2013 年第 3 期。

以及随后而来的市场经济与信息网络。道德理想主义是一种精神生活的古典纲领,是一种向内的心灵与境界的追寻,从而表现出生活实践的和谐、圆融和庄美;德性主体同时具有美学的价值和意义,就是人们常说的尽善尽美。然而,近代精神围绕科学技术为中心,无限向外扩张,整个人文世界被看成一部精密的机器。科学知识的机械本性下,人间生活为科学所领导,思想家们甚至发出了“人是机器”、“人是植物”声音。至于道德理想主义所称颂的心灵与境界,则被视为毫无意义的空洞名词。中国自“五四运动”以来,儒家的道德理想主义遭遇了“德先生”、“赛先生”疾风暴雨般的涤荡。孔孟的仁义、程朱的理学、陆王的心学在近代人的眼中,既不民主、更不科学,儒生们常被讥讽为“平日袖手谈心性,临危一死报君王”的“腐儒”。人们甚至认为,儒学即便有第三期的发展,也是困难如山,因为道德理想主义很难发展出现代民主政治与科学的认识论,所以“为己之学”、“成人之道”就只能是为少数人设计的理想,其内在超越性也很难充分发挥。而标志着现代性的市场经济与互联网时代,则更是加剧了道德理想主义的困境。

精神生活是一种广义的文化生活,它既包括为了生存和发展的精神生产,也包括为了满足精神需要的精神享受,是包含着科学、道德、艺术、宗教在内的整体性的生命活动。就核心构成而言,精神生活所展现的是人之为人的本质、尊严、价值、理想和信仰,展现着人类对于真善美的永恒追求,展现着人所能达到的心灵与境界。在这个意义上说,精神生活是一种广义的文化生活,而其核心就是心灵生活。广义的文化生活充分体现了人类的实践精神,无疑具有实践性的特质;作为核心构成的心灵生活,则充分展现着人类自身的超越性。之所以精神生活在西方文化中具有深刻的“宗教感”,实际上就是在超越性的意义上而言的。儒家文化不谈所谓的“怪、力、乱、神”,缺乏严密的宗教组织和宗教信仰,但道德理想主义在一定意义上承担了这种“宗教感”的功能。道德理想主义是实践的,同时还具有超越性的特质,这两方面特质与精神生活的本质内在契合。因此又可以说,精神生活在本质应当是一种富有道德理想主义色彩的生命活动。

具体而言,现代精神生活的隐患和危机可以划分为三个方面:

第一,精神生活的物欲化与外在化,以及由此引发的心灵缺失和内在虚无。当五花八门的广告整日渲染明星与首富的生活享受,其铺天盖地的气势已经足以使一些人选择“宁可坐在宝马车里哭,不愿坐在自行车上笑”的人生;当汽车、别墅、旅游、美食、奢侈品的广告充斥于各种媒体,拜金主义、消费主义、享乐主义已经足以消解一些人内心的宁静。第二,精神生活的世俗化与平面化,以及由此引发的精英缺失和理想失落。市场体系的时代造就了一个大众和世俗时代，无限复制、批量生产的文化产品征服了多数人的审美趣味和生活情调。“文学家的文学被流行写手的畅想书代替，仪式化的戏剧被狂欢节般的歌星演唱会替代，艺术化的电影被美轮美奂的科技大片替代，隽永含蓄的叙述被拳头加枕头的感官刺激代替。”[4]世俗化的趣味总是轻松愉快、甚至庸俗乏味的，这足以使精英意识与道德理想悄然隐退。第三，精神生活的虚拟化与感性化，以及由此引发的真实消解和意义失落。孙正聿先生常常提及人无法忍受“单一的颜色”和“凝固的时空”，而电脑、互联网的飞速发展彻底颠覆了单调、凝固的生活方式。电脑网络构成了一个虚拟的社会，而这网络世界中，现实生活与虚拟生活常常是相互置换的，现实世界中的个体常常以虚伪的面目存在，而虚拟世界中的个体却又常常显现着真实的自我。人们在网络世界中完成各种现实的、虚幻的事务，其中不乏感性的欲望与幻想，甚至也为低俗的放纵恣肆提供了无限空间。于是，在远离“单一的颜色”和“凝固的时空”之后，虚拟化的精神生活无可避免地陷入“存在的空虚”和“自我的失落”。

在分析了道德理想主义的文化困境以及现代精神生活的盛景与危机之后，两个紧密相连的问题越发凸显：其一，道德理想主义如何摆脱现代文明困境？其二，现代精神生活如何消除隐患和危机？这两个问题如影相随，一方面是道德理想主义在现代社会遭遇了前所未有的文化困境，另一方面是现代精神生活中神圣价值与超越精神的缺失，在实质上也就是道德理想主义的缺失。两个问题看似构成了简单的线性的因果联系：比如因为现代精神生活对道德理想主义的挑战，所以造成了道德理想主义的困境；再比如，因为道德理想主义的缺失，所以造成了现代精神生活的危机。实际上，这两个问题已然纠缠在一起而且产生出复杂的连锁反应，并指向共同的文化目标——现代精神生活的理性建构。理想，本来是一种目标指向，而道德理想主义在这里所担当的却是手段的意义，建构理性和理想的现代精神生活成为目的。道德理想主义何以摆脱困境成为问题的关键所在。在现代文化背景之下，笔者认为，生活儒学的复兴和开展将是一种有益的尝试。这样，问题就逻辑地衍化为三个：现代精神生活如何理性地建构以消除隐患和危机？道德理想主义如何复兴和开展以摆脱文化困境？生活儒学引导现代精神生活何以可能？

生活儒学是一个名称，是传统儒学的分支，与政治儒学、宗教儒学、哲学儒学等并列。而在社会实践的层面上，生活儒学对于现代精神生活的范导总是具体的、现实的，所以这里我们引入儒家的“德性幸福”。儒家的德性幸福既关涉个体道德、家庭美德，还关涉社会伦理；不仅注重成就理想人格的“为己之学”，而且企求“与天地参”的超越性境界。“六艺之学”“义利之辨”“成人之道”“内圣外王”“天人合一”在“德性幸福”中交汇，同时也使生活儒学在现实生活的各个层面充分展开。日常生活的世界里，道德理想主义总是蕴涵着对于幸福的追求，一旦疏离或者忽略了幸福，道德理想便会沦为“空头支票”而失去人心，这在一个物化、世俗化的时代尤其如此。幸福使道德真正落实于社会生活的实践，德性幸福所关联的不仅是道德与幸福，而且沟通了传统的生活儒学与现代的精神生活。

总之，道德理想主义可以理解为宽泛的经济社会伦理或者伦理政治构想，但其更为本真的意义乃是人类精神生活的古典纲领。“实践性”与“超越性”构成道德理想主义的根本特质。在已经告别物质生活资料匮乏的时代，人们的精神生活不仅表现为多元化与开放性的“盛景”，同时还呈现出物欲化与外在化、世俗化与平面化、虚拟化与感性化等种种隐患和危机。两个紧密相连的问题越发凸显：其一，道德理想主义如何摆脱现代文化困境？其二，现代精神生活如何消除隐患和危机？现代精神生活的建构呼唤道德理想主义所提供的精神典范，而道德理想主义倘若能够在现代社会摆脱文化困境，生活儒学的复兴与开展将是一种有益的尝试。面向生活世界，一种富有道德理想主义的幸福观既对精神生活的样式提出了高贵人性的要求，同时还赋予开放多元的精神生活以崭新的、超越性的意义。

教学步骤三：50 分钟

课堂讨论：结合案例，谈谈当前我们该如何对待传统文化，谈谈曲阜师大的学生在弘扬儒家伦理道德中所具有的优势以及应发挥的作用

结合大家的讨论意见，我认为复古形式固然能吸引大量的关注，可是，复古形式离不开对传统文化内容的改造与创新。时代在呼唤国学的回归，但这不等于给了那些“以复兴国学为名，以市场和炒作为实”的投机分子以可乘之机。弘扬传统文化，建设中华民族共有精神家园是必需的，但是在弘扬传统文化的道路上，我们还有很长的路要走，更要时刻提防“走火入魔”，不可为了复古而复古、为了表演而表演。曲阜作为孔子故里，曲园人更应懂得：儒家思想同中华民族形成和发展过程中所产生的其他思想文化一道，记载了中华民族自古以来在建设家园的奋斗中开展的精神活动、进行的理性思维、创造的文化成果，反映了中华民族的精神追求，是中华民族生生不息、发展壮大的重要滋养。

科学对待文化传统。不忘历史才能开辟未来,善于继承才能善于创新。优秀传统文化是一个国家、一个民族传承和发展的根本,如果丢掉了,就割断了精神命脉。我们要善于把弘扬优秀传统文化和发展现实文化有机统一起来,紧密结合起来,在继承中发展,在发展中继承。

传统文化在其形成和发展过程中,不可避免会受到当时人们的认识水平、时代条件、社会制度的局限性的制约和影响,因而也不可避免会存在陈旧过时或已成为糟粕性的东西。这就要求人们在学习、研究、应用传统文化时坚持古为今用、推陈出新,结合新的实践和时代要求进行正确取舍,而不能一股脑儿都拿到今天来照套照用。要坚持古为今用、以古鉴今,坚持有鉴别的对待、有扬弃的继承,而不能搞厚古薄今、以古非今,努力实现传统文化的创造性转化、创新性发展,使之与现实文化相融相通,共同服务于文化人的时代任务。

第三节　继承与发扬中国革命道德(1学时)

本节教学步骤一:导入(5分钟)

社会主义道德是马克思主义伦理思想同中国特色社会主义伟大实践相结合的产物,是对中国古代优良道德传统的继承与升华,是对中国革命道德传统的直接继承和发展。大力弘扬中国革命道德传统对建设中国特色社会主义,构建社会主义和谐社会、提高全社会尤其是青少年的思想道德素质具有重要的意义。

本节教学步骤二:(45分钟)

一、中国革命道德的形成与发展

中国革命道德传统是指中国共产党人、一切先进分子和人民群众在中国新民主主义革命和社会主义革命、建设和改革中所形成的革命气概、精神品质和道德情操,是中华民族极其宝贵的精神财富,是中国特色社会主义道德建设的思想源泉。

革命道德

革命道德不是无源之水、无本之木。它以马克思主义的伦理思想为指导,深深地根植于中国共产党领导的革命和建设的伟大实践。同时它又传承了中国传统道德的精华,是一种适合中国国情的崭新的道德体系。中国革命道德是马列主义指导中国实践的产物。它萌芽、形成于新民主主义革命时期，在社会主义革命和建设时期得到了进一步完善和发展。它以为人民服务为核心，以集体主义为原则，以爱国主义、坚定的共产主义信念、艰苦奋斗、热爱劳动、实事求是、律己修身等为规范，集中体现了中国共产党的性质和宗旨。

革命道德的重大意义

革命道德是近代以来中国社会大变革的时代性成果，它的生成和发展是伦理道德领域的一次空前革命，标志着封建主义伦理道德体系的终结，开创了中国伦理道德发展的崭新阶段，具有不可磨灭的划时代意义。深刻认识和正确评价革命道德，对于大力弘扬中华民族优良传统，推进新时期精神文明建设，具有重大意义。

革命道德与传统道德

中国革命道德是中国共产党人对中国传统道德的批判继承和创造性超越。中国革命道德在其形成的过程中，之所以批判继承中国古代传统道德中的精华，是由道德的发展规律所决定的。

以毛泽东为代表的中国共产党人从中国革命和建设的实际出发，主张对中国传统道德“用马克思主义的方法给以批判的总结”，吸取其精华，剔除其糟粕。正如毛泽东所指出的：“我们是马克思主义的历史主义者，我们不应当割断历史。从孔夫子到孙中山，我们应当给以总结，继承这一份珍贵的遗产。这对于指导当前的伟大的运动，是有重要的帮助的。”在这一科学态度的指导下，中国共产党人通过对中国传统道德的批判继承和创造性超越，逐步构建了富有民族特色和时代精神的革命道德规范体系。

二、中国革命道德的主要内容

（一）为实现社会主义和共产主义理想而奋斗

（二）全心全意为人民服务

（三）始终把革命利益放在首位

（四）树立社会新风，建立新型人际关系

（五）修身自律，保持节操

《论共产党员的修养》简介

《论共产党员的修养》是刘少奇同志在抗日战争时期的重要著作，是一篇闪耀着马克思主义理论光芒的著名文献，也是中国共产党思想理论建设史上的重要文献，是刘少奇同志对我们党的重要贡献，更是刘少奇同志一生崇高思想境界的鲜明写照。

《论共产党员的修养》的主要内容

其主要内容有6方面:①共产党员要在改造社会的革命实践中自觉改造自己,提高自己革命的品质和能力,否则不能实现改造社会的任务。②共产党员要做马克思、列宁的好学生,把他们一生的言行、事业和品质作为自己锻炼和修养的模范,使自己成为马克思列宁式的、无产阶级的、共产主义的革命家。③共产党员要在长期的革命斗争中,进行马克思列宁主义理论、无产阶级的思想意识和道德品质、党的纪律和作风、科学知识等各方面的修养。④共产党员最基本的责任就是要遵循人类社会发展的规律,推动共产主义事业不断前进,最终实现共产主义。为此,共产党员既要有最伟大的理想、最伟大的奋斗目标,又要有实事求是的精神和最切实的实际工作。⑤共产党员的个人利益要服从党的利益。把个人利益溶化在党的利益之中,克己奉公,必要时不惜牺牲自己的一切。这是共产党员的党性原则和共产主义道德的最高表现。⑥共产党员要把维护党的团结、纯洁党的思想、巩固党的组织作为自己的最高责任。要用正确的态度,采取批评与自我批评的方法,在原则问题上分清是非,克服错误思想,而不被敌人所利用。党内斗争应该以教育和帮助犯错误的同志、教育党和巩固党为最高目的。

《论共产党员的修养》的重要意义

《论共产党员的修养》创造性地建立了共产党员党性修养的系统理论,填补了马列主义建党学说的空白,在中国共产党思想史上第一次完整地提出并且阐明了马克思主义中国化必须与党性修养融为一体的历史必然性,即一方面从马克思主义中国化的历史高度上认识党性修养的必然性和重要性,另一方面又通过党性修养解决世界观和人生观的问题,以创造性地推进马克思主义中国化的历史进程,这是刘少奇对毛泽东党建思想杰出的理论贡献。《论共产党员的修养》的提纲分为四个部分:(一)修养的基本条件;(二)共产主义事业是空前伟大、空前艰苦的事业;(三)同志中对共产主义事业之伟大与困难的认识;(四)总结。这个提纲看似很简单,但三次讲述的内容却十分丰富,他用辩证唯物主义及历史唯物主义的观点精辟地论述了怎样建设一个伟大的密切联系群众的无产阶级政党等问题,讲述了共产党员为什么要进行修养及修养的基本方法,共产党员的思想意识修养和组织纪律修养等重大问题。他的讲述理论联系实际,深入浅出,生动活泼,说理透彻,参加学习的同志们都说,这是入党以来受教育最为深刻的一次党课。

三、发扬光大中国革命道德

有利于加强和巩固社会主义和共产主义理想的理想和信念，有利于培育和践行社会主义核心价值观，有利于人们树立正确的道德观，积极投身于社会主义建设事业，有利于培育良好的社会道德风尚，抵制腐朽思想的侵蚀。

共产主义的理想信念

邓小平同志说："在我们最困难的时期，共产主义的理想是我们的精神支柱，多少人牺牲就是为了实现这个理想。"(《邓小平文选》第 3 卷第 137 页)理想、信念、信仰具有重要的支柱功能，是重要的精神支柱。理想、信念、信仰还有导向功能，能为人们确立坚定的价值导向。确立了科学的理想、信念、信仰，就有了正确的方向，就有了浩然正气，就能"富贵不能淫，贫贱不能移，威武不能屈"，就能抵制金钱、女色、名利、权位的诱惑，抵制各种腐朽思想的侵蚀，就能有力地抵制腐败现象和不正之风，就能经受任何艰难曲折的考验，永葆高风亮节。

第四节　加强社会主义道德建设(1 学时)

本节教学步骤一：导入(5 分钟)

社会主义道德

社会主义道德是马克思主义伦理思想与中国特色社会主义伟大实践相结合的产物，是对中国古代优良道德传统的传承与升华，是中国革命道德传统的直接继承和发展。社会主义道德是以社会主义公有制为主体的经济基础的反映；是在无产阶级自发形成的朴素的道德基础上，以马克思主义的世界观为指导，由无产阶级自觉培养起来的道德；是以为人民服务为核心，以集体主义为原则，以诚实守信为重点，以社会主义公民基本道德规范和社会主义荣辱观为主要内容，以代表无产阶级和广大劳动人民根本利益和长远利益的先进道德体系。

本节教学步骤二：(45 分钟)

一、着眼"四个全面"战略布局加强道德建设

"四个全面"战略布局的提出，更完整地展现出新一届中央领导集体治国理政的总体框架，使当前和今后一个时期，党和国家各项工作关键环节、重点领域、主攻方向更加清晰，内在逻辑更加严密，这对推动改革开放和社会主义现代化建设迈上新台阶提供了强力保障。

“四个全面”战略布局，即“全面建成小康社会、全面深化改革、全面依法治国、全面从严治党”，是以习近平同志为总书记的党中央从坚持和发展中国特色社会主义全局出发提出的战略布局，是党中央治国理政的总方略，是实现“两个一百年”奋斗目标、走向中华民族伟大复兴中国梦的“路线图”。

全面建成小康社会——物质生活和精神生活

全面建成小康社会是总揽全局的战略目标。党的十八大提出了全面建成小康社会的奋斗目标，而要实现这个目标，必须不失时机深化重要领域改革，坚决破除一切妨碍科学发展的思想观念和体制机制弊端，构建系统完备、科学规范、运行有效的制度体系，使各方面制度更加成熟更加定型。从党的十八届三中全会启动全面深化改革，到十八届四中全会全面推进依法治国，两次全会、两大主题、两份决定，都体现了以习近平为总书记的党中央采取的全面建成小康社会蓝图的战略举措。在这个过程中，始终不渝的一个根本原则就是坚持中国共产党的领导。因为，坚持中国共产党的领导是中国特色社会主义制度的本质特征，全面建成小康社会、全面深化改革、全面推进依法治国都必须始终不渝地坚持中国共产党的领导，而全面从严治党不仅是坚持党的领导的必然要求，更是全面深化改革和全面推进依法治国的根本保证。

全面深化改革——破解的难题更多，协调利益

全面深化改革为全面建成小康社会提供不竭动力。党的十八大提出了全面建成小康社会和全面深化改革开放的目标，强调必须以更大的政治勇气和智慧，不失时机深化重要领域改革，坚决破除一切妨碍科学发展的思想观念和体制机制弊端，构建系统完备、科学规范、运行有效的制度体系，使各方面制度更加成熟更加定型。党的十八届三中全会通过的《中共中央关于全面深化改革若干重大问题的决定》指出，实践发展永无止境，解放思想永无止境，改革开放永无止境。面对新形势新任务，全面建成小康社会，进而建成富强民主文明和谐的社会主义现代化国家、实现中华民族伟大复兴的中国梦，必须在新的历史起点上全面深化改革，不断增强中国特色社会主义道路自信、理论自信、制度自信。因此，要完成党的十八大提出的各项战略目标和工作部署，必须抓紧推进全面改革。否则，全面建成小康社会就会失去动力，就不可能胜利完成。

全面依法治国——法律和道德共同发挥作用

全面推进依法治国是全面建成小康社会的引领和规范。全面建成小康社会、实现中华民族伟大复兴的中国梦,全面深化改革、完善和发展中国特色社会主义制度,提高党的执政能力和执政水平,必须全面推进依法治国。当前和今后一段时期,我国正处于社会主义初级阶段,全面建成小康社会进入决定性阶段,改革进入攻坚期和深水区,国际形势复杂多变,我们党面对的改革发展稳定任务之重前所未有、矛盾风险挑战之多前所未有,依法治国在党和国家工作全局中的地位更加突出、作用更加重大。面对新形势新任务,我们党要更好统筹国内国际两个大局,更好维护和运用我国发展的重要战略机遇期,更好统筹社会力量、平衡社会利益、调节社会关系、规范社会行为,使我国社会在深刻变革中既生机勃勃又井然有序,实现经济发展、政治清明、文化昌盛、社会公正、生态良好,实现我国和平发展的战略目标,必须更好发挥法治的引领和规范作用。

全面从严治党——加强党员干部的思想道德建设

全面从严治党是全面建成小康社会的根本保证。办好中国的事情关键在党。党的十八大对加强党的领导做出了全面部署,十八届三中对"加强和改善党对全面深化改革的领导"做出了部署,指出:全面深化改革必须加强和改善党的领导,充分发挥党总揽全局、协调各方的领导核心作用。十八届四中全会对"加强和改进党对全面推进依法治国的领导"均进行了专门论述,指出:党的领导是全面推进依法治国、加快建设社会主义法治国家最根本的保证。必须加强和改进党对法治工作的领导,把党的领导贯彻到全面推进依法治国全过程。坚持党的领导是中国特色社会主义制度的本质特征,不论是全面深化改革还是全面推进依法治国,都对从严治党提出了新要求,也都以党的领导作为实现全面建成小康社会战略目标的根本保证。

二、社会主义道德建设的核心与原则

社会主义道德建设是发展先进文化的重要内容。在新世纪全面建设小康社会,加快改革开放和现代化建设步伐,顺利实现第三步战略目标,必须在加强社会主义法制建设、依法治国的同时,切实加强社会主义道德建设、以德治国,把法制建设与道德建设、依法治国与以德治国紧密结合起来,通过公民道德建设的不断深化和拓展,逐步形成与发展社会主义市场经济相适应的社会主义道德体系。这是提高全民族素质的一项基础性工程,对弘扬民族精神和时代精神,形成良好的社会道德风尚,促进物质文明与精神文明协调发展,全面推进建设有中国特色社会主义伟大事业,具有十分重要的意义。

(一)为人民服务是社会主义道德建设的核心

为人民服务作为公民道德建设的核心,是社会主义道德区别和优越于其他社会形态道德的显著标志。它不仅是对共产党员和领导干部的要求,也是对广大群众的要求。每个公民不论社会分工如何、能力大小,都能够在本职岗位,通过不同形式做到为人民服务。在新的形势下,必须继续大张旗鼓地倡导为人民服务的道德观,把为人民服务的思想贯穿于各种具体道德规范之中。要引导人们正确处理个人与社会、竞争与协作、先富与共富、经济效益与社会效益等关系,提倡尊重人、理解人、关心人,发扬社会主义人道主义精神,为人民为社会多做好事,反对拜金主义、享乐主义和极端个人主义,形成体现社会主义制度优越性、促进社会主义市场经济健康有序发展的良好道德风尚。

理论依据与实践基础

为人民服务是社会主义经济基础和人际关系的客观要求,为人民服务是社会主义市场经济健康发展的要求,为人民服务体现着社会主义道德建设的先进性和广泛性要求。

(二)集体主义是社会主义道德建设的原则

集体主义作为公民道德建设的原则,是社会主义经济、政治和文化建设的必然要求。在社会主义社会,人民当家做主,国家利益、集体利益和个人利益根本上的一致,使集体主义成为调节三者利益关系的重要原则。要把集体主义精神渗入社会生产和生活的各个层面,引导人们正确认识和处理国家、集体、个人的利益关系,提倡个人利益服从集体利益、局部利益服从整体利益、当前利益服从长远利益,反对小团体主义、本位主义和损公肥私、损人利己,把个人的理想与奋斗融入广大人民的共同理想和奋斗之中。

集体主义的基本要求

社会主义集体主义强调国家利益、社会整体利益和个人利益的辩证统一,社会主义集体主义强调国家利益、社会整体利益高于个人利益,社会主义集体主义强调重视和保障个人的正当利益。

三、积极投身崇德向善的道德实践

人们思想品德的社会意义,要经过相应的道德行为才能表现出来。道德行为是人们思想品德最重要的标志,中国古代教育家历来重视封建主义的道德行为实践。孔子特别重视"躬行",主张"听其言而观其行"。墨子也注重力行。他说:"士虽有学,而行为本焉。""务言而缓行,虽辩必不听。"朱熹强调自小练习"洒扫、应对、进退之节”，实践“爱亲、敬长、隆师、亲友之道”，是“修身、齐家、治国、平天下之本。”共产主义道德规范，只有通过各种相应的活动，使受教育者取得道德实践经验，才可能转化为他们的道德信念和情感，养成行为习惯。

道德实践要贯穿于受教育者的学习、劳动、课外活动、社会活动以及日常生活等各方面。但在一定时期内，须有一个主要的目标，而且这一目标应是大多数受教育者经过努力可以达到的。

道德实践的重要渠道

践行社会主义荣辱观

培养诚实守信的良好品质

养成节俭节约的良好习惯

自觉学习道德模范

道德实践的系统运行

在道德实践的系统运行中，会有一些相对成熟的路径，构成其基本模式。道德实践模式包括社会公德、职业道德、家庭美德、个人品德的践行方式。由于社会生活的变化，道德实践作为社会生活的重要部分，也发生着改变。在现代社会，道德实践的模式也有很大的不同。特别是在经济全球化时代，在新媒体时代，人们的物质生产实践、商业状况、交往状况有着鲜明的时代特征，道德实践也有了显著的不同，有其新的基本模式。

生活何以更加幸福：当代视域中的儒家幸福观①

幸福是人类存在的永恒追求，世界上的每一个民族都在始终不渝地以自己独特的方式追求着自己的幸福。中华民族有着自己的历史发展道路，形成了独特的东方文化，但是在人生幸福的问题上，同样地表现出对于人生幸福的执着追求。儒家文化是中国传统文化的主流，它采用自己的语言和方式对幸福进行了持续和深入的探讨，提出并解答了有关人生幸福的种种问题。注重人文价值、关注人的存在是儒家思想的基本特质，幸福观当是儒家思想的核心部分之一。在这个意义上说，把儒家的人生哲学置换为关于人生幸福的一般理解，无疑可以更好地呈现儒学传统的当代价值。当代视域中儒家幸福观的研究，是对“儒学传统的当代价值何以可能”这一问题的一种具体的回应，或者说是在一个重要的、核心的方面呈

① 张方玉：《生活何以更加幸福：儒家传统幸福观及其现代价值》，载《道德与文明》，2010年第5期。

现了儒学在当代视域中的价值和内在的生命力。

"人民生活得更加幸福"是全党全国各族人民的共同愿望,也是儒家传统哲学的重要主题。在当代视域中,儒家幸福观不仅展现了对"孔颜之乐"的价值选择、对君子圣人的人格向往、对"与天地参"的境界追求,而且也蕴含着融合德性幸福与功利幸福、个体幸福与社会幸福、幸福实现与幸福享受、幸福生活与幸福境界等方面的致思。这种统一与融合的幸福思考对于提升和改善现代文明下的社会生活提供了富有启示的思想资源。

儒家文化中"学习"的四重意蕴①

"学习"已经成为现代人基本的生存和生活方式,但"学习"被异化的状况接踵而至。挖掘儒家文化中关于"学习"的传统哲学底蕴,可以发现"求知""成人""为政"和"乐道"这四个方面的整体建构,它们分别构成了"学习"之始、"学习"之本、"学习"之用和"学习"之终。融入当代社会中,"学习"的传统哲学意蕴提供了祛除"学习"被异化的重要思想资源,这对于建设"学习型"社会也富有启示意义。

儒家的"为学"具有极其重视现实应用的特质,"学而知之"从来就不把学习仅仅局限于知识。即便是对于知识的探讨,儒家也不在理论上争辩抽象的、难以解决的哲学课题,他们关注的是如何在现实生活中妥善地解决问题,如何理性地对待人生、对待生活这样的伦理学问题很自然地压倒了知识论的研究。孔子讲"吾十有五而志于学",这里的"学"早已超出了识字断文的"小学",而是指一种关于人生、生命的学问,就是所谓的"志于道,据于德,依于仁,游于艺"(《论语·述而》),就是所谓的"君子之学""成己之学",又可以称之为"大学"。

《大学》首句开宗明义:"大学之道,在明明德,在亲民,在止于至善",明确提出"大学"的根本宗旨就是要昭明完美的德性、使人民受感化而为新人、达到理想的境界。为了达到至善的境界,《大学》又明确提出"自天子以至于庶人,一是皆以修身为本",可以看到,学习与修身、修养成为一而二、二而一"异形体"。"修"就是要切磋琢磨,"养"就是要涵育熏陶,真正的学问就是通过修养而成为完善的人,学习的本义就是学做人。在生物学或者政治学的意义上,人诞生而为人;而在伦理学或者存在论的意义上,成为人还需要一个社会遗传、道德完善、人格健全的过程。正是在这一意义上,"成人"构成了学习之本。

完善德性、成就人格,就是儒家所谓的"成人"。在这里,"成人"是在动词的

① 张方玉:《论儒家文化关于"学习"的四重意蕴》,载《教育探索》,2011 年第 2 期。

意义上使用的,即成就完美人格之意。人们熟知的“十有五而志于学,三十而立,四十而不惑,五十而知天命,六十而耳顺,七十而从心所欲不逾矩”(《论语·为政》)就是展现了儒家“成人”的过程。在此“成人”过程中,个体德性修养持续地进行,个体自我不断地发展,独立自由的人格渐趋完善。“成人”还有作为名词的含义,作为名词的“成人”即全人、完全的人格,具有现代意义上德智体全面发展的意思,《论语》中直接出现的“成人”就是指完美的人格。

综上,在当代视域中,尤其是在建设学习型社会的时代背景下,儒家文化中关于“学习”的内容可以呈现出“求知”“成人”“为政”和“乐道”这四个方面的整体建构,它们分别构成了“学习”之始、“学习”之本、“学习”之用和“学习”之终。这样一种“学习”的传统哲学意蕴提供了祛除“学习”被异化的重要思想资源。它不仅有益于倡导时代所需要的正确学风,同时也有益于健全和完善现代人的职业追求和理想人格;它可以有助于克服工具理性与功利主义思潮过于膨胀,同时也可以有助于克服“平日袖手谈心性,临危一死报君王”的腐儒倾向。在科学与人文、政治与学术、专业学者与公共知识分子之间,传统哲学中“学习”的四重意蕴展现出富有时代性的启示价值。

推荐阅读

1. 毛泽东:《中国革命和中国共产党》,《毛泽东选集》第 2 卷,人民出版社 1991 年版。

2. 周恩来:《我的修养要则》,《周恩来选集》(上卷),人民出版社 1980 年版。

3.《公民道德建设实施纲要》,人民出版社 2001 年版。

4. 胡锦涛:《在全国抗震救灾总结表彰大会上的讲话》,人民出版社 2008 年版。

5. 习近平:《在纪念孔子诞辰 2565 周年国际学术研讨会暨国际儒学联合会第五届会员大会开幕式上的讲话》,《人民日报》2014 年 9 月 25 日。

【教学小结】

教学效果分析:

苏格拉底认为:真正的知识存在于人的内部,教师的作用是唤醒潜藏于学生心中的知识,使之达到意识的层面。教师应利用提问和对话方式激活学生的潜在意识,而不只是传授知识或智慧。我们在本章的教学中运用多种教学方法,尤其注意利用提问和对话的方式来激活学生，并将理论与学生思想实际、道德实际和社会问题结合起来，提高了学生对加强和重视社会主义道德建设重要性的认识。

教学经验：

1.“用事实说话”。我们在教学中，理论联系实际，用大量的事实和身边的典型案例，让大学生认识到道德并不抽象，它就在我们日常生活的点点滴滴，锤炼品德就需从我做起、从现在做起、从点滴做起。

2.“强化诚信意识”。在本章教学中我们力戒面面俱到，力求少讲精讲。对道德建设中的社会诚信、大学生诚信深入展开，细致讲解，旨在唤醒和强化大学生的诚信意识。

3. 结合本校地处孔子故里——曲阜的地域优势，在教学中注重儒家传统伦理道德的普及教育，并结合学生社团、相关单位组织的活动加以实施。

改进措施：

道德教育的目的是使外在的规约内化为个体内心的道德信念，最终养成良好的道德行为习惯。因此，在教学中，应更多地考虑教学内容与大学生这一特定群体实际的联系，增强教学的针对性，使大学生认识到道德在成才成长过程中的重要作用。

第五章

遵守道德规范　锤炼高尚品格

【教学简况】

学时安排:课堂教学4学时。

教学目的:使学生了解公共生活的特点,正确认识公共生活有序化对社会发展的重要意义;把握并自觉践行社会公德规范,自觉遵守网络生活中的道德要求,营造良好网络环境;树立正确的择业观和创业观,自觉遵守职业道德;树立正确的婚姻爱情观,自觉遵守恋爱婚姻中道德规范,弘扬家庭美德;加强个人品德修养,追求崇高道德境界。

重点难点:本章重点是社会公德及个人品德的养成与实践;本章难点是自觉践行网络生活中的道德要求,追求崇高道德境界。

学习思考

1. 联系实际谈谈大学生应当如何自觉遵守社会公德?
2. 大学生应该树立怎样的择业观和创业观?
3. 如何认识恋爱与婚姻家庭中的道德要求?
4. 联系实际谈谈大学生应当如何加强个人道德修养?

【教学过程】

教学内容设计:本章分四节。第一节社会公德,计划用1学时;第二节职业道德,计划用1学时;第三节家庭美德,计划用1课时;第四节个人品德,计划用1学时。

教学步骤:本章第一节通过三个步骤讲解公共生活与社会公德;第二节通过三个步骤讲解职业道德规范;第三节通过三个步骤讲解家庭美德;第四节通过三个步骤讲解个人品德。

教学组织:教师讲授、案例分析、课堂讨论。

板书设计:多媒体课件与黑板辅助板书结合。

教学方法:采取教师体系讲授、学生讨论相结合。

第五章

遵守道德规范 锤炼高尚品格

教学步骤一:导入(2 分钟)

名人名言

没有公民道德,社会就会灭亡;没有个人道德,他们的生存也就失去了价值。因此,对于一个美好的世界来说,公民道德和个人道德是同样必要的。——罗素

第一节 社会公德(1 学时)

本节教学步骤一:(20 分钟)

公共生活场景(图片展)

课件上的图片,向我们展示了车站、码头、商场等一系列的公共生活场景。大家肯定也注意到了,有些公共生活场景是那么和谐而优美,而有些公共生活场景却让人看了是那么不舒服,差别就在于生活秩序的不同。

经济全球化的冲击、信息技术的发展、互联网的普及,使我们赖以生存的地球变得越来越小了,20 世纪 60 年代,加拿大的传播学者麦克卢汉就提出了一个崭新的名词——“地球村”。我们生活的地球越来越变成一个小小的“村落”了。在这种情况下,人们的公共生活领域更加广阔,有序的公共生活对个人和社会的作用就显得尤其重要。

一、公共生活与公共秩序

说到公共生活,其实这是我们再熟悉不过的一个领域。从某种意义上说,我们可以把人们的实际生活分为私人生活和公共生活两种类型。私人生活,往往以家庭内部活动和个人活动为主要领域,这是一种不涉及他人的价值、行动与利益的生活,具有一定的封闭性和隐秘性。在公共生活中,一个人的行为必定与他人

发生直接或间接的联系，关系到你我他的共同价值、行动与利益，具有鲜明的开放性和透明性，对他人和社会的影响直接而广泛。

（一）公共生活现状

随着生产力水平提高，人们社会交往的广度、深度、频度和内容都有不同程度的发展，公共生活领域不断丰富发展。当今世界，经济全球化迅猛发展，极大促进了人们之间的交往，公共生活的领域更为广阔，公共生活的重要性愈发凸显。现代交通工具的便捷快速，使以前难以想象的洲际交往都成为普通的事情。现代传媒手段的普及和推广，使人们可以真正做到“秀才不出门，尽知天下事”。20 世纪末以来，信息技术、互联网的迅猛发展，正在把地球变成一个“村落”，人类公共生活进入了一个崭新的阶段。

（二）当代社会公共生活的特征

当代公共生活的特征主要表现在四个方面：

1. 活动范围的广泛性
2. 活动内容的开放性
3. 交往对象的复杂性
4. 活动方式的多样性

视频——人类的交往

通过视频我们知道，随着科技和经济的发展，社会交往的扩大，人们公共生活的场所和领域不断扩展，由过去较单一的公共生活场合，扩展到现在无边界的场所和领域。并且，现在人们交往的对象开始由熟人圈向陌生人社会拓展。人们在公共生活中的交往对象，不再局限于熟识的人，而是进入公共场所的任何人。同时，随着人们生活方式的变化，人们公共生活的内容和方式，也极大地丰富起来。人们可以根据自身的需要及年龄、兴趣、职业、经济条件等因素，选择和变换参与公共生活的具体方式，公共活动方式的多样性，导致人们在交往中对道德素质的要求也越来越高。

（三）公共生活需要公共秩序

公共秩序通常是指为维护社会公共生活所必需的秩序，主要包括工作秩序、教学秩序、营业秩序、交通秩序、娱乐秩序、网络秩序等。秩序之于社会，就像规矩之于方圆；没有规矩不成方圆，没有秩序社会便无法正常运行。秩序是由社会生活中的规范来制约和理顺的。任何一个社会都有它的公共生活规范和要求。

课堂讨论:生活失去秩序,我们将会怎样?

从大家的讨论不难看出,社会生活绝对不能无序。那么,有序的公共生活对经济社会的健康发展具有哪些意义呢?总结如下:

(一)有序的公共生活是社会生产活动的重要基础

(二)有序的公共生活是促进社会和谐的重要条件

(三)有序的公共生活是提高社会成员生活质量的基本保证

(四)有序的公共生活是社会文明的重要标志

社会公共生活领域扩大的今天,生产活动与日常生活出现了越来越多的交叉重合现象,从而使公共秩序对社会生产活动产生了直接的影响。

我们所要建设的和谐社会,是民主法治、公平正义、诚信友爱、充满活力、安定有序、人与自然和谐相处的社会。安定有序是社会治理水平的重要体现,也是促进社会和谐的必要条件。

追求更高的生活质量是全体社会成员的共同要求。在经济发展使人们的温饱问题基本解决以后,人们会更加重视生活的品质和品位,更需要良好的社会风气和舒心的生活环境,这些都需要不断改善社会公共秩序作为保障条件。

改革开放以来,我国经济飞速发展,综合国力显著增强,经济建设取得了举世公认的巨大成就。与此同时,政治建设、文化建设和社会建设也取得了显著成就。人们在公共生活领域的文明程度和秩序意识也有了很大的提高,这是社会文明的重要表现。如果公共生活中存在公德缺失、混乱无序的现象,必将损害公共生活秩序和社会文明风尚,进而影响整个社会的文明进步。

案例展示——外国人的社会公德给我们的启示

在新加坡,公共场所禁止吸烟、抛杂物、随地吐痰,禁止在地铁里吃东西,否则罚款。在禁烟区吸烟者及失职的管理人员,属初犯的,罚款1000元以下,重犯者被罚款高达2000元。上公厕如不冲水,受批评,若再犯,名字连同照片将会上报纸。

在瑞典,节俭之风盛行,行贿受贿现象鲜见。举行各种会议,大都是咖啡一杯,有的再备些点心,红包礼品之类是少见的。对来访者极少送纪念品,即使非赠送不可,其价值最多也只相当于当地人一两个小时的工资。如果双方是公务上的关系,即使送一瓶酒也属贿赂行为。瑞典贿赂现象极少见的原因:一是大家都比较富裕,没有必要贪小便宜;二是国家颁布了严厉的反贿赂法;三是对贿赂行为有着全方位的监督体系。

不难看出,时至今日,有序的公共生活已成为衡量一个国家、地区和城市现代化和文明程度的重要尺度。

视频——中华文明五千年:风俗的演变

本节教学步骤二:(13 分钟)

二、公共生活中的道德规范

公共生活中的道德规范,即社会公德,是指人们在社会交往和公共生活中应该遵守的行为准则,是维护公共利益、公共秩序、社会和谐稳定的起码的道德要求,涵盖了人与人、人与社会、人与自然之间的关系。社会公德是社会道德体系的最底线,如果一个人连起码的公共生活准则都不遵守,很难想象他在社会生活中能有高尚的职业素养。

(一)社会公德的主要内容

文明礼貌

助人为乐

爱护公物

保护环境

遵纪守法

文明礼貌与人们的公共生活息息相关,是人与人和谐相处、待人处世的基本礼节。文明礼貌是一种美德,更是一种修养和境界。和蔼谦虚、彬彬有礼、热情谦让、尊老爱幼的事情,我们几乎每天都会遇到,我们如何去做,就会表现出我们的道德修养水平,体现出我们的涵养。接受高等教育的大学生,应该从自身做起,切磋琢磨,涵养熏陶,做到仪表大方,语言得体,行为文雅,塑造真诚待人、礼让宽容的良好形象。

助人为乐是社会主义道德建设的核心和原则在公共生活领域的体现,也是社会主义人道主义的基本要求,也是中华传统美德。我国自古就有"君子成人之美""为善最乐""博施济众"的传统,把帮助别人视为自己应做的事,看作自己的快乐。助人为乐是基于对他人幸福和个人幸福之间辩证关系的深刻认识而采取的理性行为。在公共生活中,大学生应该对周围的人倍加关心、体贴和照顾,想他人之所想,忧他人之所忧,急他人之所急,帮他人之所需。见到别人遇到困难,要主动关心、给予帮助,遇到危险情境,要鼎力相助,见义勇为。

公物,包括所有的公共设施在内的公共财物,在我们国家都属于国家和集体的财产,是人民辛勤劳动的成果和血汗的结晶。爱惜和保护公共财物就是对社会共同劳动成果的珍惜和爱护。爱护公共财产是每个公民应该承担的社会责任和义务。它既显示出个人的道德修养水平,也是每个公民应承担的社会责任和义务。

热爱自然、保护环境是当今时代社会公德的重要内容。热爱自然、保护环境,从根本上说,是对全人类的生存发展利益的维护,也是对子孙后代应尽的责任。作为有较高文化素养的一代有为青年,大学生要牢固树立环境保护意识,身体力行地从小事做起,为留下蓝天、地绿、水清的生产生活环境,为建设美丽中国做出自己应有的贡献。

遵纪守法是社会公德最基本的要求,是维护公共生活秩序的重要条件。人的基本道德和法律素质,公共生活得以顺利进行必须有规矩、有规范可循。遵纪守法是人们的共同要求,体现人们的共同利益。人人依照法纪规定行事,才会在秩序状态下保障自己顺利从事活动的同时不妨碍他人的正常活动,公共生活才会稳定和谐、健康发展。对于法律规范,我们还会在后面章节进行探讨。

社会公德五点内容相辅相成,互为基础,共同构成社会公德体系,成为现代文明公民最基本的素质。希望同学们通过实践磨炼,陶冶情操,在公共生活中起表率作用,在个人独处,无人相伴的时候仍然言行如一,那一定是你于细微处下了修养功夫,达到了“慎独”的道德境界。

(二)自觉遵守社会公德

视频——公共道德

1. 认真学习社会公德规范

认真学习社会公共生活中的道德规范,是自觉遵守社会公德的前提和基础。大学生要通过学习明确社会公德规范的基本内涵、要求,在公共生活中自觉规范、调整自己的行为方式,以良好的风范和人格影响他人。

视频——公益广告:文明就在我们身边

2. 自觉培养社会公德意识

培养良好的公德意识,要在形成正确的道德认知的基础上,增强社会责任感和使命感,养成履行社会公德的行为习惯。

3. 努力提高践行社会公德的能力

名人名言

勿以善小而不为,勿以恶小而为之。——刘备①

君子有九思:视思明,听思聪,色思温,貌思恭,言思忠,事思敬,疑思问,忿思难,见得思义。——孔子②

社会公德所规范的行为,包括社会公共生活中最微小的行为细节,这些细节极易被人们忽略,而它一旦被社会群体中的大多数人所忽视,往往就可能形成不良的社会风气。因此,社会公德意识要在点点滴滴的日常小事中培养,社会公德的境界,就是在这些不起眼的小事中慢慢升华的。

参加志愿者服务等公益事业和社会实践活动,对大学生了解社会、拓展实际工作能力,尤其是增强社会责任感有极大的帮助。大学生培养社会公德意识的实践活动有很多方式,既可以参加社会公德的宣传活动,普及社会公德规范,传播文明新风;也可以结合自己专业特点,服务社会,回报社会;既可以参加学校的各种社会公益活动,也可结合自己的兴趣爱好加入各种社会公益组织。大学生参与社会公德实践活动本身就是一种学习,可以从实践中体会到什么是符合社会公德规范的言行,什么是不符合社会公德规范的言行,从而在实践中不断提高自身社会公德素养,并带动他人,影响社会。

本节教学步骤三:(15 分钟)

三、网络生活中的道德要求

在网络诞生前,人们主要生存于现实的物理空间。网络的出现打破了千百年来所形成的时空格局,创造出另类生存空间——虚拟的空间。然而,任何事物都具有两面性,信息化和网络化,一方面促进了社会和人类自身的发展;另一方面又可能因使用不当或缺乏规范而损害社会公德,妨碍社会的发展。当下的网络欺诈、网络色情、侵犯隐私权和知识产权等网络道德失范、网络犯罪等现象,正严重威胁着网络空间的秩序和网络社会的运行。所以,建构控制体系,提高信息素养,加强网络道德建设,已经成为当务之急。

---

① 裴松之注:《三国志・蜀书・先主传》。

② 《论语・季氏第十六》。

(一)网络道德失范的主要表现:

1. 网络黄毒泛滥

2. 个人隐私权与知识产权受到侵犯

3. 计算机病毒的制造与传播

4. 黑客骚扰

在网络社会,人的形象特征变成了一系列的数字和符号,人与人之间的交流变成了人与机器之间的交流,它改变了以往开会聚会和探亲访友的方式,一切好像进入一个无迹可寻的世界。所以,人们之间会产生一种不信任感、疏远感、冷漠感,失去对鲜活的生活的感受。数字化交往,还会使人变得更加粗暴和冷酷。因为,人们是以"符号身份",在"不在场"的情况下进行交往的,他感受不到对方作为一个活生生的人的反应,便以为不是在与人而是在与机器打交道,这种隐蔽的交往方式,为一些不道德行为的滋生泛滥,提供了环境条件。

视频——十部委开展打击网络淫秽色情专项行动

中国互联网信息中心公布的调查结果显示:我国目前拥有3.84亿网民。其中18—24岁的年轻人,占34.1%,18岁以下网民,占18.8%。互联网上的色情网站,已经超过了3.7亿个,每天约有两万张色情照片进入互联网。

随着网络的快速发展,个人信息的快速传递变得越来越容易,而侵犯个人隐私的问题也越来越突出。这种侵犯包括对个人隐私的直接侵害、对个人隐私进行窥探和监视、对个人隐私进行广泛传播、对个人信息进行歪曲。此外,由于信息的复制、传输、处理、采集、使用等网络技术的出现,导致知识产权受到侵害,最典型的就是盗版软件。据报道,全世界每隔20分钟会产生一个新计算机病毒,这些病毒通过因特网以每秒30万公里的速度向世界各个角落传播。这意味着,加入因特网的计算机,每隔20分钟,就有可能被最新病毒感染一次。按每天开机联网2小时计算,一年内,你可能被全世界所有最新病毒感染2190次,计算机活体病毒,已达14000多种,真的好可怕。

黑客是利用某种技术手段,非法进入其权限以外的计算机网络空间的人。如利用网络散发影响社会稳定的言论,宣传色情淫秽内容,盗用他人账号上网;窃取科技、经济情报;恶意攻击网络,致使公用网络瘫痪等等。网络黑客和电脑病毒已经成为全球性、开放性的因特网上两种独特的但同时也是具有极大威胁的顽疾,全球几乎每20秒钟,就有一起黑客事件发生。

（二）遵守网络生活中的道德要求

1. 正确使用网络工具

2. 健康进行网络交往

3. 自觉避免沉迷网络

4. 养成网络自律精神

网络是科技发展的产物，构成了人类生存的第二世界。因此，构建与此相适应的网络道德规范，是社会发展的必然要求。尽管没有成文的网络道德规范，但根据社会主义道德原则的基本要求和我国网络发展的实际，当代大学生应加强自律，在实际运用网络进行工作、学习和娱乐的时候，至少要做到以上要求的四点。

课堂讨论：结合学过的知识，谈谈你对"人肉搜索"的看法。

第二节　职业道德（1 学时）

教学步骤一：导入本章（3 分钟）

马克思名言：

我们的使命绝不是求得一个最足以炫耀的职业，因为它不是那种使我们长期从事而始终不会感到厌倦、始终不会松动、始终不会情绪低落的职业，相反，我们很快就会觉得，我们的愿望没有得到满足，我们的理想没有实现，我们就将怨天尤人。如果我们通过冷静的研究，认清所选择的职业的全部分量，了解它的困难以后，我们仍然对它充满热情，我们仍然爱它，觉得自己适合它，那时我们就应该选择它，那时我们既不会受热情的欺骗，也不会仓促从事。①

同学们：我们前面对社会道德问题进行了探讨和学习，接下来我们要对大家最关心的问题——职业、职业道德、大学生择业、创业问题进行探讨。

本节教学步骤一：（20 分钟）

一、职业生活中的道德规范

（一）职业道德

职业道德，是指从事一定职业的人在职业生活中应当遵循的具有职业特征的

---

① 《马克思恩格斯全集》第 40 卷，人民出版社 1982 年版，第 3 页。

道德要求和行为准则,涵盖了从业人员与服务对象、职业与职工、职业与职业之间的关系。职业道德作为职业生活领域特殊的行为调节手段,作用重要。首先,职业道德是职业的内在要求。职业是一个专业群体,为了凝聚这一群体,保证本职业的生存和发展,除了要有一定的知识、技术或技能外,还必须遵循一定的道德规范。其次,职业道德多种多样,各有特色,但有一点是共同的,即都要敬业。职业道德的核心,是全力承担社会责任的生命境界,是超越物欲的一种追求,是人格和人性的真善美在职业生涯中的体现。

不管从事什么工作都要遵守职业道德。职业道德具有时代、历史继承性。社会主义职业道德的内容和基本要求,既有时代所赋予的职业道德的崭新内涵,也继承了在历史的发展过程中所积累、保持下来的较为稳定的职业道德要求。

(二)、社会主义职业道德内容

1. 爱岗敬业

爱岗敬业,反映的是从业人员对待自己职业的一种态度,也是一种内在化的道德需要,是社会主义职业道德的最基本要求。

视频——爱岗敬业李素丽

爱岗就是热爱自己的工作岗位、热爱自己所从事的事业;敬业就是以恭敬、严肃、负责的态度对待工作,一丝不苟、兢兢业业、专心致志。爱岗敬业就是对自己的工作热爱虔诚、专心致志、勤奋上进、忠于职守,是一种思想境界,是一种高尚、宝贵的职业品质。有了这种品质就不会仅仅把职业当作一种谋生的手段,而是把职业当成事业,当成一种使命,当成实现人生价值的表现形式,对职业会产生虔诚的神圣感。

2. 诚实守信

视频——"齐二药事件"

这一事件对于大家而言并不陌生,本来是一个效益很好的有相当规模的企业,可它一旦违背了诚实守信的原则,不仅会损害企业形象,利益遭受损失,最终导致破产,而且会破坏社会公正,从而导致个人和社会的双输结局。

诚实守信,既是做人的准则,也是对从业者的道德要求,即从业者在职业活动中应该诚实劳动,合法经营,信守承诺,讲求信誉。职业关系和职业交往活动,是建立在相互信任的基础之上的,这也是诚实守信的必要性之所在。诚,指内诚于心;信,是外信于人。具体说,诚是道德主体的道德修行,表现为诚挚、诚恳、诚实、真诚等内在的道德诉求;信,是内诚的外化,表现为重言诺、守信用、讲信义等社会化的道德实践。诚实守信，是每个人立德修身之本，是人之为人的最重要品德，又是有序的市场经济最基本的道德规范要求。

此前，河北大学谷峰教授等人对河北省12所大学的在校生进行了一项问卷调查。在接受调查的大学生中，认为应在遵守规则的基础上平等竞争的占57.66%；认为对剽窃他人研究成果的行为应严厉抨击的占56.72%；对考试作弊现象很气愤的占44.45%；对考试作弊很鄙视的占25.39%。调查中大部分学生认为诚实守信是人际交往中应该坚持的一个重要道德原则，并希望能够尽快建立起公平竞争的道德规范体系和社会秩序。但另一方面，部分大学生在诚实守信与公平竞争问题上，存在道德认知与道德行为的脱节和背离。南京航空航天大学人文学院，曾经组织一次“沿江行”——大学生就业状况调查，结果显示：用人单位最看重员工的素质是诚信、敬业和务实。

与用人单位的期望要求相比，在校大学生对于诚信无论是在认知上还是在行为上都存在较大差距，要消除这种差距，就需要我们在社会实践活动中体验和感悟，锤炼我们的诚信品质。

3. 办事公道

所谓办事公道，就是要求从业人员在办事情处理问题时，要站在公正的立场上，按照同一标准和同一原则办事的职业道德规范。办事公道是在爱岗敬业，诚实守信的基础上提出的更高一个层次的职业道德的基本要求。

人们生活在世上，都要与人打交道，都要处理各种关系，这就存在办事是否公道的问题，每个从业人员也都有一个办事公道问题，如一个服务员接待顾客不以貌取人，无论对于那些衣着华贵的大老板还是对那些衣着平平的乡下人，对不同国籍，不同肤色，不同民族的宾客能一视同仁，这就是办事公道。当前我们正处于市场经济的大潮中，市场经济中有平等互利原则，这体现了买卖双方的平等地位，因此在经济领域中是要求处事公平、办事公道。

视频——公益广告：先摸良心再定价

办事公道主要体现在以下四个方面：服务团体，不损害自己所属的团体利益；服务社会，不损害社会公众和国家、民族利益；不以职业之便利牟取不正当个人利益；在处理各种利害关系时平等、公正地对待他人。

4. 服务群众

服务群众，就是在职业活动中一切从群众的利益出发，为群众着想，为群众办事，为群众提供高质量的服务。这也是社会主义的道德核心在职业领域的体现。

社会主义道德建设的核心是为人民服务,职业场所是体现这一核心要求的重要领域。职业活动的属性、目的不是任意制定的,而是要基于群众的需要;职业活动的价值评判标准掌握在服务对象手中,因此,服务群众必然成为职业活动的内在需要。

5. 奉献社会

奉献社会,即从业人员要立足自己岗位,树立奉献社会的职业理想,兢兢业业工作,全身心地投入,使自己所付出的劳动能够对国家、民族乃至整个人类产生积极的意义。这是社会主义职业道德中最高层次要求,体现了社会主义职业道德的最高目标指向。爱岗敬业、诚实守信、办事公道、服务群众,都体现了奉献社会的精神。

需要指出的是,当前我国职业道德建设的一个重要任务是提高廉政素质,要把廉政教育作为岗前和岗位培训的重要内容,促进广大从业人员尤其是党政干部提高自身素质,做到廉洁从政。

马克思说:"如果一个人只为自己劳动,他也许能够成为著名的学者、大哲人、卓越诗人,然而他永远不能成为完美无疵的伟大人物。"①

视频——马背上的邮局:王顺友

王顺友——二十年如一日跋涉在凉山彝族自治州木里藏族自治县群山深处的一名普通的乡邮递员、一名优秀的共产党员。

位于青藏高原和云贵高原结合部的凉山彝族自治州木里自治县,人口 12 万多,县内相对海拔高差 4000 米,多数乡镇不通公路。在人迹罕至的大山深处,对外通讯主要靠绵延总长 3500 多公里的 15 条骡马驮运邮包的小道——马班邮路,这些马班邮路是木里县的"信息生命线"。王顺友和他的同事们就常年跋涉在这 15 条邮路上。

"当我把信、包裹送到老百姓手里,把文件、报纸送到乡政府时,看到他们高兴的笑容,我就觉得自己很值得。"王顺友这样评价自己的工作。"不过,这个工作真的很苦啊!"王顺友感叹道。在马班邮路上,深山、密林、峡谷、缺氧高山和积雪地带是必经之路,骡马只能用半驭邮包,邮递员只能步行。山高路远。气候恶劣,用雪解渴、用酒驱寒,构成了王顺友生活的主要内容;头痛、风湿、胃病、肝病,是常年跑马班的邮递员的常见病。

① 《马克思恩格斯全集》第 40 卷,人民出版社 1982 年版,第 7 页。

社会有分工,职业无贵贱,王顺友以不计报酬、不为名利、埋头苦干的无私奉献精神,在平凡的工作岗位上做出了非凡的成就,得到了全国人民的认可。

职业道德五个方面是不同层次要求:爱岗敬业,诚实守信是对从业人员的职业行为的基础要求,是首先应当做到的。做不到这两项要求,就很难做好工作;办事公道,服务群众比前两项要求高了一些,需要有一定的道德修养做基础;奉献社会,则是这五项要求中最高的境界。一个人只要达到一心为社会做奉献的境界,他的工作就必然能做得很好,这就是全心全意为人民服务了。

本节教学步骤二:(15 **分钟**)

二、大学生的择业与创业

大学毕业生就业统计表(2004-2014)

我们教研室,去年曾经在大学新生中作过一次调查:你认为大学新生最为关心的问题、在宿舍议论最多的话题、你自己感觉最大的压力是什么?结果显示,三个问题一个答案,那是就业。我相信,在座的同学肯定也很关注就业问题。这一点颇具时代特征,这与我们上大学时有所不同。这与我国高校连续十年的不断扩招不无关系。

就业是民生之本。就业牵涉大学生本人和千家万户的利益,用温家宝总理的话说关系到一个人是否活得有尊严。每个大学生都面临就业的现实,因此,树立正确的择业观和创业观,对于大学生顺利走进职业生活具有重要的现实意义。

(一)树立正确的择业观

所谓择业是指个人根据自己的意愿和社会的需要,主动选择自己所从事的工作的过程。

每个人都期望拥有理想的未来,希望工资高、闲暇多、能够自我实现等,这样的愿望无可厚非。但在严峻的就业形势下,大学生们应合理定位,适时调整就业观念,使自己的期望符合社会的需要。

在择业时,要有一个合理的定位:面对现实、面对未来、合理取舍。在处理物质和精神的关系问题上,我们要"求物资,重精神";在处理生存和发展的关系问题上,我们要"先生存,再发展";在处理近利和远景的关系问题上,我们"不要急功近利,要从长计议"。

同时,应当认识到,职业对于人来说并非只有工具的意义,它还是奉献社会、完善自身的必要条件。如果只是从个人的、工具性和物质需要来看待职业,就必然会忽视职业生活所具有的更丰富、更深刻的人生内涵。

1. 树立崇高职业理想。

2. 服从社会发展的需要。

3. 做好充分的择业准备。

黄金结:把青春献给西部

黄金结,安庆师范学院2003届本科毕业生。2003年6月,国家四部委发起并组织实施了"大学生志愿服务西部计划",他向学校递交了申请,经过层层选拔最终入选;8月中旬他毅然南下,作为一名青年志愿者来到云南省墨江哈尼族自治县坝溜乡,从事为期两年的支教工作。

在两年的服务期里,黄金结用"心"教学、尽力做事,以"不抛弃、不放弃"的信条勉励自己和每一名同学,以实际行动带动了一批教师,以优异的教学成绩赢得了学校领导、老师的信任和全体学生的爱戴。两年中黄金结连年被评为墨江县和思茅市"优秀青年志愿者",在2006年安徽省"十佳青年学生"的评选中,以高票当选,受到了省教育厅、团省委、省学联的联合表彰。

在"绝对不影响服务质量"的前提下,黄金结刻苦自学,2005年7月,以优秀成绩被云南大学录取为马克思主义民族理论与政策专业公费研究生。2008年7月黄金节研究生毕业生,目前已在上海市青浦中学落实了就业岗位。

大城市竞争激烈,人力资源市场供大于求,而农村和基层则相对比较宽松,很多空缺部门无人问津,招聘无果。因此,作为当代的大学生,无论是基于自我发展的考虑还是社会责任的考量,都应该将国家的需要、社会的责任与个人价值统一起来,将自己的择业定位于祖国最需要的地方。

(二)树立正确的创业观

所谓创业则是通过发挥自的主动性和创造性,开辟新的工作岗位、拓展职业活动、创造新的业绩的实践过程。习近平强调,让每个有创业愿望的人都拥有自主创业的空间,让创造的血液在全社会自由流动,让自主发展的精神在全体人民中蔚然成风。在"大众创业万众创新"的今天,大学生应树立正确的创业观。

1. 要有积极创业的思想准备

2. 要有敢于创业的勇气

3. 要提高创业的能力

面对严峻的就业形势,大学生应该自主创业,不仅解决自己的就业难题,也能为社会和他人创造就业机会。美国有"硅谷之父"之称的威廉·休莱特,在斯坦福大学刚一毕业，就向银行贷款1000美元成立了惠普公司。比尔·盖茨，更是大学没读完就出来自己创业。这说明在当今的知识经济时代和市场经济时代，直接将"智本"转化为"资本"的可能性在大大增加。

视频（自制）——十大创业标兵

视频中的案例就发生在我们眼前，视频中的十大创业标兵，都是我们学校的往届毕业生，他们面对激烈的就业竞争形势，不等不靠，不怨天尤人，而是将自己的一技之长和社会的实际需求相结合，创办了属于自己的事业。

三、自觉遵守职业道德

职业生活是否顺利、是否成功，既取决于个人的专业知识和技能，更取决于个人的职业道德素质。人们的职业道德状况如何直接关系着各行各业乃至整个社会的道德状况。大学生要深刻认识提高职业道德素质的重要性，注重这方面的修养和锻炼。

1. 学习职业道德规范。
2. 提高职业道德意识。
3. 提高践行职业道德能力。

第三节　家庭美德（1学时）

本节教学步骤一：（20分钟）

事业成功，往往与美满的婚姻家庭密切相关。大学生正值妙龄韶华，树立正确的恋爱婚姻家庭观，处理好复杂的感情和人际关系，有利于大学生的健康成长，顺利成才。

一、恋爱、婚姻家庭中的道德规范

有人说爱情是生活的港湾，它能够使疲惫的心灵得到安宁；有人说爱情是一叶小舟，可载人领略世间湖光山色的美景；有人说爱情是生命的催化剂，使人获得生命的灵感和激情，创造出许多惊世骇俗之作；也有人说，爱情是一个伟大的导师，教会人们如何做人。凡此种种，无一不是说明爱情对于人生的重要性。

爱情是人生中非常重要的内容，但并不等于说爱情是人生的全部内容。爱情是我们追求人生幸福的重要目标，但不是我们追求的唯一目标。鲁迅说，人生的第一要义便是生活，人必须活着，爱才有所附丽，不能仅仅为了爱而生产盲目的爱,而把别的人生要义全盘疏忽了。①

(一)爱情的本质

爱情是一对男女基于一定的社会基础和共同的生活理想,在各自内心形成的相互倾慕,并渴望对方成为自己终身伴侣的一种强烈、纯真、专一的感情。性爱、理想和责任是构成爱情的三个基本要素。

大文豪歌德说:"哪个青年男子不善钟情,哪个妙龄女子不善怀春?"②爱情,作为人类一种特有的现象,既不仅仅是性爱,也不仅仅是情爱,而是情爱和性爱的统一。性爱、理想和责任是构成爱情的三个基本要素。马克思和恩格斯认为,人的两性关系之所以被称为爱情,不是因为人的自然属性,而是因为人的社会属性。爱情是人的自然属性和社会属性相互统一的产物。

(二)恋爱中的道德规范

爱首先是一种主动的给予。列宁说:"恋爱牵涉到两个人的生活,并且会产生第三个生命,一个新的生命。这一情况使恋爱具有社会关系,并且产生对社会的责任。"③因此爱情"最重要的还是社会的方面。"所以,爱情不仅仅是从对方那里获得爱恋和倾慕,更意味着奉献,意味着一种终身的义务和责任。

1. 尊重平等人格

2. 自觉承担责任

3. 文明相亲相爱

在建立和发展爱情关系的过程中,恋爱双方应该保持平等的关系,并且真诚相待,不能有任何欺骗行为。任何一方都不能强迫或诱骗另一方接受自己的爱;任何一方都不要违心地、勉强地去爱一个自己不爱的人。

(三)婚姻家庭生活中的道德规范

恋爱是缔结婚姻、组成家庭的前提和基础,婚姻和家庭则是恋爱的结果和必然的归宿,也是爱情在内容和形式上的进一步升华。

案例展示——选择婚姻

柏拉图曾问他的老师什么是婚姻,老师就要他先到树林里,砍下一棵全树林最大最茂盛最适合放在家作圣诞树的树。其间只能砍一次,只可以向前走,不能

---

① 鲁迅:《彷徨》,当代文学出版社,2003 年 3 月版。

② 歌德:《少年维特之烦恼》,张文新改写,延边大学出版社,2006 年 2 月第 2 版,第 1 页。

③ 蔡特金:《列宁印象记》,北京:三联书店,1979 年,第 69—70 页。

回头。柏拉图于是照着老师的话做。这次，他带了一棵普普通通、不很茂盛亦不算太差的树回来。老师问他，怎么带这棵普普通通的树回来？他说："有了上一次经验，当我走到大半路程还两手空空时，看到这棵树也不太差，便砍下来，免得错过了，最后又什么也带不回来。"老师说："这就是婚姻！"

人生就如穿越麦田和树林，只走一次，不能回头。要找到属于自己最好的麦穗和大树，你必须要有莫大的勇气和付出相当的努力。

婚姻和家庭，是两个既密切相关又具有明显区别的概念。婚姻是指由法律所确认的男女两性的结合，以及由此而产生的夫妻关系。家庭是指在婚姻关系、血缘关系或收养关系基础上产生的、由亲属之间所构成的社会生活单位。婚姻是家庭产生的重要前提，家庭又是缔结婚姻的必然结果，婚姻的成功，体现为家庭的幸福，家庭的美满，又彰显出婚姻的意义。

婚姻家庭关系具有自然、社会两重属性。自然属性仅是婚姻家庭得以形成和发展的前提条件，社会属性才是婚姻家庭的本质所在。

家庭美德

1. **尊老爱幼**
2. **男女平等**
3. **夫妻和睦**
4. **勤俭持家**
5. **邻里团结**

家庭美德在维系和谐美满的婚姻家庭关系中具有十分重要而独特的功能。是每个公民在家庭生活中应该遵循的行为准则。

本节教学步骤二：(20 **分钟**)

二、大学生的恋爱观与婚姻观

(一)树立正确的恋爱观

1. **不能误把友谊当爱情**
2. **不能错置爱情的地位**
3. **不能片面或功利化地对待恋爱**
4. **不能只重过程不顾后果**
5. **不能因失恋而迷失人生方向**

大学时代是人生美好时光，对爱情的艳丽花朵，要精心照料才会绽放得更加绚烂,更加多彩。

(二)培养爱的能力

每个人把握自己的生活、幸福、成长以及自由的能力是以爱的能力为基础的,爱的能力不是与生俱来的,也非随着生理成熟自然形成的,而是在社会生活中逐渐成长起来的。所以有人说:好男人是一所好学校,好女人也是一所好学校,由两性构成的学校促使男人与女人共同学习,共同进步。爱的能力要求恋爱的人始终保持高度理性而非随着感觉走。究竟如何理性面对爱情呢?

1. 合理选择恋爱时机

大学同学彼此之间的恋爱绝大多数是纯净美丽的,在恋人的选择上,更重视精神层面的相互认同。世俗生活中的物质交换、门当户对等不会对我们构成大的影响。而同学之间的长期相处,彼此更加理解、更加熟悉、更加注重感情的沟通与交流。因此,大学同学毕业后组建家庭的,出现“七年之痒”和“感情麻木、视觉疲劳、审美疲劳”的,相对于社会上的爱情要少得多。

特别强调的是,所谓在一定的条件下,必须要符合四个要求,也就是合理选择恋爱时机。第一,待到心理发展相对成熟时。第二,待到人生观相对稳定时。第三,待到学识基础相对牢固时。第四,待到经济相对独立时。综合各种经验来看,对大多数学生来讲,恋爱时间以稍晚为宜。

2. 爱情需要生活的考验

其实在现实生活中,并没有所谓的完美的爱情,只有为了完美爱情而共同用各自的责任心坚持不懈追求的过程。真正的爱情以相互信任和相互负责以及相互妥协为前提,能在快乐时光里相娱相乐,更能在痛苦的日子里相扶相持。两个人对待爱情的共同责任心能坚持多久,这份感情就能延续多久,爱情需要经历生活的考验。

案例:普希金的爱情

普希金是19世纪俄罗斯的伟大诗人、文学鼻祖。他的婚姻悲剧也从侧面告诉我们,只有相互负责任的感情才是爱情。普希金在莫斯科的一个舞会上认识了娜塔丽亚,她长得像出水芙蓉,婀娜轻柔的舞姿更是令人倾倒。经过不懈的追求,二人结婚了。普希金很爱妻子,把她当成自己志同道合的伴侣。他的创作激情如涌泉,每写一首诗,都兴致勃勃地跑到娜塔丽亚面前朗诵,可是他妻子的兴趣只在舞会上。她时常研究的都是怎样用入时的服装打扮自己,怎样参与上流社会的人交际。因此,每当普希金捧着诗稿来到她的面前,她就厌烦得像头暴怒的狮子大声地吼叫。更不幸的是,普希金创作的权利也渐渐地被妻子剥夺了,她天天纠缠着丈夫陪她到舞会上去,稍不遂意就大吵大闹。普希金尽管对舞会一点兴趣没有,却不得不天天陪着妻子应酬,搞得筋疲力尽,苦不堪言。悲剧还在继续,由于普希金屡屡写诗鞭挞沙皇暴政,沙皇早就对他恨之入骨,决心要除掉他,只是迫于舆论的压力没敢下手。现在时机到了,万恶的沙皇和一群卑鄙的政客,利用娜塔丽亚浮华虚荣的特点,指使一个名叫丹特士的反动军官去纠缠她,同时又收集一帮流氓无赖散布流言蜚语,恶毒地诋毁普希金的名誉,迫使普希金与丹特士决斗。1937 年 1 月 27 日黄昏时分,彼得堡近郊的茫茫雪地上,响起了一声凄厉的枪声,年仅 38 岁的普希金应声倒地。

3. 文明诚信相爱

苏霍姆林斯基说过:"爱情、婚姻、生儿育女是人的自由的最微妙、最娇嫩、最自豪、最脆弱、最隐秘而又最容易受到伤害的领域。只有善于聪明、美好和庄重地去爱的人,才是真正美丽和真正自由的。在爱情方面的不礼貌、不文明和品德不端有损于人的尊严。"①

爱是一门艺术,学会怎样去爱,就像学习其他任何一门艺术一样。现实中,我们渴望被爱,但并不一定能够得到爱;想去爱,而所爱对象不一定充满激情、满心欢跃地接受自己的爱。爱情尽管含有来自自然的本能需要,但它却需要用高雅的格调、文明的举止去体现,任何置伦理、道德、风俗于不顾的大胆的、赤裸的、甚至展示性的表达方式,都只会使爱情变得粗俗不堪。

4. 正确对待失恋

莎士比亚说:"爱是一种甜蜜的痛苦。真诚的爱情永不是走一条平坦的道路。"②可以说,有恋爱就有失恋的可能,失恋对任何人来说都是很痛苦的,为什么?因为它打击的是一个人的自尊自信,因此失恋后才会出现那么多极端行为:如伤人、自残、自杀等,现实中更多的是出现心理异常,有的导致退学。那么,我们应该怎样对待失恋呢?

第一,恋爱中要有一个新的理念,即你有爱别人的权利,别人也有拒绝你爱的权利,因此当对方发现不合适时而提出分手,这是对方的权利,我们要尊重他人的这份权利。第二,要学会转移自己的注意力。失恋很痛苦,但也很无奈。因此我

---

① B·A·苏霍姆林斯基:《爱情的教育(附)给女儿的信》,教育科学出版社 1985 年版。
② 莎士比亚:《罗密欧与朱丽叶》,朱升豪译,人民大众出版社 1999 年版,第 384 页。

们唯一能做的就是把自己的注意力转移到学习、工作或是与友人交流，以使自己的痛苦得到适当的排解；第三，要做到失恋不失德。失恋很痛苦，所以极易出现极端的行为，这是最可怕也是最令人痛心的事。因此失恋后要有一颗感恩的心，感恩昔日恋人让你更成熟。第四，要做到失恋不失志，一位哲人说，只要事业成功，爱情就会有所依附，"天涯何处无芳草"？在爱情与事业的关系上，事业是主旋律是最强音。

（二）树立正确的婚姻观

2004 年，新版的《普通高等学校学生管理规定》出台后，很多高等院校都修改了原有的学生管理规定，允许在校学生在不违背现行《婚姻法》的前提下登记结婚。此后，各地不断传出在校大学生结婚的新闻。与此同时，随着高考取消年龄限制，上大学时达到适婚年龄的人群也有所上升，教育部不限制大学生在校期间结婚，与这一政策相吻合，也更人性化。如今，大学生领取结婚证已不是什么"禁区"，有些大学生选择未毕业就结婚，更有甚者还出现了大学生离婚的现象。对此，作为在校大学生，树立正确的婚姻观就显得尤为重要。

1. 谨慎对待结婚成家

2. 担当责任和履行义务

3. 正确处理家庭关系

大学生一旦选择进入婚姻，所承担的责任就要比恋爱重得多。虽说婚姻是爱情的升华，但是没有责任的婚姻，只能是爱情的坟墓。同时，大学生在校期间，自身还有各种压力和负担，包括经济、学业、择业、就业等。因此在享受婚姻家庭带给自己幸福的同时，还要妥善处理好各种关系，只有这样，才能让我们的未来走得更远，才能让我们的人生锦上添花。

本节教学步骤三：（10 分钟）

三、弘扬家庭美德

1. 认识家庭美德的重要性

家庭的幸福与否，固然与家庭的物质生活水平相关，但更重要的还在于用什么样的价值观念来指导和调整家庭生活中的各种关系。由于家庭成员在年龄、辈分、性格、文化、理想、志趣等方面总是参差不齐的，故而家庭中的利益矛盾、兴趣冲突也就不可避免，这便有必要用家庭美德来规范、调节、约束家庭成员的行为。否则，家庭中就会矛盾冲突不断，甚至导致家庭破裂。可见家庭美德建设的好坏是现代家庭是否健康向上、和谐融洽的重要标志。

2. 营造良好家风

家风简单地说就是一个家庭的风气,包括为人处事的态度和行为准则。家风是由家庭成员的态度、行为和氛围营造的,存在于家庭的日常生活之中,表现在人们处理日常生活各种关系的态度和行为中。家风犹如一种磁场被人们深深地感受到,让人发自内心地服从和遵守。良好的家风在人们的成长过程中起着关键的作用。经过耳濡目染接受熏陶和影响,家庭成员会按照良好家风的内容来塑造自己的行为,形成良好的人生习惯,成就美好的人生。

3. 遵守婚姻家庭法律规范

涉及婚姻家庭的法律规范包括主要《婚姻法》《未成年人保护法》《老年人权益保障法》《妇女权益保障法》等。大学生在努力弘扬家庭美德的同时,还要主动了解并自觉遵守这些法律规范,这既是对自己权益的一种保护,同时也是对自身行为的一种约束。

第四节 个人品德(1 学时)

本节教学步骤一:(20 分钟)

一、个人品德及其作用

党的十七大报告在论及建设和谐文化、培育文明风尚时,首次将“个人品德建设”的重要命题纳入到社会主义道德建设中,由此,社会公德、职业道德、家庭美德和个人品德“四德”共同构成了当前社会主义道德建设的体系。突出“个人品德建设”,不仅紧扣道德建设的时代主题,具有很强的针对性和指导性,而且把公民道德建设提高到事关和谐文化建设的高度,使由个体角色入手的道德教育更加符合构建以“以人为本”为核心理念的社会主义和谐社会的要求。

(一)个人品德的含义

品德是道德品质这一伦理学概念的俗称,也可叫作德性。所谓品德,是指一定社会的道德原则、道德规范和道德要求在个人思想和行为中的体现,是个体在一系列的道德行为中所表现出来的比较稳定的特征和倾向。个人品德不是人类个体的生理特征和一般个性心理特征,而是人们通过社会道德教育和个人自觉的道德修养所形成的稳定的心理状态和行为习惯。个人品德既是社会道德原则和规范的内化,也是个体作为主体对社会道德的认识、选择以及实践的结果,是个人在社会生活中的行为活动个性化了的道德特质。个人品德是“内在的法”,社会公德、职业道德、家庭美德的实现最终都要诉诸个人品德

(二)个人品德的特点

1. 实践性

一方面,个人道德品质的形成和发展,从根本上说,受一定社会环境和社会物质条件的制约。归根到底,道德是社会经济关系的反映。道德的产生离不开生产实践。另一方面,人们并不是只能消极被动地适应社会环境,人作为自觉能动的主体,在和社会环境的交互作用中,还可以能动地改造社会环境。因为人们对自身的行为是有着自觉的认识和意志选择的,因而就可以通过社会实践,积极地改造社会环境,从而影响社会原有道德状况的发展变化。社会实践不仅是人们形成某种道德品质的客观基础,而且也是人们改变自己已经形成的某种道德品质的客观基础。

2. 综合性

道德品质不仅仅是指个人内在的心理或意识上的特质,也不仅仅是指个人主观见之于客观的行为特质,而是综合个人的道德认知、道德情感、道德意志、道德行为的特定属性。它是个体对某种道德要求认同和践履的结果,集中体现了道德认知、道德情感、道德意志和道德行为的内在统一。

3. 稳定性

个人品德不是一种个别的行为现象,也不是个体偶然表现出来的一两件具有善或恶的性质的行为,它是个体在一系列行为中所表现出的稳定特征和倾向,具有特定行为的连贯性和重复性。所以,个人品德不仅体现在一个人的某个持续进行的行为中,而且更充分地体现在这个人的一系列行为构成的行为整体中。

(三)个人品德的作用

1. 个人品德对道德和法律作用的发挥具有重要的推动作用

道德与法律作为维护社会秩序、协调人际关系的手段,在社会生活中发挥其功能和作用,要依赖每个社会成员对其发自内心的认同,并在实践中转化成道德行为。随着个体道德修养水平的提高和道德境界的提升,个人品德也必将为道德和法律的发展、进步与完善创造条件。

2. 个人品德是个人实现自我完善的内在根据

道德需要是人们基于对道德所具有的满足自我的社会价值、意义的认知而产

生的遵守一定社会道德规范的心理倾向。人们之所以需要道德,首先是因为道德是使个人在社会中得以实现自身价值、完善自我、更好生存的必要条件。人是社会中的人,人不能离开社会而生存,而道德是社会调控的重要力量,社会成员对道德的普遍遵守是社会稳定和发展的基础。从道德需要与个人品德的关系来看,道德需要是个体道德意识和良好道德行为习惯形成的内在驱动力。一个对道德有着很强需求的人,如果没有需求对象的满足是不可想象的。当这种实现自身需求的愿望出现时,道德个体必然会产生道德动机,激励自我加强道德修养,向更高的道德境界攀越。相反,一个缺少道德需求或需求不强的人,就会对自身道德素质的提升缺乏期待。道德需要激励作为公民个人品德形成的强大而持续的推动机制,是培养公民优良道德品质、追求向善、完善自我的前提。

3. 个人品德是经济社会发展进程中重要的主体精神力量

道德作为社会上层建筑的一个重要组成部分,必然与它所服务的经济基础之间有着密切的关系,这种关系表现为:某种道德一经形成,就会以自己特有的方式,反作用于产生它的社会经济关系的整个过程。因此,加强个体的道德修养,形成良好的道德习惯,必将作为一种重要的精神力量,对经济社会的发展产生重要的影响。

本节教学步骤二:(20 分钟)

二、加强个人道德修养

(一)提高个人道德修养的自觉性

道德修养是一个自我认识、自我解剖、自我教育、自我斗争、自我改造和自我提高的过程。在这个过程中,必要的外部条件和影响固然是不可少的,但是,最终要取决于个人有没有高度的自觉性。如果缺乏自觉性,就不会把道德修养看成是一种强烈的需要,也就不会在社会道德要求与个人选择和践行能力之间做出正确的选择。此外,知识修养并不等同于道德修养,人们处于盲目状态时,常常会将两者混淆。要是没有高度的自觉性,就会忽略或放松自己的道德修养。所以一个人想要达到一定的道德境界,形成良好的道德行为,首先必须有这种自觉的要求。

(二)采取有效的道德修养方法

古人云:“自天子以至于庶人,皆以修身为本。”一个人的道德修养不是与生俱来的,而是逐步培养起来的。从社会角度讲,营造良好的社会风气,进行各种形式的道德教育,是十分必要的。从个人角度讲,在道德修养层面历史上的伦理学家们提出过许多具体条目,比如中国伦理学史上的儒家学派,就从个人角度提出了许多通过加强自身的道德修养逐步达到理想道德人格的方法和途径。如:"三人行,必有我师焉。择其善者而从之,其不善者而改之""吾日三省吾身""静坐常思己过""博学之,审问之,慎思之,明辨之,笃行之。""为人谋而不忠乎?与朋友交而不信乎?传不习乎?"这些传统文化的精华为我们当代大学生个人样的不断提升提供了一笔的宝贵的精神财富。

(三)积极参加社会实践

任何人的道德品质,都是在社会实践的基础上经过自己积极的思想斗争和主观努力而形成的。只有在实践中,人们才能够在更加深刻的理解各种关系所具有的历史必然性的基础上,逐步形成道德观念、道德情感、道德意志和道德信念。同时,在实践过程中,人们不断反省和认识自己的道德品质是否和合乎社会发展的历史必然性,并通过社会实践,不断抛弃旧道德品质的因素,而不断形成、积累和完善新道德品质的因素,从而形成焕然一新的道德品质。

本节教学步骤三:(10 分钟)

三、追求崇高道德境界

道德境界是指人们具备和意识到某种道德品质要求的程度。生活在现实社会的人,因自我道德修养受到各种社会因素和本身因素而制约,在某个时期内处理个人和社会、个人和他人的关系的一系列表现中,所达到的道德品质的程度就会有所不同。作为当代大学生,在道德修养过程中,应当经常客观的估量自己的道德境界,不断向着崇高的道德境界努力

当前,党的十八大提出的社会主义核心价值观就是对中华民族美好崇高的道德境界的高度凝练和概括,也是当代大学生应当追求的人生目标。通过学习和践行社会主义核心价值观,大学生可以逐渐形成善良的道德意愿、道德情感,培养正确的道德判断和道德责任,提升道德实践能力尤其是自觉践行能力。与此同时,大学生作为当代青年中的优秀代表,作为国家未来的建设者和接班人,这一群体的道德境界也必将激发和引领全社会逐渐形成向往和追求讲道德、遵道德、守道德的生活,形成不断向上、向善的力量。只要中华民族一代接着一代追求美好崇高的道德境界,我们的民族就永远充满希望。

（一）自觉远离低级趣味，抵制歪风邪气

道德修养是一个不断追求良善、追求崇高的过程，积极向善是道德修养的基本要求。“君子喻于义，小人喻于利。”在善与恶、美与丑、义与利之间，应旗帜鲜明地追求善、美与义。当今社会纷繁多变、鱼龙混杂，各种思潮相互激荡，新观念层出不穷，令人眼花缭乱。很多人特别是青少年不知道该如何分辨善恶对错、也就不知道该如何选择，屡屡出现误入歧途最终悔恨不已的事例。社会主义核心价值观倡导富强、民主、文明、和谐，自由、平等、公正、法治，爱国、敬业、诚信、友善的价值准则，实际上就是告诉大家什么是善的对的，什么才是应该去追求的。

（二）积极参加社会实践脚踏实地，敢于担当

道不可坐论，德不能空谈。社会主义核心价值观只有落实成了实实在在的行为才能体现它们的价值。“纸上得来终觉浅，绝知此事要躬行。”将爱国、敬业、诚信、友善的价值要求落实为具体行动，才能体会得真切、领悟得深刻、掌握得牢靠，才能将它们内化为自己的优秀道德品质。

（三）持之以恒，善始善终

社会主义核心价值观的培育需要经历一个不断积累、逐渐进步的长期过程，因此积累的功夫特别重要。“合抱之木，生于毫末；九层之台，起于累土；千里之行，始于足下。”“不积跬步，无以至千里；不积小流，无以成江海。”这启示我们培育价值观要从一点一滴做起。正所谓“天下难事必作于易，天下大事必做于细”，从平易处、细微处着手，坚持不懈，不断积累，终会有所成就。

推荐阅读

1. 马克思：《青年在选择职业时的考虑》，《马克思恩格斯选集》第 40 卷，人民出版社 1982 年版。

2. 习近平：《在庆祝“五一”国际劳动节暨表彰全国劳动模范和先进工作者大会上的讲话》，《人民日报》2015 年 4 月 29 日。

3. 张金安等：《大学生择业与成功就业》，陕西师范大学出版社 2010 年版。

【教学小结】

教学效果分析：

教师在教学过程中，运用了比较多的典型案例、视频，并结合教学组织了一定时间的课堂讨论，多种多样的教学手段和方法，有利于学生对相关知识的理解和掌握,把学习的理论与日常生活密切联系起来,加以理性的思考,收到了较好的教学效果。

教学经验:

1. 理论联系实际。理论与实际相结合,教学与大学生的生活贴近,教师注意从日常生活经验中提炼理论素材。

2. 优化教学环节。教师对授课方式精心策划,对课堂讨论精心设计,对教学的各个环节优化组合,做到有章有法,恰到好处。

改进措施:

应对教学模式进行改进:以课堂讨论为主体的互动环节需要加强和优化;案例的编选更需强化"时效性",以最新的案例,以发生在身边的人和事说理、说法、话道德,增强针对性,提高实效性。

第六章

学习宪法法律　建设法治体系

【教学简况】

学时安排:课堂教学 4 学时。

教学目的:使学生准确把握法律的含义、本质与特征;全面了解社会主义法律的本质特征、作用以及运行机制;掌握我国宪法确立的基本原则和制度,了解各个法律部门的基本功能和原则,让学生懂得遵循正确的程序实施法律行为,懂得通过法定程序解决法律纠纷;从整体上把握中国特色社会主义法律体系和法治体系,深刻理解特色社会主义法律体系和法治体系的主要内容,准确把握全面依法治国的基本格局,提升大学生法律素质,增强建设法治国家的使命感。

重点难点:本章的重点是社会主义法律的本质特征、作用以及运行机制、宪法确立的基本原则、各个法律部门的基本功能和原则。本章的难点是建设中国特色社会主义法治体系的理论。

学习思考

1. 如何认识法律的特征?
2. 如何认识我国社会主义法律的作用?
3. 如何理解我国宪法的基本原则?
4. 中国特色社会主义法律体系包括哪些法律部门?
5. 建设中国特色社会主义法治体系的内容和意义?

【教学过程】

教学内容设计:本章分四节内容,其中第一节法律的概念及发展 1 学时,第二节社会主义法律 1 学时,第三节我国的宪法与法律部门 1.5 学时,第四节建设中国特色社会主义法治体系 0.5 学时。

教学步骤:本章第一节通过五个步骤讲解法律的概念及发展;第二节通过四

个步骤讲解社会主义法律，第三节通过四个步骤讲解我国的宪法与法律部门，第四节通过三个步骤讲解建设中国特色社会主义法治体系。

教学组织：课堂教学、课堂讨论等。

板书设计：多媒体课件与黑板辅助板书。

教学方法：教师体系讲述、视频、案例分析、讨论等方式。

第六章

学习宪法法律　建设法治体系

教学步骤一:本章导入(5 分钟)

第六章内容结构图

第六章的内容,包括四节,第一节法律的概念及发展,第二节社会主义法律,第三节我国的宪法与法律部门,第四节建设中国特色社会主义法治体系。由于时间关系,我们无法对这四节平均用力、都予以详细讲解,我们将围绕着本章的学习目的和要求,结合实际把握各节内容。现在我们开始学习第一节的内容。

第一节　法律的概念及发展(1 学时)

本节教学步骤一:导入(5 分钟)

很多人在比较、评价我国法律与西方国家的法律时,习惯从法律的外在表现形式,从法律的一些非本质要素入手,比如有人非常赞赏英美国家的判例法,并质疑为什么我国不能像美国那样采用判例法?由此我们要追问:社会主义法律究竟有什么特征?

法的一些非本质属性,体现不出社会主义法律与其他历史类型法律的区别,法的形式要素只能反映立法技术和法律的完善程度,说明不了其先进性和科学性,只有法的本质属性,才能体现社会主义法律与其他历史类型法律的区别。比较、评价某一社会的法律要看其本质,看其体现和反映什么人的意志和利益。要了解社会主义法律的本质特征,必须了解法的含义。

一、法律的词源与含义

汉字法的古写体为“灋”,据《说文解字》解释,“灋,刑也,平之如水,从水;廌,所以触不直者去之,从去。”廌,獬廌,是古代传说中的一种神兽,它“性知有罪,有罪触,无罪则不触。”从该解释可以看出,在中国传统文化中,法律富含公平如水、正义神圣的深刻意蕴,寄托着惩恶扬善、匡扶正义的价值追求。在我国的古代文献中,法与刑、法与律是通用的,清末之后,法与律开始并用。

在现代汉语中,法律一词有广义与侠义两种用法。就我国现行的法律而言,广义的法律是指全国人大和人大常委会制定的宪法、法律,国务院制定的行政法规,及其省、自治区、直辖市的地方人大和人大常委会制定的地方性法规、自治条例和单行条例。侠义的法律仅指由全国人大和人大常委会制定的法律。在最广意义上,是把所有具有法律效力的规范性文件统称为法律。即法与法律在侠义上是有区别的,在广义上是通用的。

根据我国法学界通说,法律是由国家制定或认可并以国家强制力保证实施的,反映由特定社会物质生活条件所决定的统治阶级意志,规定权利和义务,以确认保护和发展有利于统治阶级的社会关系和社会秩序为目的的行为规范体系。

本节教学步骤二:(10 分钟)

二、法律的本质与特征

(一)法律的特征

法律是一种行为规范。行为规范即行为规则,是人们进行社会活动时应当遵循的行为标准。国有国法校有校规,人生活在社会上,不能随心所欲,其行为要受到种种约束。如法律、道德、礼仪、宗教、党团的规章、班规校纪等都是指引人们行为的行为规范。不是所有的社会关系多由法律来调整,法律只调整一部分重要的社会关系。

法律是由国家创造并保证实施的行为规范。法律与其他社会规范的区别主要有两点:一是法律由国家制定和认可。即国家机关在法定的职权范围内按照法定的程序,制定、补充、修改、废止规范性法律文件,或赋予某些既存在社会规范或判例予以法律效力;二是由国家保证实施,具有国家强制性。这种强制性,即表现为国家对违法行为的否定和制裁,也表现为国家对合法行为的肯定和保护。

插播视频——青岛市李沧区石家法律认可案例

由此案例可见,认可这种创制法律的方式从一定意义上来讲,会使其他社会行为规范发挥对法律的补充作用。

当然,国家强制力不是保证法律实施的唯一力量,法律意识、道德观念、纪律观念也起着一定的作用。但是在市场经济体制下,道德规范对人们的约束力很弱。因此,国家在建立市场经济体制同时也必须建立完善的法律制度。

法律是规定权利义务的行为规范。从法律的内容上看,法律是以权利义务为基本内容的行为规范。一般而言,法律为人们的行为规定三种规范:权利性规范,即法律规定人们可以做什么、有权做什么。如法律规定公民享有财产权、人身权、选举权、婚姻自主权;禁止性规范,即法律规定人们不能做什么。如刑法中的规定,禁止杀人放火、贪污浪费等;命令性规范,即法律规定人们应当做什么。公民应当依法纳税、父母应当抚养子女等。法律就是通过制定这样的规范告诉人们可以做什么,不能做什么,必须做什么,来调整人们之间的相互关系。

本节教学步骤三:

(二)法律的本质(15 **分钟**)

法律是行为规范,而且是由国家强制力保证其实施。那么,法律是根据谁的意志来制定? 法律的内容又是由什么来决定的?

马克思主义法学观的一大特点是用唯物史观和阶级分析的方法揭示法的内涵、本质及法的作用。马克思主义认为,法律就其阶级本质来讲,它是统治阶级意志的体现。在阶级社会里,法律体现的是统治阶级的整体意志,而不是统治阶级中少数人的意志和个别统治者的意志,也不是个别统治者个人意志的简单相加;法律保护的是统治阶级的整体利益,所以,统治阶级也必须遵守法律。

法律所体现的统治阶级的意志并不是统治阶级意志的全部,而仅仅是上升为国家意志的那部分意志。因为统治阶级的意志可以通过很多形式体现,如通过道德、政策、文学艺术、领导人讲话等体现。统治阶级没有必要也不可能把自己的全部意志都提升为法律。

法律是统治阶级根据自己的利益制定的,那么,统治者在制定法律的时候,能不能随心所欲,想怎么制定就怎么制定? 马克思主义认为,法律的内容不是凭空产生的,它只能产生于特定时代特定国家的物质生活条件基础之上。

所谓社会物质生活条件,是指与人类生存相关的物质资料的生产方式、地理环境、人口、资源状况等。其中物质资料的生产方式是决定法的性质、内容和发展方向的根本因素。生产方式包括生产力和生产关系,对法律的产生具有决定性的影响。生产关系决定着法的性质和内容,在阶级社会中,有什么样的生产关系就有什么性质与内容的法律。生产力状况制约着法的发展程度。

本节教学步骤四:(10 分钟)

三、法律的产生和发展

法律不是从来就有的,也不是永恒存在的,它是随着私有制、阶级和国家的出现而产生也将随着私有制、阶级和国家的消亡而消亡。按照经济基础决定上层建筑的历史唯物主义原理,法律制度的基本内容和性质总是与其所在社会的生产关系相适应,因此与人类社会的发展形态相一致,人类历史上也存在四种类型的法律:奴隶、封建、资本主义、社会主义的法律。(详细内容见教材)

本节教学步骤五:(5 分钟)

课堂讨论:我们的社会中约束人们行为的规范除了法律还有道德、宗教等,它们的联系和区别是什么?

第二节　我国社会主义法律(1 学时)

本节教学步骤一:(10 分钟)

我国的法律属于社会主义的法律,即特色社会主义法律。它是党的主张和人民共同意志的体现,是维护人民利益和公民权利的法律武器,是国家机关、社会组织和全体公民的活动与行为准则。学习社会主义的法律,要准确把握社会主义法律的本质特征、认识其重要作用,并全面了解法律的运行机制。

一、社会主义法律的特征

我国社会主义的法律与其他历史类型的法律一样,也是由国家制定并由国家强制力保证实施的行为规范。它与其他历史类型的法律的区别在于它的本质属性。

(一)我国社会主义法律的本质特征

我国社会主义法律的本质特征具体体现在以下两个方面:

从法律所体现的意志看,我国社会主义的法律是工人阶级领导下的广大人民意志的体现。它既具有鲜明的阶级性,又具有广泛的人民性,体现了阶级性与人民性的统一。由我国国体决定。

从法律的实质内容来看,我国社会主义法律是社会历史发展规律和自然规律的反映,具有鲜明的科学性和先进性。由中国的国情决定。既尊重国情又注意借鉴别国的经验。

(二)中国特色社会主义法律体系的特征

2011年10月,国务院新闻办公室27日发表《中国特色社会主义法律体系》白皮书,宣布我国的法律体系已经基本形成。它是以宪法为统帅,以法律为主干,以行政法规、地方性法规为重要组成部分,由宪法相关法、民商法、行政法、经济法、社会法、刑法、程序法等多个法律部门所构成有机统一整体。也就是说,现阶段我国在政治、经济、文化、社会生活等各个方面基本上做到了有法可依。中国特色社会主义法律体系,是中国特色社会主义制度和中国特色社会主义法治体系的重要组成部分,具有十分鲜明的特征。

1. 体现了特色社会主义的本质要求。
2. 体现了改革开放和社会主义现代化建设的时代特征。
3. 体现了结构内在统一二有多层次的国情要求。
4. 体现了继承中国法制文化优秀传统和借鉴人类法制文明成果的文化要求。
5. 体现了动态开放、开放、与时俱进的发展要求。

本节教学步骤二:(15分钟)

二、社会主义法律的作用

法律的作用是指法对人们的行为、社会生活和社会关系的影响。法律的作用分为规范作用和社会作用两类。

(一)法律的规范作用

法的规范作用是法自身表现出来的,对人们的行为和社会关系的影响。一般来说,法律具有以下五种规范作用:

1. 指引作用,是指法通过对人们的权利义务的规定,告诉人们可以做什么、应该做什么、不能做什么,指引人们如何行为。

2. 预测作用,是指人们可以根据法律规范的规定事先估计当事人双方将如何行为及行为的法律后果。

3. 评价作用,是指法作为一种行为的标准和尺度,具有判断、衡量人们行为的性质与效果的作用。

4. 强制作用,是指法通过对违法犯罪行为的制裁,保护、恢复和发展一定的社会关系和秩序。

5. 教育作用,是指法制裁违法行为保护合法行为,从正反两方面教育人们提高法制观念和责任意识,以达到预防违法犯罪的目的。

可见,法律以其自身所有的规范性、引导性、强制性、权威性等特性对人们的行为起着引导、强制和教育的作用。

(二)社会主义法律的社会作用

法律的社会作用,是其阶级本质和经济基础的集中体现,对于确立和维护人民民主专政的国家制度、经济制度、社会秩序已经推动社会改革与进步都具有重要的作用。我国特色社会主义法律的社会作用表现以下几个方面:

1、确立和维护人民民主专政的国家制度。

2、确立和维护社会主义的经济制度。

3、确立和维护和谐稳定的社会秩序。

4、推动社会改革与进步。

本节教学步骤三:(15 分钟)

三、社会主义法律的运行

法律的运行是一个从创制、实施到实现的过程。这个过程主要包括法律制定、法律遵守、法律执行、法律适用等环节。

(一)法律制定,又称立法,是指有立法权的国家机关,依照法定职权和程序,制定规范性法律文件的活动,是法律运行的起始性和关键性环节。根据我国立法法的规定,全国人民代表大会及其常务委员会,行使国家立法权,有权制定宪法和法律。国务院有权根据宪法和法律制定行政法规;其下属各部委可以根据宪法、法律和行政法规,在本部门的权限范围内,制定部门规章。省、自治区、直辖市的人民代表大会及其常委会,根据本行政区域的具体情况和实际需要,在不与宪法、法律和行政法规相抵触的前提下,可以制定地方性法规。较大的市的人民代表大会及其常委会,根据本市的具体情况和实际需要,在不与宪法、法律和行政法规和本省、自治区的地方性法规相抵触的前提下,可以制定地方性法规,报省、自治区的人民代表大会常委会批准后施行。省、自治区、直辖市、较大的市的人民政府,可以根据法律、行政法规和本省、自治区、直辖市的地方性法规,制定地方政府规章。自治区、自治州、自治县的人民代表大会,可以根据当地民族的具有情况,制定自治条例和单行条例。特别行政区立法机关,有权根据特别行政区基本法,自主地制定本行政区的法律。

立法的基本原则:立法权是非常重要的国家权力,必须正确运用。因此,立法机关在立法时应当坚持以下原则:(1)依法立法,依照我国《宪法》、《立法法》的相关规定立法,防止滥用立法权;(2)民主立法,听取专家意见,向社会公布草案,平衡人大机构中各利益阶层的代表人数,确保立法公正。(3)科学立法,立法应符合国情,法律的逻辑结构应严密,具有可操作。科学公正的法律才是良法、善法,才能具有内在的权威性。

在法制建设中,有健全完善的立法固然重要,但是法律制定得再完美,如果在现实生活中得不到切实的贯彻和实现,法律就等于一纸空文。所以说,法的实施,亦如法律的制定一样重要。

(二)法的执行,又称执法。广义法律执行,是指国家机关及其公职人员,在国家和公共事务管理中,依照法定职权和程序,贯彻和实施法律的活动。狭义法律执行,是指国家行政机关执行法律的活动,也被称为行政执法。行政执法是法律实施和实现的重要环节。依照法律规定,行政机关及其公职人员是执法机关,负责法律的实施。

在我国行政执法主体主要由以下两类构成:(1)中央和地方各级人民政府。包括国务院和地方各级人民政府。(2)各级政府中享有执法权的下属行政机构。另外,法律授权的社会组织,以及行政机关依法委托的社会组织可以在一定范围内执行法律。如食品卫生检疫站、学校等事业单位依法行使一定的行政管理权。村委会、居委会等自治组织受政府委托从事一定的管理活动。

执法权是非常重要的国家权力,不能滥用,执法机关在执法的过程中应坚持以下基本原则:依法执法,执法主体、执法行为、执法程序必须符合法律要求;公正合理执法,执法活动必须符合立法的目的,最大限度地尊重公民的权利和自由,尽可能考虑公民的便利,做到适当、合理、公正;高效执法,行政机关在对社会实行组织和管理的具体活动中,做到迅速、及时、准确、有效。执法机关能否合法、公正、高效执法,是法律能否在现实生活得以运用的关键环节。

(三)法的适用,是指国家司法机关根据法定的权限和程序,具体运用法律处理案件的专门活动。在我国,司法机关是指人民检察院和人民法院,人民检察院代表国家行使监察权和法律监督权,人民法院代表国家行使审判权。法院检察院代表国家行使司法权,其他任何国家机关、社会组织和个人都无权行使。

法律适用是公民权利受到侵害时,能够寻求保护的最后一道屏障,或者说司法是保护公民权利的最后一道防线,人民法院和人民检察院根据法律规定公正司法,保护公民、法人和其他组织的合法权益,解决纠纷,化解矛盾,惩治违法犯罪行为,从而捍卫法律权威,维护法律尊严。司法的基本要求是正确、合法、合理、及时。司法原则主要有:司法公正;公民在法律面前一律平等;以事实为根据,以法律为准绳;司法机关依法独立行使职权。

在司法实践中,如果司法不公,司法机关的公信力必然降低,法院应有的权威与尊严就要受到损害。如果人们不再相信法院,不再相信法律,权利受到侵害后不再向司法机关寻求保护,而是采取自力救济的方式,比如上访、雇凶杀人或在公共场所制造爆炸事件等,会给社会造成更大的伤害。因此说,公正司法是树立法院权威,维护法律尊严,使法律得以实施的重要环节。

(四)法的遵守,是指国家机关、社会组织和公民个人,依照法律规定行使权力和权利以及履行职责和义务的活动。我们不能把守法仅仅理解为履行法律义务。其实,守法意味着一切组织和个人严格依法办事的活动和状态。依法办事包括两层含义:一是依法享有并行使权利,二是依法承担并履行义务。在法律运行过程中,守法是法律实施的主要途径。在我国,一切组织和个人都是守法主体。我国宪法明确规定:"一切国家机关、武装力量、政党、社会团体、企事业组织都必须遵守宪法和法律""任何公民享有宪法和法律规定的义务。"

本节教学步骤四:(10 分钟)

课堂讨论:法律运行有四个环节:立法、执法、司法和守法,你认为这四个环节哪个最重要?

第三节　我国的宪法与法律部门(**1.5** 学时)

本节教学步骤一:(10 分钟)

法律格言　导入到第三节

1. 有社会就有法律
2. 法律尊重自然秩序
3. 法律有效力国民便昌盛
4. 法律总能显示正义的力量
5. 法律为未来做规定,法官为过去做判决通过前面的学习,大家对法律的基本理论、我国社会主义法律的本质、特征、作用与运行有了一个初步的了解,但仅仅学习理论是不够的,还必须学习具体的法律制度,因为法律精神是通过具体的法律规范予以体现的。通过具体而系统的法律制度学习,可以了解法律规范究竟在鼓励、默认或禁止什么行为,同时也可以撩开法律冷峻的面纱,看到其人性甚至是温情脉脉的一面,因为从某种角度来看,法律既是道德(伦理)的最低限度,也是它的最高限度,法律是让所有人生活更加美好,并从具体的生活体验出发得到大多数人认可的规范体系,法律更多的不是来自于理念而是来自于生活,每个具体社会的具体生活是法律得以生存的根本和源泉。所以,拥有一定的法律素养、具备一定的法制观念、具有一定的法律实践能力,是一个人生活品质的保障,也是现代公民最为重要的素质。

第三节内容主要包括宪法法律制度、实体法律制度和程序法律制度,我们首先要了解和把握它们之间的关系:宪法是我国的根本大法,调整各种社会关系中最重要、最根本的社会关系;实体法和程序法是宪法之下的基本法律制度,实体法对我国不同领域的社会关系中的权利(权力)义务(责任)作了规定,如行政法调整的行政机关在行使职权过程中发生的行政关系;民法调整的平等主体的财产和人身关系;刑法则规定犯罪与刑罚;程序法是当公民的权利被侵犯的情况下,国家提供的法律救济制度,其特点是讲述救济的程序运行及运行中各方的权利和义务。宪法和实体法、程序法共同构成我国社会主义法律体系。

由于时间关系,我们不可能把书本上列出的所有法律制度一一详解,本节给大家重点介绍的是我国的宪法法律制度,而对民事、刑事和行政等实体法以及程序法仅能做个简介。大家如果对法律很感兴趣,课后可以自学,如实体法方面的劳动法律制度,程序法方面的劳动仲裁法律制度,因为这些内容与大家日常生活紧密程度较高。现在我们开始学习我国的宪法。

本节教学步骤二:(15 分钟)

名人名言

世界上历来的宪法,不论是英国、法国、美国,或者是苏联,都是在革命成功有了民主事实之后,颁布一个根本法,去承认它,这就是宪法。——毛泽东

宪法一词古已有之,但其含义与近代宪法产生后的指称对象差别较大。在英语中表述宪法的词汇为 constitution,其原意为规定、组织、构造等。在古罗马帝国的立法中,宪法一词用以表示皇帝的各种建制和诏令,是指由皇帝发布的文件,如

敕令、策令、诏令和谕旨等，以区别于市民社会通过的法律文件。在中世纪的欧洲，宪法一词用以表示确立国家基本制度的法律。

17至18世纪，随着资本主义生产方式取代封建主义生产方式，资产阶级掌握国家政权，出于巩固资产阶级政治统治和经济发展的需要，一些国家陆续以法律形式确认了资产阶级革命过程中逐渐形成的资产阶级民主观念、立宪主义思想、分权原则等内容，宪法一词逐渐成为表示确立国家基本制度的法律。现代意义上的不成文宪法诞生于17世纪的英国，1787年美国制定了世界上最早的成文宪法。同学们是否知道世界上最早的社会主义宪法诞生在哪国？是什么时间诞生的？是诞生于世界上第一个社会主义国家—苏联，时间是1918年。

世界范围内影响较大的宪法

☆世界上第一部宪法性文件——英国1689年《权利法案》

☆世界上最早的成文宪法——美国1787年宪法

☆欧洲第一部成文宪法——法国1791年宪法

☆世界上第一部社会主义宪法——苏联1918年宪法

在我国的古代典籍中也有"宪"和"宪法"的词语，比如《尚书·说命》所言"鉴于先王成宪"；《国语·晋语》所言"赏善罚奸，国之宪法"等。但在我国古代，"宪法"以及涉及"宪"字的词汇仅指国家的典章制度和普通的法律规范，在效力上与别的法律规范相比，没有优先之处，与近代的宪法观念更没有任何关联。在中国，近代意义上的宪法，诞生于清末预备立宪风起云涌时期，也就是1908年。在这一年，腐朽的清廷在内忧外患的重压之下被迫颁布《钦定宪法大纲》，仿效日本将国体确定为二元君主立宪制，但大厦将倾之际，缘木求鱼终究不能力挽狂澜，随着辛亥革命的胜利，资产阶级性质的宪法开始登上中国的历史舞台，又经过近半个世纪的动荡波折，直到1949年中国共产党领导的新民主主义革命全面胜利之际，中国才制定了属于自己的社会主义性质的宪法，因此说，中国现行宪法是中国人民百年奋斗的结果，是历史的必然选择。

中国近代历史上的主要宪法文本

◇清末宪法——《钦定宪法大纲》《宪法重大信条十九条》

◇民国宪法——《中华民国临时约法》

◇北洋宪法——《中华民国约法》《中华民国宪法》

◇国民政府宪法——《训政纲领》《中华民国训政时期约法》《五五宪草》《1947年中华民国宪法》

新中国宪法的沿革

◇1949 年《中国人民政治协商会共同纲领》——临时性宪法

◇1954 年宪法——第一部社会主义性质的宪法

◇1975 年宪法——极“左”思潮严重浸润的宪法

◇1978 年宪法——力求修正又错漏百出的宪法

◇1982 年宪法——1954 年宪法的继承与发展

透过历史的瞳孔我们可以看出，近代宪法是适应限制封建王权和保障公民权利的要求而产生的，是对“人治”统治形式的一种法律限制。表现在所有类型的宪法都包括了这样两大内容：国家权力的运用原则和国家的立法原则；公民的权利。这些内容的规定，是针对封建社会君主专制以及任意侵犯被统治者的权利而设计的。宪政与法治的联系可谓是千丝万缕，“剪不断、理还乱”。宪政是法治的基石，法治是宪政的体现，它们共同的理念在于将公权控制在有限的范围，从而最大程度地保护私权，宪法是公权力的授权书，更是私权利的保护神。因此说，宪法是一个国家的根本大法，是母法，这也正是我们需从宪法开始学习具体法律制度的缘由所在。

本节教学步骤三：（20 分钟）

一、我国宪法确立的基本原则与制度

宪法是国家的根本大法，具有最高的法律地位、法律权威、法律效力，是治国安邦的总章程。学习宪法，首先要了解宪法与其他法律部门的关系，重点掌握我国宪法确立的基本原则和制度。

宪法的特征

1. 在内容上，宪法规定国家生活中最根本最重要的方面
2. 在效力上，宪法具有最高的法律效力
3. 在制定和修改的程序上，宪法比其他法律更为严格

宪法内容解剖图

宪法内容具有两个特点：一方面，通过对国家性质、国家政权组织形式、国家结构形式、国家的基本国策、国家机构的组织及其职权等内容的规定，确立了一个国家政治制度的基本框架；另一方面，宪法通过对公民基本权利和义务的规定，划定了政府不得超越的权力范围以及不得侵犯的个人权利，因而起到了限制政府权力以保障公民个人权利的作用。这是宪法与其他一般法律的显著差别，对于国家

和公民来说,上述这些内容具有根本性。

一般法律,内容多是根据宪法创制出来的,是由宪法的相关规定所派生的,并且其规定的内容更为具体、富有细节性,所涉及的往往只是国家生活、社会生活某些或某一方面、某些或某一领域的内容,如民法,规定的是民事领域平等主体的财产关系和人身关系;刑法,规定的是刑事领域的定罪、量刑和行刑问题等等。正是在这个意义上,宪法被称为人民权利的保障书,因此,世界上许多国家和地区的宪法纪念日,就像国庆纪念一样隆重。

宪法效力展示图

宪法效力表现在两个方面:第一,宪法是制定普通法律的依据。宪法是其他普通法律的立法基础,具有最高法律效力,法律不得同宪法相抵触,如有抵触,法律即无效。违宪的法律无效是法治国家的一个基本要求。第二,宪法是一切国家机关、社会团体和全体公民的最高行为准则。任何国家机关、党派、社会团体、公民不得有凌驾于宪法之上的特权。由于宪法涉及国家生活中各方面的根本、重大问题,宪法规范往往具有原则性,这些原则性规定需要由普通法律细化后为人们所遵守,这是宪法发挥效力的最常见的方式。

法律制定与修改对比图

(一)我国宪法的基本原则

1. 党的领导原则;2. 人民主权原则;3. 人权保障原则;4. 法治原则;5. 民主集中制原则。这五大原则,是制定和实施宪法过程中必须遵循的最基本的准则,是贯穿立宪和行宪的基本精神。其中第1和第5原则是我国宪法独有的原则。

1. 党的领导原则

宪法为什么明确规定?要坚持中国共产党的领导?这是因为,在中国共产党成立前,中国人民进行了近一个世纪顽强不屈的斗争,但是没有一个政党能像中国共产党这样认清这场斗争的本质,提出明确的革命纲领。毛泽东同志在七大报告中曾经指出,中国人民找到了?这个最好的真理,作为解放我们民族的最好的武器,而中国共产党则是拿起这个武器的倡导者、宣传者和组织者。马克思列宁主义的普遍真理一经和中国革命的具体实践相结合,就使中国革命的面目为之一新。

中国共产党的领导地位,是近代中国历史发展的必然选择,也是中国人民长期选择的必然结果。中华人民共和国成立后,社会主义革命和建设的实践、改革开放的伟大实践,尤其是当代中国取得的辉煌成就都充分证明,中国共产党的领导是建设中国特色社会主义的根本保证。

2. **人民主权原则**

主权是指国家的最高权力。主权观念最早由法国古典学家布丹在《国家六论》中提出，认为主权是君主的当然权力，是国家的最高权力。法国资产阶级思想家卢梭创立了人民主权学说。人民主权是指国家中的绝大多数人拥有国家的最高权力。各国宪法一般从三方面体现人民主权原则：一是明确规定人民主权原则；二是通过规定人民行使国家权力的形式来保障人民主权；三是通过规定公民广泛的权利和自由来体现人民主权。

3. **人权保障原则**

自 1995 年以来的 8 个《中国人权状况白皮书》图片及其重要数据

以宪法和法律保障公民基本权利，特别是保障人权是现代社会民主与法治发展程度的重要标志。

4. **法治原则**

法治（rule of law），英文含义是法律的统治；中文就是依法治国，是指统治阶级按照民主原则把国家事务法律化、制度化，并严格依法进行管理的一种治国理论、制度体系和运行状态。

法治在形式上表现为宪法强调公民在法律上一律平等，公民基本权利与自由应得到法律的保护，反对特权和权力的滥用等。

我国宪法明确规定实行依法治国，建设社会主义法治国家。依法治国的基本格局是：科学立法、严格执法、公正司法、全民守法。依法治国首先是依宪治国，同时国家的法律法规也应获得普遍的服从。任何个人和组织都要在宪法和法律范围内活动，一切违法行为都应受到法律追究，法律面前人人平等。

5. **民主集中制原则**

名人名言

我们已经找到了新路，那就是民主。只有让人民来监督政府，政府才不敢松懈。只有人人起来负责，才不会人亡政息。——毛泽东

1945 年 7 月，民主人士黄炎培造访延安，他在与毛泽东促膝长谈时提出一个问题，就是共产党如何摆脱历代王朝初兴后亡的“周期律”。上面一段话，就是毛泽东同志的回答，毛泽东的答案也是对我国特有的民主集中制这一宪政原则的高度概括。

民主集中制，是在高度民主的基础上实行高度集中的制度。民主集中制既可

以指政党、团体的组织和领导制度,又可以指国家的组织和领导制度。我国宪法规定,中华人民共和国的国家机构实行民主集中制的原则。

(二)我国的主要国家制度

1. 人民民主专政制度
2. 人民代表大会制度
3. 中国共产党领导的多党合作和政治协商制度
4. 民族区域自治制度
5. 基本经济制度

国家制度是一个国家的统治阶级通过宪法、法律规定的有关国家性质和国家形式方面的制度的总称。它不仅体现国家政权特定的阶级本质,而且为公民权利的实现、为国家政权的运转、国家职能的实现提供保障。我国的国家制度主要包括课件中所展示的这五项。

人民民主专政制度的内涵

1. 人民民主专政制度是我国的国体
2. 爱国统一战线是人民民主专政的重要保障
3. 现阶段爱国统一战线包括两个范围的联盟

国体也就是国家的性质,国家的阶级本质,是社会各阶级在社会生活中的地位和作用,我国宪法第一条就规定了我国的国体是人民民主专政的社会主义国家,这也是我国社会主义性质的政治体现和法律保障。

大家尤其要注意的是爱国统一战线之于人民民主专政的重要性。1939 年 7 月,毛泽东同志在欢送整装待发、即将从延安奔赴华北抗日前线的热血青年时,援引中国古典小说《封神演义》中的故事说:当年姜子牙下昆仑山,元始天尊送了他杏黄旗、四不像、打神鞭三样法宝,现在你们要出发上前线,我也送你们三样法宝,这就是统一战线、武装斗争、党的建设。此后,邓小平、江泽民、胡锦涛都论述了爱国统一战线的重要性。

毛泽东的两段论述

◇现在所要建立的中华民主共和国……这就是:国体—无产阶级领导下的一切反帝反封建的革命阶级联合专政;政体—建立在民主集中制基础上的人民代表大会制度。——《新民主主义论》

◇新民主主义的政权组织,应该采取民主集中制,由各级人民代表大会决定大政方针,选举政府。——《论联合政府》

政体,也就是一个国家的政权组织形式,一个国家实行什么样的政治制度,必须与这个国家的国情和性质相适合。纵观人民代表大会制度的形成过程,我们可以说,人民代表大会制度是我们党把马克思主义基本原理同中国具体实际相结合的伟大创造,也是近代以来中国社会发展的必然选择,毛泽东同志的以上论述成为在我国建立人民代表大会制度的理论基础。

在学习我国的政体过程中要特别注意的是人民代表大会的产生及其职能,进而和西方的议会制相比较,充分认识我国政治制度的优越性,在教材的第207—209页对此问题的论述比较完备,时间关系,课堂上不再展开来讲。

全国人民代表大会机构及其职能图表

下面再简单给大家介绍一下中国特色的社会主义政党制度。

中国共产党领导的多党合作和政治协商制度

中国共产党领导的多党合作和政治协商制度,既不同于西方的多党制,更不是一党独裁,它是民主集中制原则在政党制度领域内的具体体现,它既有一定的原则性又具有一定的灵活性,并且还具有实质性的内容,不是民主的"摆设",而是民众公共意识又一种表达途径。

民族区域自治制度

民主区域自治制度,是我国为解决民族问题而建立的基本政治制度,在我国单一制国家结构形式在建立和运行过程中,有两个突出的特点:一是通过建立民族区域自治制度解决单一制下的民族问题;二是通过建立特别行政区制度解决单一制下的历史遗留问题。

从世界各国的历史发展来看,民族问题往往是一个国家决定采用何种国家结构形式的首位因素,也是影响一个国家稳定的重要问题。当今世界,民族矛盾已成为大国削弱和分裂小国的手段,强国侵略和统治弱国的借口,大国与强国之间争夺霸权的工具。今天还在继续的战争大多数是民族冲突,如伊拉克问题、以巴冲突、非洲大陆出现的部族冲突等等,这种民族冲突的根源大多是国际社会的基本矛盾。民族区域自治制度是我国为解决民族问题、处理民族关系、实现民族平等、民族团结、各民族共同繁荣发展而建立的基本政治制度。民族区域自治制度是我们党和各族人民的一个伟大创造。

插播视频——战火中的叙利亚

我国是统一的国家,又是多民族的国家。为了解决民族问题,中国共产党根据马克思主义关于民族问题的基本原理,结合我国各民族特点,经过不懈的探索和总结,找到了以民族区域自治解决民族问题的有效途径,并通过宪法和法律,将民族区域自治制度确立为我国单一制国家结构形式下解决民族问题的基本制度。

中华人民共和国在解决民族问题上的经验已受到世界的瞩目。新中国成立六十多年以来,未出现大的民族骚乱,尽管不时有国内外反动势力制造、煽动分裂中国的舆论,但五十六个民族依然和睦相处,共同建设自己的家园。

西藏五十年的变化图片展示

基层群众自治制度

1. 农村村民委员会自治组织

2. 城市居民委员会自治组织

党的十七大报告首次将基层群众自治制度纳入中国特色社会主义政治制度之中,作为一个重要组成部分。报告在强调要坚持中国特色社会主义政治发展道路时指出:坚持和完善人民代表大会制度、中国共产党领导的多党合作和政治协商制度、民族区域自治制度以及基层群众自治制度,不断推进社会主义政治制度自我完善和发展。需特别注意的是,这一政治制度的具体法律保障,即按照宪法的规定制定的《村民委员会组织法》和《城市居民委员会组织法》,"政治"不是在宣传和鼓动下的狂热运动,而是在法律框架内的前行和探索,这本身就是法治进步的表现。

基本经济制度

1. 以公有制为主体的多种所有制经济共同发展的基本经济制度

2. 以按劳分配为主体多种分配方式并存的分配制度

列宁说:资产阶级? 宪法的精神和基本内容,都归结在一个私有制上。我国社会主义宪法的精神和基本内容,归结在一个公有制上。

在我国,社会主义公有制是经济制度的基础,非公有制经济是社会主义市场经济的重要组成部分,随着 1988 年宪法修订对包括私营经济在内非公有制经济社会主义性质的确认,20 多年来非公有制经济成分对我国的经济腾飞、国家富强做出了重要贡献。

本节教学步骤四:(30 分钟)

二、我国的法律体系及法律部门

现实生活中,当我们遇到法律问题需要使用法律时,面对庞杂的法律文件,我们该如何去查询法律文件?

案例展示——法律查询 比如说,甲与乙签订了房屋买卖协议,协议签好后乙又把房子卖给了丙。甲要保护自己的合法权益,决定与乙打官司,这时甲很想了解有关法律,大家帮他分析一下,甲应当查看哪些方面的法律文件呢?

分析:首先,甲、乙二人之间的房屋买卖行为属于民事活动,所以这属于民商法的范围,具体说属于民法调整的范围,因此甲应当了解民事法律文件中《民法通则》和《合同法》以及最高法院有关房屋买卖的司法解释;其次,因为甲起诉乙,因此甲还要了解如何进入到诉讼阶段,这就需要了解程序法中的相关法律,这是一件民事案件,需要看一看《民事诉讼法》以及最高人民法院有关民事诉讼证据的规定,而其他部门法的法律文件与本案件无关,就无须查看。

这就是说在分析、处理法律问题时,我们首先要弄清楚这一法律问题属于我国法律体系中哪个部门法调整的范围,然后再从该部门法中的法律文件去查询。

法律体系是指由一国现行的全部法律规范按照不同的法律部门分类组合而形成的一个相互联系的有机整体。国家根据现行的法律规范所调整的社会关系及其调整方法的不同,将其分为不同的法律部门。法律体系的理想化要求:是门类齐全、结构严谨、内在协调。门类齐全,是指在一个法律体系中,在宪法的统领下,调整不同社会关系的基本的部门法必须具备,不能有缺漏;结构严密是指在整个法律体系内部,各个部门法内部,基本法与法规、实施细则之间逻辑结构要严密;内部协调是指在一个法律体系中,一切法律部门都要服从宪法并与其保持协调一致,即普通法与根本法相协调,程序法与实体法相协调,内容不能冲突。

中国特色社会主义法律体系已经基本形成。它是以宪法为统帅,以法律为主干,以行政法规、地方性法规为重要组成部分,由宪法相关法、民商法、行政法、经济法、社会法、刑法、程序法等多个法律部门所构成有机统一整体。

中国特色社会主义的法律体系的层次:宪法为统帅,法律为主干,行政法规、地方性法规为重要组成部分。我国的法律体系是由多个部门法构成的一个有机整体。而每个部门法又由一个或几个相关的根本法组成。

(一)我国的实体法律部门

1. 宪法相关法。宪法相关法,是指与宪法配套、直接保障宪法实施和国家政权运作等方面的法律规范,调整国家政治关系,主要包括国家机构的产生、组织、职权和基本工作原则方面的法律,民族区域自治制度、特别行政区制度、基层群众自治制度方面的法律,保障公民基本政治权利方面的法律。我国制定了《全国人民代表大会组织法》《国务院组织法》《人民法院组织法》《人民检察院组织法》《选举法》《居民委员会组织法》《村民委员会组织法》《民族区域自治法》《特别行政区基本法》等一系列法律,以保障宪法规定的国家制度的实施。

2. 民法商法,是调整民事和商事活动的法律规范的总称。民法是调整平等主体间的人身关系与财产关系的法律规范的总称。我国现已制定了:《民法通则》《物权法》《合同法》《专利法》《商标法》《著作权法》《婚姻法》《继承法》《收养法》《侵权行为法》等法律法规。

商法是调整商人之间商事关系和商事行为的法律规范的总称。已颁布的商法主要有:《公司法》《票据法》《海商法》《保险法》等。

在民事活动和商事活动中发生的社会关系,由民商法调整。这类社会关系的特点:双方的地位是平等的,各方关系的建立是自愿的,这种关系大都具有等价有偿的。根据民法通则的规定,民事主体在从事民事行为是应遵循以下原则:第一、平等原则;第二、自愿原则;第三、公平原则;第四、诚实信用原则;第五、禁止权利滥用原则。

商法遵循民法的基本原则,同时秉承保障商事交易自由、等价有偿、便捷安全等原则。

3. 行政法。行政法是关于行政权的授予、行使以及对行政权监督的法律规范,其调整的是行政机关与行政相对人之间因行政管理活动发生的关系。主要法律有:《行政惩罚法》《行政复议法》《行政许可法》《国家赔偿法》《治安管理处罚法》《公务员法》等。

行政关系的特点是,一方是行政管理者,而另一方是被管理者,双方地位是不平等的,双方之间具有管理与被管理,命令与服从的关系。行政法遵循的原则有:职权法定;程序法定;公正公开;有效监督等。既保障行政机关依法行使职权,又注重保障公民、法人和其他组织的权利。

4. 经济法。经济法是调整国家在监督和协调经济运行过程中发生的经济关系的法律规范的总称。它是国家对市场主体的市场行为进行调控和管理,以及国家为维护市场秩序而制定的法律。如为了促使市场主体开展公平正当有序竞争所制定的《反不正当竞争法》《产品质量法》《消费者权益保护法》《反垄断法》《广告法》等。为了宏观调控经济制定的《审计法》《统计法》《银行法》《投资法》《信贷法》《物价管理法》《预算法》《会计法》《价格法》等。

5. 社会法,是调整劳动关系、社会保障、社会福利和特殊群体权益保障等关系的法律规范的总称,包括劳动保护、劳动合同、就业促进、职业卫生、社会保险、社会救助、慈善事业、安全生产、特殊群体权益保障等方面的法律。主要的法律有:《劳动法》《劳动合同法》《工会法》《妇女权益保障法》《未成年人保护法》《矿山安全法》《红十字会法》等。社会法遵循公平和谐和国家适度干预的原则,通过国家和社会积极履行责任,以维护社会公平,促进社会和谐。

6. 刑法,是规定什么样的行为构成犯罪,以及对犯罪行为人如何处罚的法律。它调整各种社会关系,只要有犯罪行为发生,无论哪个领域都受其调整。刑法部门包括《中华人民共和国刑法》、刑法修正案(8 个)、人大常委制定的关于惩罚犯罪的决定。刑法的任务就是打击犯罪,保护人权,维护社会秩序和公共安全,保障国家安全。

我国刑法明文规定三个基本原则:

罪刑法定原则,刑法第 3 条规定:"法律明文规定为犯罪行为的,依照法律定罪处刑;法律没有明文规定为犯罪行为的,不得定罪处刑。""法无明文规定不为罪""法无明文规定不处罚"。

刑法面前人人平等原则,刑法第 4 条规定:"对任何人犯罪,在适用法律上一律平等,不允许任何人有超越法律的特权"。刑法对任何人的合法权益予以平等的保护;对任何人实施的犯罪都必须严格依照法律认定犯罪;对于任何犯罪人,都必须依据其犯罪事实与法律规定量刑;对于被判处刑罚的任何人,都必须严格按照法律的规定执行刑罚。

罪刑相适应原则,刑法第 5 条规定:"刑罚的轻重,应当与犯罪分子所犯罪行和承担的刑事责任相适应。"基本含义:犯多重的罪,就应当承担多大的刑事责任,法院也应判处相应轻重的刑罚,做到重罪重罚,轻罪轻罚,罚当其罪,罪刑相称。

(二)我国的程序法律部门

法律格言

◇诉讼系一场和平斗争,原告有诉权武装,犹如持刀剑进攻;被告有抗辩护身,犹如持盾牌防御。

◇每一诉讼都按其自身的程序进行

◇(通过诉讼)对已经解决的问题再提出请求是徒劳的

◇诉讼裁决的终局性,符合公共利益的要求

我们说法律是权利的保障,但权利的实现仅仅靠实体法的保障还是不够的,因为,一旦我们的权利遭受侵犯,就需要有有效的救济措施,在一个民主法治社会,权利救济的最佳方案就是通过司法来解决,即通过一定的程序将应然的权利转变为当然的权利，那么这些程序本身也就成为法律中的一部分，即程序法。因此，我们可以这样说，程序法是维护权利的武器。

在我国，程序法有诉讼法与非诉讼法之分，诉讼法是规范国家司法机关解决社会纠纷的法律规范，主要指行政诉讼法、民事诉讼法和刑事诉讼法。非诉讼程序法是规范仲裁机构或者调解组织解决社会纠纷的法律规范，主要指《仲裁法》《劳动争议调解仲裁法》等。时间关系，我们在课堂上给大家简介我国刑事诉讼法律制度。

刑事诉讼法律制度

刑事诉讼是指人民法院、人民检察院和公安机关（国家安全机关）在当事人及其他诉讼参与人的参加下，依照法定程序，追究犯罪，确定被追诉者刑事责任的活动。

刑事诉讼法是指国家制定或认可的调整刑事诉讼活动的法律规范的总称。

我国现行的《刑事诉讼法》是 1979 年制定、1996 年修订的，共四编 225 个条文，除总则外还有立案、侦查和提起公诉、审判以及执行等规定，时间关系，我们要给大家重点介绍的是总则规定中的刑事诉讼的基本原则和制度、刑事诉讼参与人、刑事诉讼的管辖、回避、辩护和代理、刑事诉讼证据、强制措施和附带民事诉讼以及刑事诉讼程序。

刑事诉讼的基本原则和制度：公民在适用法律上一律平等；尊重和保障人权；人民法院和人民检察院依法独立公正行使审判权；公检法分工负责、相互配合、相互制约；保证犯罪嫌疑人、被告人获得辩护；未经人民法院依法判决，对任何人不得确定有罪等。

刑事诉讼参与人

在刑事诉讼过程中享有一定诉讼权利，承担一定诉讼义务的除国家专门机关工作人员以外的人。

根据《刑事诉讼法》的规定，诉讼参与人包括当事人和其他诉讼参与人。当事人是指与案件事实和诉讼结果有切身利害关系，在诉讼中分别处于原告或被告地位的主要诉讼参与人，是主要诉讼主体，具体包括：自诉人、犯罪嫌疑人、被告人、被害人、附带民事诉讼当事人。其他诉讼参与人，指除当事人以外的诉讼参与人，具体包括法定代理人、辩护人、证人、鉴定人、翻译人员和诉讼代理人。他们在诉讼中是一般的诉讼主体，具有与其诉讼地位相应的诉讼权利和义务。

刑事诉讼的管辖、回避、辩护和代理

刑事诉讼的管辖是指公安机关、检察机关和审判机关等在直接受理刑事案件上的权限划分以及审判机关在审理第一审刑事案件上的权限划分。刑事诉讼的管辖分立案管辖和审判管辖两大类。

刑事诉讼中的回避是指侦查人员、检察人员、审判人员等与案件有法定的利害关系或者其他特殊关系，可能影响案件的公正处理，不得参与办理本案的一项诉讼制度。刑事诉讼中的回避可以分为自行回避、申请回避、指定回避三种。

刑事诉讼中的辩护是指犯罪嫌疑人、被告人及其辩护人针对控诉方的指控为犯罪嫌疑人或被告人进行无罪、罪轻、减轻或免除罪责的反驳和辩解，以维护其合法权益的诉讼行为。辩护可以分为自行辩护、委托辩护、指定辩护。

刑事诉讼中的代理是指代理人接受公诉案件的被害人及其法定代理人或者近亲属、自诉案件的自诉人及其法定代理人、附带民事诉讼的当事人及其法定代理人的委托，以被代理人名义参加诉讼活动，由被代理人承担代理行为法律后果的一项法律制度。

合成视频——刑事诉讼管辖权的分割

刑事诉讼证据、强制措施和附带民事诉讼。

证明案件真实情况的一切事实，都是证据。包括：物证、书证；证人证言；被害人陈述；犯罪嫌疑人、被告人供述和辩解；鉴定结论；勘验、检查笔录；视听资料。

刑事诉讼中的强制措施是指公安机关、检察机关和审判机关为保证刑事诉讼的顺利进行，依法对犯罪嫌疑人、被告人所采取的在一定期限内暂时限制或剥夺其人身自由的法定的强制方法。根据我国《刑事诉讼法》的规定，强制措施有拘传、取保候审、监视居住、拘留和逮捕。

刑事附带民事诉讼是指在刑事诉讼过程中，审判机关在依法解决被告人刑事责任的同时，附带解决由受害人或其法定代理人或人民检察院提起的，因被告人的犯罪行为所造成的物质损失的赔偿问题而进行的诉讼活动。

刑事诉讼程序

1. 立案和侦查
2. 起诉
3. 审判程序
4. 执行程序

立案是指公安机关、人民检察院发现犯罪事实或犯罪嫌疑人，或者公安机关、人民检察院和人民法院对接受的报案、控告、举报或自首及人民法院对自诉人的自诉材料进行审查后,判明有无犯罪事实和应否追究刑事责任,并决定是否进行侦查或审理的诉讼活动。

侦查是指法定侦查机关在未证实犯罪和查获犯罪行为人而依照法律进行的专门调查工作和采取的有关强制性措施。

刑事起诉是指依法享有刑事起诉权的机关或个人对刑事被告人提出控诉,要求人民法院予以审判,以追究被告人刑事责任的诉讼行为。我国实行的是以公诉为主、自诉为辅的起诉模式。

刑事审判程序,是指人民法院对人民检察院提起公诉或者自诉人提起自诉的案件,依照法律审理刑事案件的步骤和方式、方法的总和。我国《刑事诉讼法》规定了以下几种基本的审判程序:第一审程序,是指人民法院根据审判管辖的规定,对人民检察院提起公诉和自诉人自诉的刑事案件进行初次审判的程序;第二审程序,是指第一审法院的上一级法院对上诉、抗诉案件进行重新审理的程序;特殊案件的复核程序,包括死刑复核程序以及人民法院根据《刑法》第 63 条第 2 款规定的"犯罪分子虽然不具有本法规定的减轻处罚情节,但是根据案件的特殊情况,经最高人民法院核准,也可以在法定刑以下判处刑罚"的案件的复核程序;审判监督程序,是人民法院、人民检察院对于已经发生法律效力的判决或裁定,发现在认定事实上或者在适用法律上确有错误,依职权提起并由人民法院对案件进行再次审判的程序。根据审判监督程序进行审判的案件,如果原来是第一审案件,依照第一审程序进行审判;如果原来是第二审案件,则依照第二审程序进行审判。

刑事中的执行是指人民法院将已经发生法律效力的判决或裁定交付执行机关实施其确定的内容,以及处理执行中的诉讼问题而依法进行的各种活动。包括对确定的刑罚给予一定限度的变更和调整,如执行过程中的减刑、假释等。刑事执行程序是指在进行上述活动时所应遵循的步骤、方式、方法。根据我国《刑事诉讼法》的规定,刑事诉讼的执行机关包括人民法院、公安机关、监狱。人民检察院对刑事执行活动享有监督权。

民事诉讼法

民事诉讼,是指在当事人和其他诉讼参与人的参加下,人民法院依照法定程序审理民事案件,解决民事争议的活动,以及由这些活动所产生的各种诉讼法律关系的总和。

民事诉讼法,是国家制定的规范法院和民事诉讼参与人的各种诉讼活动并调整由此产生的各种诉讼关系的法律规范的总称。

我国现在适用的民事诉讼法是 1991 年制定、2007 修订的，一共 28 章 286 个条文，除总则性规定外，还规定了审判程序、执行程序以及涉外民事诉讼程序等，时间关系，我们只给大家简单介绍一下民事诉讼的管辖、民事诉讼参加人、民事诉讼审判程序以及执行程序等问题。

民事诉讼确立的基本原则和制度：当事人有平等的诉讼权利；根据自愿和合法的原则进行调解；公开审判；两审终审等。

民事诉讼程序包括审判程序、执行程序和涉外民事诉讼程序的特别规定等。

民事审判程序

1. 第一审程序，包括普通程序和简易程序
2. 第二审程序
3. 审判监督程序
4. 特别程序
5. 督促程序
6. 公示催告程序

发生法律效力的民事判决、裁定，当事人必须履行。一方拒绝履行的，另一方当事人可以向人民法院申请执行，也可以由审判员移送执行员执行。申请执行的期限，双方或者一方当事人是公民的为 1 年，双方是法人或者其他组织的为 6 个月。

行政诉讼法。我国制定的行政诉讼法，明确规定了公民、法人和其他组织认为自己的合法权益被行政机关及其工作人员侵犯时，有权依法向人民法院提起行政诉讼，人民法院依法对行政案件独立行使审判权，保障公民的合法权益，促进行政机关依法行使职权。

时间关系，课堂上无法详尽介绍，大家可阅读相关法律。

推荐阅读材料

★《中华人民共和国民事诉讼法》

★《中华人民共和国刑事诉讼法》

★《中华人民共和国行政诉讼法》

★《中华人民共和国仲裁法》

★《中华人民共和国劳动争议调解仲裁法》

★《中华人民共和国刑法》

★《侵权行为法》

第四节　建设中国特色社会主义法治体系(0.5学时)

本节教学步骤一:导入(5分钟)

自由、平等、公正、法治,是人们对美好社会的期望和憧憬,是衡量现代社会是否充满活力又和谐有序的重要标志。是社会主义社会发展的价值取向,也是实现民族复兴的强大精神动力。中国共产党高瞻远瞩,在党的十五大报告中就明确提出,依法治国,建设社会主义法治国家,并将其写进宪法。党的十八届四中全会又进一步提出和确立了建设中国特色社会主义法治体系、建设社会主义法治国家的总目标,开启了建设社会主义法治国家的新征程。

建设中国特色社会主义法治体系,是全面依法治国的重要内容和奋斗目标,是建设社会主义法治国家的总抓手。我们要正确认识建设中国特色社会主义法治体系的重大意义,深刻理解其内容,准确把握全面依法治国的基本格局,积极投身社会主义法治建设的伟大实践。

本节教学步骤二:(5分钟)

一、建设中国特色社会主义法治体系的意义

建设中国特色社会主义法治体系,是全面依法治国的重要内容和奋斗目标,是建设社会主义法治国家的总抓手。

中国特色社会主义法治体系是凝聚思想共识的法治航标。

建设中国特色社会主义法治体系、建设社会主义法治国家,回答了我社会主义法治建设往哪里走、怎么走的根本问题,明确了全面依法治国的根本目的和历史任务,统一了全党全国人民的思想,凝聚了全社会的法治共识,回应了国际社会各种质疑,对于保障依法治国沿着正确的方向前进具有重要意义。

建设中国特色社会主义法治体系是推进国家治理现代化的重要举措。

中国特色社会主义法治体系是国家治理体系的重要组成部分,体现了党按照宪法法律治国理政、按照党纪党规从严治党的决心,在法治轨道上推进国家治理体系和治理能力现代化,有利于在全面深化改革总体框架内推进依法治国各项工作,在法治轨道上不断深化改革。

建设中国特色社会主义法治体系是全面依法治国的基础工程。

全面依法治国涉及治党、治国、治军等各个方面，内政、外交、国防等各个领域，立法、执法、司法、守法和法治队伍建设等各个环节。其中，建设中国特色社会主义法治体系，是构筑法治中国大厦的基础，起着纲举目张的作用。

本节教学步骤三：(5 分钟)

二、建设中国特色社会主义法治体系的内容

建设中国特色社会主义法治体系，就是在中国共产党领导下，坚持特色社会主义制度，形成完备的法律规范体系、高效的法治实施体系、严密的法治监督体系、有力的法治保障体系，形成完善的党内法规体系，坚持依法治国、依法执政、依法行政共同推进，坚持法治国家、法治政府、法治社会一体建设，实现科学立法、严格执法、公正司法、全民守法，促进国家治理体系和治理能力现代化。

中国特色社会主义法治体系包括以下五个方面的内容

1. **建设完备的法律规范体系**
2. **建设高效的法治实施体系**
3. **建设严密的法治监督体系**
4. **建设有力的法治保障体系**
5. **建设完善的党内法规体系**

建设完备的法律规范体系。一是坚持立法先行和立改废释并举，加快完善法律、行政法规、地方性法规体系，完善包括市民公约、乡规民约、行业规章、团体章程在内的社会规范体系，为全面依法治国提供基本遵循；二要保证法律规范的质量，提升立法科学化、民主化的水平，进一步改善立法机关组成人员的结构，提供立法程序正当化水平，构建立法成本效益评估前置制度，建立辩论机制，优化协商制度，提升立法技术，规范立法形式；三要畅通民意表达机制以及民意与立法的对接机制，建立权力机关内部的制约协调机制，建立立法机关接受选民和公众监督的制度等。

建设高效的法治实施体系。一要增强法律规范本身的课实施性，注意法律规范的可操作性、实施资源的配套性、法律规范本身的可接受性以及法律规范自我实现的动力与能力；二要完善法律实施体制以及法律设施，为法律实施提供强有力的体制、实施与物质保障，三要提高执法和司法人员的素质与能力，为法律实施所需要的素质和能力的培训与养成提供必要的条件和机制；四要优化法律实施的环境因素，克服法律实施的障碍和阻力，有针对性地进行程序设计、制度预防和机制阻隔。

建设严密的法治监督体系。一要科学配置权力，使决策权、执行权、监督权相互协调又相互制约；二要规范权力的运行，为权力的运行设定明确的范围、条件、程序和界限；三要防止权力的滥用，为权力的行使设定正当的目的及合理基准与要求；四要严格对权力的监督，有效规范各种监督方式，并充分发挥各自的独特作用，使违法或不正当行使权力的行为得以有效及时纠正；五要加强对违法用权的责任追究，落实重大决策终身责任追究制度及责任倒查哈机制；六要健全权益救济机制，使受公共权力侵害的合法权益得到及时赔偿或补偿。要将党内监督、人大监督、民主监督、行政监督、司法监督、审计监督、社会监督、舆论监督体系科学化和系统化。

建设有力的法治保障体系。一要深化行政执法体制改革，完善行政执法程序，规范执法自由裁量权，加强对行政执法的监督，全面落实行政执法责任制和执法经费由财政保障制度，做到严格规范公正文明执法。二要改革司法管理体制，确保司法机关依法独立公正行使审判权、监察权。推动省以下地方法院、检察院人财物统一管理，探索建立与行政区划适当分离的司法人员管管辖制度，保证国家法律统一正确实施。建立符合职业特点的司法人员管理制度，健全法官、检察官、人民警察统一招录、有序交流、逐级遴选机制，完善司法人员分类管理制度，健全法官、检察官、人民警察职业保障制度。三要立法、执法、司法等法治专门队伍和律师、公证员等法律服务队伍建设，创新法治人才培养机制。

建设完善的党内法规体系，一要抓紧制定和修订一批重要党内法规，加大党内法规备案审查和解释力度，完善党内法规制定体制机制，形成配套完备的党内法规制定体系，使党内生活更加规范化、程序化，使党内民主制度体系更加完善，使权力运行受到更加有效的制约和监督，使党执政的制度基础更加巩固；二要注重党内法规同国家法律的衔接和协调，构建以党章为根本、若干配套党内法规为支撑的党内法规制定体系，提高党内法规执行力；三要坚持党规党纪严于国家法律。党员不仅要严格遵守法律法规，而且要按照党规党纪以更高标准严格要求自己。

本节教学步骤四：(5 分钟)

三、全面依法治国的基本格局

党的十八大提出了“科学立法、严格执法、公正司法、全民守法”的十六字方针,党的十八届四中全会将其作为全面依法治国的基本格局,并做出了更加明确具体的部署。

科学立法。“立善法于天下,则天下治;立善法于一国,则一国治。”法律是治国之重器,立法是法治的龙头环节。科学立法是以完善以宪法为核心的中国特色社会主义法律体系、加强宪法实施为目标。要坚持以民为本、立法为民理念,使每一项立法都符合宪法精神,反映人民意志,得到人民拥护。要把公平、公正、公开原则贯穿立法全程。完善立法体制机制,增强法律法规的及时性、系统性、针对性、有效性。加强党对立法工作的指导,完善党对立法工作中重大问题决策程序,健全有立法权的人大主导立法工作的体制机制,依法赋予设区的市地方立法权。深入推进科学立法、民主立法,完善立法项目征集和论证制度,健全立法机关主导、社会各方面有序参与立法的途径和方式,拓宽公民有序参与立法的途径等。

严格执法。“天下大事,不难与立法,而难于法之必行。”法律的生命在于实施,法律的权威也在于实施。严格执法以深入推进依法行政,加快建设法治政府为目标。要加快建设职能科学、权责法定、执法严明、公开公正、廉洁高效、守法诚信的法治政府,推进各级政府机构、职能、权限、程序、责任法定化,推行政府权力清单制度。健全依法决策机制,建立行政机关内部重大决策合法性审查机制,建立重大决策终身责任究竟制度及责任倒查机制。

公正司法。“理国要道,在于公平正直。”公正是法治的生命线,是司法活动最高的价值追求。公正司法是维护社会公平正义的最后一道防线。要保证公正司法,提高司法公信力,努力让人民群众在每一个司法案件中都能感受到公平正义。

全民守法。一切法律中最主要的法律,既不是铭刻在大理石上,也不是铭刻在铜表上,而是铭刻在公民的心里。法律的权威源自人民的内心拥护和真诚信仰。全民守法以增强全民法治观念,推进法治社会建设为目标。要弘扬社会主义法治精神,建设社会主义法治文化,增强全社会厉行法治的积极性和主动性,形成守法光荣、违法可耻的社会氛围。推动全社会树立法治意识、深入开展法治宣传教育,把法制教育纳入国民教育体系和精神文明创建内容。

本节教学步骤五:(5 分钟)

学习讨论:《中共中央关于全面推进依法治国若干重大问题的决定》

【教学小结】

教学效果:在本章的教学中,运用了多媒体、典型案例、视频、课堂讨论等多种教学方法开展教学,激发了学生学习的积极性;同时也从理论的高度认识到全面依法治国,建设社会主义法治国家和法治体系的重大意义。理论与实践的结合,也让大学生深刻认识到学习法律知识、提高法律素质、提升法律实践能力的重要性。

教学经验:

1. 法律不仅仅是一种知识,更是一种实践。将“活”的法律移植到课堂之内,从而将法律变为生活的一部分,潜移默化之中提高大学生法律素养,这对于实现本课程的教学目的非常重要。

2. 学习到的知识只有在实践中加以印证,才能更好地被学生理解和掌握。通过在课堂上设立小型模拟法庭、典型案例剖析、法庭旁听等,让学生在不同的角色扮演中感悟法律的尊严,锻炼法律思维能力,强化法制观念,收到了很好的教学和教育效果。

改进措施:

本章内容不仅包括法律基本理论以及社会主义法治体系等理论,还几乎囊括了我国现有法律体系中的所有部门法,可谓内容庞大而繁杂。由于课堂教学时间非常有限,要对所有的内容进行详细的阐释是比较困难的。因此,教师需要有选择精选内容,也可选出典型案例或问题让学生讨论和辩论,重在培养学生的法律素养。

第七章

树立法治观念　尊重法律权威

【教学简况】

学时安排:课堂教学 4 学时。

教学目的:使学生准确把握社会主义法治观念的内涵,牢固树立正确的法治观念,增强坚持走中国特色社会主义法治道路、坚持党的领导、人民当家做主与依法治国相统一,坚持依法治国与以德治国相结合的自觉性;培养社会主义法律思维方式,自觉维护社会主义法律权威。使学生养成心中有法、自觉守法、遇事找法、解决问题用法、化解矛盾靠法的良好习惯,使学生成为具有较高法律素质的社会主义事业建设者和接班人。

重点难点:本章的重点是社会主义法治观念的内涵:必须坚持走中国特色社会主义法治道路是建设社会主义法治国家的性质和方向;坚持党的领导、人民当家做主与依法治国相统一是我国社会主义法治建设的一条基本经验;坚持依法治国与以德治国相结合是治国理政不可或缺的两种方式;加强宪法实施,落实依宪治国是全面依法治国的首要任务。法治思维的基本内容;尊重法律权威的基本要求。本章的难点是如何理解坚持走中国特色社会主义法治道路三个方面的核心要义。

学习思考

1. 如何正确理解社会主义法治观念?
2. 中国特色社会主义法治道路的核心要义是什么?
3. 如何正确理解法治思维?
4. 联系实际思考如何维护法律权威?

【教学过程】

教学内容设计:本章分三节。第一节树立社会主义法治观念,2 学时,第二节培养社会主义法治思维,1 学时,第三节尊重社会主义法律权威,1 学时。

教学步骤:本章第一节通过五个步骤讲解树立社会主义法治观念;第二节通过四个步骤讲解培养社会主义法治思维;第三节通过三个步骤讲解尊重社会主义法律权威。

教学组织:课堂教学、课堂讨论等。

板书设计:多媒体课件与黑板辅助板书。

教学方法:教师体系讲述、视频、案例分析、讨论等方式。

第七章

树立法治观念　尊重法律权威

教学步骤一:本章导入(5 分钟)

第七章内容结构图

我们今天来学习第七章的内容,包括三节,第一节树立社会主义法治观念,第二节培养社会主义法治思维,第三节尊重社会主义法律权威。由于时间关系,我们无法对这三节内容平均用力、都予以详细讲解,我们将围绕着本章的学习目的和要求,结合实际把握各节内容。

第一节　树立社会主义法治观念(2 学时)

本节教学步骤一　导入:(5 分钟)

清末中国,面临西方强大入侵,在"夷强中弱"局势下,中国人认识到"不变则亡""小变则亡",于是开始了一场被动的变革。在这场变革中,最引人注目的莫过于法律变革。从康有为、梁启超的戊戌变法到沈家本主持修律,变法者把西方作为效法的对象,并抓住了中国古代传统法律的关键缺陷,即"法治"意识淡薄,法学枯萎,欲从变革传统法律制度入手,深入到人们法律观念的变革,创建一个不同于传统的全新的法律体系。然而同样令人遗憾的是,人们的法律意识却依然淡漠、法学依旧衰微。在当时的法律制度设计上,中国已与西方几无差别,但在法律观与法律环境上,中国依然没有摆脱传统,西法引入国门,却又被拒于人们的观念之外。清末法律变革,给我们什么启示?实现法治,需要一个重要的思想条件,就是树立正确的法治观念。

本节教学步骤二 讲解(25 分钟)

一、坚持走中国特色社会主义法治道路

西方资本主义国家法治的实施比较顺利，这与资产阶级民主思想、民主意识的形成与巩固密切相关，有了民主的思想，就容易形成法治观念，因为民主与法治是联系在一起的，民主就是反对极权，反对少数人的统治、专断。当然，资产阶级所说的反映多数人意志，仅限于资产阶级范围内。多数人统治、管理就要有规则，并严守这种规则，这些思想都是法治思想的要求，是法治的应有之义。树立社会主义法治观念，首先必须坚持走中国特色社会主义法治道路。

(一)中国特色社会主义法治道路的内涵

中国特色社会主义法治道路是社会主义法治建设成就和经验的集中体现，是建设社会主义法治国家的唯一正确道路。

党的十八届四中全会提出全面依法治国，必须坚持走中国特色社会主义法治道路，进一步明确了建设社会主义法治国家的性质和方向。

(二)中国特色社会主义法治道路的核心要义

中国特色社会主义法治道路是全面依法治国的题中应有之义，是道路自信、制度自信和理论自信的充分展现，其核心要义包括坚持党的领导、坚持中国特色社会主义制度、贯彻中国特色社会主义法治理论三个方面。

1. 党的领导是中国特色社会主义最本质的特征，是社会主义法治最根本的保证

世界上任何国家的法治都是与特定的政党制度结合在一起的。坚持走中国特色社会主义法治道路，必须把党的领导贯彻到依法治国的全过程，而不是把党的领导与依法治国对立起来。一方面，要坚持党总揽全局、协调各方的领导核心作用，把党的领导落实到党领导立法、保证执法、支持司法和带头守法的具体实践中。一方面，要不断提高党领导法治建设的水平，既要求党依据宪法法律治国理政，也要求党依据党内法规从严治党。

2. 中国特色社会主义制度是中国特色社会主义法治体系的根本制度基础，是全面依法治国的根本制度保障

中国特色社会主义制度包括人民代表大会制度、中国共产党领导的多党合作和政治协商制度、民族区域自治制度、基层群众自治制度等。坚持中国特色社会主义制度，必须旗帜鲜明的反对西方国家的多党制、议会制、三权分立、司法独立等政治制度。

3. 中国特色社会主义法治理论是中国特色社会主义法治体系的理论指导,是全面依法治国的行动指南

中国特色社会主义法治理论是马克思主义法学思想中国化的理论成果,是将普遍性的法治原理与中国具体的法治实践紧密结合的成果,是指导中国法治建设取得成功并将继续取得更大成功的科学理论。

中国特色社会主义法治理论观点主要有:法治是国家治理体系和治理能力的重要依托;坚持依法治国、依法执政、依法行政共同推进,坚持法治国家、法治政府、法治社会一体建设;坚持人民主体地位;法治建设为了人民、依靠人民、造福人民、保护人民,以保障人民根本权益为出发点和落脚点;一手抓法治、一手抓德治;公正是法治的生命线;依法治国首先是依宪治国、依法执政首先是依宪执政等。

视频——依法治国、建设社会主义法治国家的提出

依法治国是邓小平理论的有机组成部分。邓小平在 1986 年 9 月 3 日的讲话中指出:"要通过改革,处理好法治和人治的关系,处理好党和政府的关系。"①江泽民同志在 1996 年 2 月 8 日党中央举办的法制讲座会上,发表了题为《依法治国,保障国家长治久安》的重要讲话。1997 年 9 月 12 日中国共产党第十五次全国代表大会郑重提出了"依法治国,建设社会主义法治国家"的治国方略。

所谓依法治国,就是广大人民群众在党的领导下,依照宪法和法律的规定,通过各种途径和形式管理国家事务,管理经济文化事业,管理社会事务,保证国家各项工作都依法进行,逐步实现社会主义民主的制度化、法律化,使这种制度和法律不因领导人的改变而改变,不因领导人的看法和注意力的改变而改变。

本节教学步骤三 讲解:(20 分钟)

二、坚持党的领导、人民当家做主与依法治国相统一

坚持党的领导、人民当家做主、依法治国相统一,是我国社会主义法治建设的一条基本经验。党的领导、人民当家做主和依法治国三者是一个统一整体,不可分割,它们之间相互依存、相互作用,共同体现社会主义法治国家的中国特色、中国风格和中国气派。

1. 党的领导是人民当家做主和依法治国的根本保证

中国共产党是中国工人阶级的先锋队,同时是中国人民和中华民族的先锋

① 《邓小平文选》第 3 卷,人民出版社 1993 年版,第 177 页。

队。中国共产党的性质、纲领、宗旨、指导思想,中国共产党的先进性和纯洁性,决定了坚持党的领导,是人民当家做主的根本保证,也是依法治国的根本保证。

2. 人民当家做主是党的领导和依法治国的本质要求

依法治国的根本目的是实现人民幸福,尊重和保护人权。坚持人民主体地位是依法治国的基本原则,必须把人民当家做主贯彻到依法治国的全过程之中;依法治国的主体是人民,必须保证人民的广泛参与,决不搞西方国家少数人主导的精英政治。

3. 依法治国是党领导人民当家做主的治国方略

法治是现代文明的重要标志,也是当今世界公认的价值追求,全面依法治国是全国人民的共同期盼也是时代的呼唤。要从制度上和法律上始终保持党对依法治国的领导,为人民掌好权、用好权;要从制度上和法律上始终保证人民在依法治国当中的主体地位,保证人民是法治国家建设的主人。

视频——法治建设三十年

"法治"是个古老的概念。古希腊亚里士多德是第一个对法治的实质做出精辟概括的人,他提出:法治应包括两重意义:已成立的法律获得普遍的服从,而大家所服从的法律又应该本身是制定的良好的法律。① 近代西方法治的思想和实践均源于英国。启蒙思想家洛克在《政府论》中从维护个人的自由权利出发,强调政府的合法而治和民众的依法而行。法国的孟德斯鸠和卢梭也是法治的代表。第二次世界大战后,西方的法治思想得到了新的肯定和恢复。

法治和人治是两种不同的治国原则和方略。人治,一般同专制相联系,提倡圣君贤人的道德教化,主张因人而异,推崇个人权威;法治,一般同民主政治相联系,强调统治者通过法律来治理,提倡一般性规则的作用,树立法律权威。历史证明,法治优于人治,法治是人类社会文明进步的重要标志。

本节教学步骤四　讲解:(20 分钟)

三、依法治国和以德治国相结合

新中国成立 60 多年以来的实践证明,法治和德治是治国理政不可或缺的两种方式。社会主义法律和社会主义道德在性质、作用和目标上的一致性,决定了建设中国特色社会主义法治国家,必须一手抓法治一手抓德治,坚持依法治国和

① 亚里士多德:《政治学》,商务印书馆 1981 年,第 199 页。

以德治国相结合。

1. 正确认识法治和德治的地位

法治是治国理政的基本方式,依法治国是基本方略,法治具有根本性、决定性和统一性。德治是治国理政的重要方式,以德治国就是通过在全社会培育、弘扬社会主义核心价值观和社会主义道德,对不同人群提出有针对性的道德要求。

2. 正确认识法治和德治的作用

法治发挥作用要以国家强制力为后盾,主要依靠法律的预测作用、惩罚作用、威慑作用和预防作用对公民和社会组织的行为进行约束,并对违反法律的行为追究法律责任。德治发挥作用主要通过人们的内心信念、传统习俗、社会舆论等进行道德教化,并对违反道德的行为进行道德谴责。法谚有云:法律是显性的道德,道德是隐含的法律。

3. 正确认识法治和德治的实现途径

法治上要依靠制定和实施法律规范的形式来推进和实施,实行法无禁止则自由、法有禁止不得为,体现的是规则之治。德治主要依靠培育和弘扬道德等途径来推进和实施,以价值、精神和理念等形式表现出来,引导你人们自觉地在行动上符合道德才可为,违反道德不可为。同时法治的实现要以民众的道德要求和道德层次为依归,所谓,道德是法律的最高限度也是法律的最低限度即为明证。

案例分析　课堂讨论

小悦悦事件:2011 年 10 月 13 日,2 岁的小悦悦(本名王悦)在佛山南海黄岐广佛五金城相继被两车碾压,7 分钟内,18 名路人路过但都视而不见,漠然而去,最后一名拾荒阿姨陈贤妹上前施以援手,引发网友广泛热议。2011 年 10 月 21 日,小悦悦经医院全力抢救无效,在零时 32 分离世。2011 年 10 月 23 日,广东佛山 280 名市民聚集在事发地点悼念“小悦悦”,宣誓“不做冷漠佛山人”。2011 年 10 月 29 日,没有追悼会和告别仪式,小悦悦遗体在广州市殡仪馆火化,骨灰将被带回山东老家。2012 年 9 月 5 日,肇事司机胡军被判犯过失致人死亡罪,判处有期徒刑三年六个月。

该事件发生后引起了日本众多知名媒体的关注,朝日电视台曾在一时政节目中,用了 2 分钟的时间,还制作了不少图板,来解释这一事件的前因后果,以及涉及的中国社会的道德问题,令人深思。

美国电视台对此事也作了报道,美国 Channel1 电视台特地做了关于“小悦悦”事件的专题片,以相当大的比重抨击了见死不救事件在中国的发生,也报道了一些中国网民祈祷的留言。

讨论主题：见危不救仅仅是道德问题，还是应该上升为法律问题予以对待。

本节教学步骤五 讲解：(20 分钟)

四、加强宪法实施 落实依宪治国

坚持依法治国首先要坚持依宪治国，坚持依法执政首先要坚持依宪执政，要把推进宪法实施、落实依宪治国作为全面依法治国的首要任务。

深刻认识宪法实施和依宪治国的重大意义。

2014 年 11 月 1 日十二届全国人大常委会第十一次会议经表决通过了全国人大常委会关于设立国家宪法日的决定，设立每年 12 月 4 日为国家宪法日。

宪法规定了国家的根本制度、根本任务、国家权力以及公民的基本权利和基本义务，加强宪法实施，才能巩固和发展国家根本制度，保证国家权力依法规范运行，并使公民基本权利切实得到实现，公民基本义务切实得到履行。

宪法确定了中国共产党的领导地位，使党的领导的正当性和合法性毋庸置疑。加强宪法实施，对于坚持党的领导，巩固党的执政地位，确保党始终是中国特色社会主义法治国家建设的领导核心，具有极为重要的意义。

资料分析：尊重宪法对一个国家、对一个公民何等重要。

全面实施宪法的基本要求。

一要在全社会树立宪法意识，弘扬宪法精神；二要加强宪法实施；三要坚持党的依宪执政。

案例分析：我们需不需要一部活的宪法

1990 年，山东省滕州八中的学生齐玉苓考取了山东省济宁商业学校。齐玉苓的同学陈晓琪冒领了这份录取通知书，以齐玉苓的名义在济宁商校读书，毕业后在中国银行滕州支行工作。后齐玉苓将陈晓琪等告上法庭，认为被告侵犯了自己的姓名权、受教育权。二审法院认为此案适用法律方面存在疑问，报请最高法院解释。最高法院的司法解释认定：陈晓琪等以侵犯姓名权的手段，侵犯了齐玉苓依据宪法规定所享有的受教育的基本权利，应承担相应的民事责任。后山东省高院直接援引宪法第四十六条、最高院上述司法解释以及《民事诉讼法》有关规定，判决齐玉苓胜诉。

宪法作为我国根本大法，长期无法在司法实践中运用。1955 年，最高法院出台司法解释，规定宪法不能用来给罪犯定罪量刑。1986 年，最高法院的另一个司法解释认为宪法不能适用于普通民事关系。这两个司法解释,一直被看作是造成了各类诉讼中宪法被虚置的原因。

2001 年的齐玉苓案中,齐玉苓被同学陈晓琪冒名顶替上学、就业,最高法院批复认为,齐玉苓的"宪法权利"受教育权被侵犯,被告应该承担相应的民事赔偿责任。山东高院最终依据宪法 46 条判决齐玉苓胜诉。

齐玉苓案被认为是援引宪法判决的"破冰之举"。最高法院前副院长、时任最高法院民一庭庭长的黄松有曾针对此案公开认为:我国公民依照宪法规定享有的基本权利有相当一部分在司法实践中长期处于"睡眠"或"半睡眠"状态,该批复首次打破了"沉默"。黄松有认为,我国宪法司法化可以参考美国的模式,由普通法院审理宪法权利纠纷。

齐案的司法解释似乎让热切盼望宪法司法化的学界看到了曙光,被称为"宪法司法化第一案"。此后,宪法权利诉讼风起云涌。齐案后,爆发了"三名高中生诉教育部高考分数线不统一案""蒋韬诉银行招工身高歧视案""周香华诉男女退休年龄不同案"等,焦点都集中在宪法规定的平等权,平等权在法律中没有具体的规定,只能依据宪法提起诉讼。"虽然判决的结果不尽理想,但法院毕竟有理由受理这些案子。"中国政法大学宪法研究所所长蔡定剑教授评价。

2008 年 12 月 18 日,最高人民法院发布公告,废止了 27 项司法解释,其中一条是当时被称为"宪法司法化第一案"的齐玉苓案的司法解释——《关于以侵犯姓名权的手段侵犯宪法保护的公民受教育的基本权利是否应承担民事责任的批复》。在此司法解释废止之前,有学者曾经试图阻止这件事,但最终未获成功。最高法院对宪法诉讼的态度为何骤然转身?停止宪法诉讼,到底是利大还是弊大?法学界对此讨论激烈。

准确把握宪法实施的正确方向

我国依宪治国、依宪执政与西方宪政存在四个方面的本质区别:一是制度基础不同;二是领导力量不同;三是权力主体不同;四是权力行使方式不同

第二节 培养社会主义法治思维(1 学时)

本节教学步骤一 导入:(5 分钟)

大学生加强自身法律修养,首先要有一种法治思维的方式。即不仅崇尚法

律,信仰法律,还要在具体行动上有一种法律思维方式,行事考虑法律规则,按法律要求去行为和处理问题,并使这种思维方式形成“定势”。

本节教学步骤二 讲解:(10 分钟)

一、法治思维的含义与特征

法治思维的含义:

法治思维以法治价值精神为知道,蕴含着公平、平等、民主、人权等法治理念,是一种正当性思维;法治思维以法律原则和法律规则为依据来指导人们的社会行为,是一种规范性思维;法治思维以法律手段和法律方法为依托分析问题、处理问题、解决纠纷,是一种可靠的逻辑思维;法治思维是一种符合规律、尊重事实的科学思维。

法治思维的特征:

法治思维就是当自己的理想目标、思想感情、行为方式、权利诉求和利益关系等与法律的价值、规则或要求发生冲突时,能够服从法律即做出符合法律的选择,按照法律的指引实施自己的行为。

案例分析:我爸是李刚

2010 年 10 月 16 晚 21 时 40 分许,在河北大学新区超市前,牌照为“冀FWE420”的黑色轿车,将两名女生撞出数米远。被撞陈姓女生于 17 日傍晚经抢救无效死亡,另一女生重伤,经紧急治疗后,方脱离生命危险,现已转院治疗。肇事者口出狂言:“有本事你们告去,我爸是李刚。”2011 年 1 月 30 日,河北保定李启铭交通肇事案一审宣判,李启铭被判 6 年。此后,这句话成为网友们嘲讽跋扈“官二代”的流行语。

当代人对权力的盲目崇拜以及权利意识的淡漠,说明现实生活中法治思维极其淡薄。

法治思维与人治思维的区别:

在依据上,法治思维认为国家的法律是治国理政的基本依据,处理法律问题要以事实为依据,以法律为准绳;人治思维的本质是人高于法或权大于法,主张凭借个人尤其是掌权者、领导人的个人魅力、德性和才智来治国平天下。在方式上,法治思维以一般性、普遍性的平等对待方式调节社会关系,解决矛盾纠纷,坚持法律面前人人平等,具有稳定性和一贯性;人治思维漠视规则的普遍适用性,按照个人意志和感情进行治理,具有极大的任意性和非理性。在价值上,法治思维强调集中社会大众的意志来进行决策和判断，是一种“多数人之治”的思维，避免陷入无政府主义或以民主之名搞乱社会；人治思维是个人说了算的专断思维，虽然有时也强调集思广益进行治理或做出决定，但主要表现为少数个人的集权专断。在标准上，法治思维与人治思维的分水岭不在于有没有法律或者法律的多寡与好坏，而在于最高的权威究竟是法律还是个人。

课堂讨论：中华法系特点再分析——如何避免有法律而无法治

中华法系以中国传统的法家思想为理论基础，摆脱了宗教神学的束缚。维护三纲五常成了封建法典的核心内容。由汉至隋盛行的引经断狱，以突出的形式表现了儒家思想对于封建法制的强烈影响。中国封建法律与西方不同，西方中世纪法律体系中涂有神灵色彩的宗教法规是重要的组成部分，起过维护“封建”统治的特殊作用。但在中国，早在奴隶制末期神权法思想已经发生动摇。在中国封建法律体系中，不存在中世纪西方国家那种宗教法规，儒家的纲常名教代替了以神为偶像的宗教。

维护封建伦理，确认家族（宗族）法规。中国封建社会是以家族为本位的，因此，宗法的伦理精神和原则渗入并影响着整个社会。封建法律不仅以法律的强制力，确认父权、夫权，维护尊卑伦常关系，并且允许家法族规发生法律效力。由宋迄清，形形色色的家内成文法是对国法的重要补充，在封建法律体系中占有特殊的地位。

皇帝始终是立法与司法的枢纽。皇帝既是最高的立法者，所发诏、令、敕、谕是最权威的法律形式，皇帝可以一言立法，一言废法；皇帝又是最大的审判官，他或者亲自主持庭审，或者以“诏狱”的形式，敕令大臣代为审判，一切重案会审的裁决与死刑的复核均须上奏皇帝，他可以法外施恩，也可以法外加刑。而同时期西方国家中世纪在相当长时间里，各级封建领主都享有独立的立法权和司法权。

官僚、贵族享有法定特权，良、贱同罪异罚。中国封建法律从维护等级制度出发，赋予贵族官僚以各种特权。从曹魏时起，便仿《周礼》八辟形成“八议”制度。至隋唐已确立了“议”“请”“减”“赎”“官当”等一系列按品级减免罪刑的法律制度。另一方面，又从法律上划分良贱，名列贱籍者在法律上受到种种歧视，同样的犯罪，以“良”犯“贱”，处刑较常人相犯为轻；以“贱”犯“良”，处罚较常人为重。中国的封建法律，同世界上任何国家的封建法律一样，是以公开的不平等为标志的。

诸法合体，行政机关兼理司法。中国从战国李悝著《法经》起，直到最后一部封建法典《大清律例》，都以刑法为主，兼有民事、行政和诉讼等方面的内容。这种诸法合体的混合编纂形式，贯穿整个封建时代，直到 20 世纪初清末修律才得以改变。

在漫长的封建时代，中央虽设有专门的司法机关，但它的活动或为皇帝所左右，或受宰相及其他中央级别行政机关所牵制，很少有可能独立地行使职权。至于地方则由行政长官兼理司法事务，二者直接合一。宋、明、清的路省一级虽专设司法官，实际仍是同一级行政机关的附庸。在整个封建时代，中央司法机关的权限不断分散，地方司法权限不断缩小，这是封建专制主义不断强化的结果。

本节教学步骤三　讲解：（20 分钟）

二、法治思维的基本内容

法治思维主要表现为价值取向和规则意识两个方面。价值取向是指个人如何看待和对待法律，规则意识是指个人如何用法律看待和对待自己。

1. 法律至上

法律至上是指在国家或社会的所有规范中，法律是地位最高、效力最广、强制力最大的规范。

法律至上尤其指宪法至上，因为宪法具有最高的法律效力，是其他一切法律的依据。

法律至上具体表现为法律的普遍适用性、优先适用性和不可违抗性。

课堂讨论：扶老人被讹事件—讹人者应否受法律处分

近年来，类似的“扶老人”被讹事件可以说是屡见不鲜。

相关报道显示，2012 年 10 月 30 日下午，汕头两名高三学生看到一名骑电动车的老人林某摔倒后，立即上前将其扶起并护送回家。结果林某却称是两名学生导致其摔倒受伤，要求两人担责并赔偿。无奈之下，两名学生的家长垫付了 1200 多元医药费。倍感委屈的两名学生在网上发帖并报警。最终，经过半个多月调查，林某承认自己是“一时糊涂”，让自己的亲属专程向两名学生道谢和致歉，并归还了他们此前垫付的医药费。

在 2013 年的 8 月份，辽宁盘锦的王女士也有相似遭遇。据报道，王女士在公交车上扶起一位老人后，不仅协助将老人送往医院还垫付了 200 元药费，但老人却声称是王女士撞了她，表示自己住院治疗已经花费 4 万元，要求王女士赔偿全部医疗费用。好在公交车上的监控录像显示，老人是自己摔倒。确定真相后，老人和亲属都连声道歉，说错怪了好人，并当场返还了王女士之前垫付的 200 元医药费。

而相比之下，来自河南郑州的大学生李凯强则有着截然不同的命运。2009 年 10 月，他被 56 岁的宋某告上法庭。宋某称，2008 年 8 月 21 日下午，她骑自行车自河南省郑州市金水路由北向南行驶至河医立交桥转盘处，被李凯强驾驶的电动车剐倒受伤，她要求对方赔偿医疗费等 20 余万元。而李凯强则表示，他骑电动车时被一辆自行车撞上后轮，一位老人坐在地上，李凯强立刻扶起老人，老人则一把抓住李凯强，称其撞伤自己的腰，要其赔偿。随后此案进行了审理，2009 年一审、2010 年二审都相继被撤销，而根据 2012 年 12 月最新的一审判决，因为“无法证明此次交通事故是其中一方当事人的过错而造成的”，根据公平原则，李凯强被判支付原告 1 万元精神抚慰金及其他费用共计 7.9 万余元。

事实上，上述几起事件只是近年来媒体报道中的一小部分，而如果在众多“扶老人”事件中寻找共性，则可以发现这样一种规律：老人讹人的谎言被揭穿后，多倚老卖老，称自己“一时糊涂”，然后道歉退款不了了之，而几乎不需要为自己的行为付出任何代价。

在四川达州，2013 年 11 月，3 个孩子扶起摔倒的老人后被指肇事并遭索赔，涉事双方各执一词。其间，老人的家人曾背着老人找到其中一名孩子家并住下，“扬言不赔医药费老人就不走”。此后双方又前往司法所寻求调解，在调解不成的情况下，孩子家长最终被强行要走 1100 元。11 月 22 日，达州警方调查后称，受伤老人蒋某系自己摔倒，蒋某及其子龚某的行为属于敲诈勒索。对蒋某给予行政拘留 7 日的处罚（因年满 70 周岁，依法决定不予执行），同时对龚某给予行政拘留 10 日、并处罚款 500 元的处罚。而此次四川达州警方做出的处罚决定在华南师范大学教授谈方看来意义非凡。谈方表示，对于全国发生的搀扶老人蒙冤事件，他一一进行过关注。借摔倒而敲诈勒索者被行政拘留，此前还从未发生过，达州开了全国先河。

2. 权力制约

权力制约是指国家机关的权力必须受到法律的规制和约束，也就是要把权力关进制度的笼子里。

权力制约分为权力由法定、有权必有责、用权受监督、违法受追究四项要求。

3. 正当程序

让权力在阳光下运行，是正当程序的追求目标，只有严格按照法律程序办事办案，处理结果才可能公正并具有公信力和权威性，才是公众希望的看得见的正义。

程序的正当,表现在程序的合法性、中立性、参与性、公开性、时限性等方面。

案例分析:赵作海案给我们的警示是什么?

2010 年 5 月 9 日,“杀害”同村人在监狱已服刑多年的河南商丘村民赵作海,因“被害人”赵振晌的突然回家,被宣告无罪释放,河南省有关方面同时启动责任追究机制。法院审理认为,6 名被告人在办案过程中对赵作海组织、实施了刑讯逼供,导致赵作海被错定为杀人凶犯的严重后果,其行为已构成刑讯逼供罪。6 月 26 日,龙亭区法院就此案做出一审判决:王松林、郭守海被判处有期徒刑两年,丁中秋、罗明珠被判处有期徒刑一年六个月,司崇兴被判处有期徒刑一年,周明晗被免予刑事处罚。2010 年 5 月 9 日上午,河南高级人民法院召开新闻发布会,向社会通报赵作海案件的再审情况,认定赵作海故意杀人案系一起错案。河南省高院于 2010 年 5 月 8 日做出再审判决:撤销省法院复核裁定和商丘中院判决,宣告赵作海无罪。立即派人赶赴监狱,释放赵作海,并安排好其出狱后的生活。2010 年 5 月 17 日上午,赵作海领到国家赔偿金和困难补助费 65 万元,并表示对赔偿满意,要开始新生活。

1998 年 2 月 15 日,河南省商丘市柘城县老王集乡赵楼村赵振晌的侄子赵作亮到公安机关报案,其叔父赵振晌于 1997 年 10 月 30 日离家后已失踪 4 个多月,怀疑被同村的赵作海杀害,公安机关当年进行了相关调查。1999 年 5 月 8 日,赵楼村在挖井时发现一具高度腐烂的无头、膝关节以下缺失的无名尸体,公安机关遂把赵作海作为重大嫌疑人于 5 月 9 日刑拘。1999 年 5 月 10 日至 6 月 18 日,赵作海做了 9 次有罪供述。2002 年 10 月 22 日,商丘市人民检察院以被告人赵作海犯故意杀人罪向商丘市中级人民法院提起公诉。2002 年 12 月 5 日商丘中院做出一审判决,以故意杀人罪判处被告人赵作海死刑,缓期二年执行,剥夺政治权利终身。省法院经复核,于 2003 年 2 月 13 日做出裁定,核准商丘中院上述判决。2010 年 4 月 30 日,赵振晌回到赵楼村。商丘中院在得知赵振晌在本村出现后,立即会同检察人员赶赴赵楼村,经与村干部座谈、询问赵振晌本人及赵振晌的姐姐、外甥女等,确认赵振晌即是本案的被害人。同时并从赵振晌本人处了解到:1997 年 10 月 30 日(农历九月二十九日)夜里,其对赵作海到杜某某家比较生气,就携自家菜刀在杜某某家中照赵作海头上砍了一下,怕赵作海报复,也怕把赵作海砍死,就收拾东西于 10 月 31 日凌晨骑自行车,带 400 元钱和被子、身份证等外出,以捡废品为生。因 2009 年得偏瘫无钱医治,才回到了村里。

本节教学步骤四　讲解:(10 分钟)

三、培养法治思维的途径

学法知法是培养法治思维方式的前提。一个人如果对法律知识一无所知,是不可能形成法律思维方式的,即使主观上想按法律思维去思考、处理问题,但因客观上不具备法治思维的条件,也就不可能产生法治思维方式。所以,大学生应充分利用各种机会学习法律知识,比如大学开设了一些必修和选修的法律课程,电视台、电台有很多法律栏目,图书馆有很多通俗易懂的法律读物等,我们都可以充分利用,以增加和丰富自己的法律知识。

法律方法就是从法律角度思考、分析和解决法律问题的方法。法治思维的过程实际上就是运用法律方法思考、分析和解决问题的过程。法律方法有很多,也很复杂,对于大学生来说,要了解法律推理的方法和认定事实的方法,进而熟悉并掌握这种方法。这可以通过分析一些实际法律问题、分析案例来掌握。因此,当老师在课堂上提出实际问题或案例时,要认真听,并注意老师的分析过程,通过反复思考和练习,去领悟和掌握这些方法。

法治思维方式是一种在法律实践中训练、培养和应用的思维方式。只有经常地参加各种法律活动,在法律实践活动中通过对法律知识的运用,通过经常性地从法律视角思考问题、分析问题和处理问题,才能养成一种自觉的法治思维习惯。

1. 学习法律知识

学习和掌握基本的法律知识,是培养法治思维的前提。

法律知识通常包括法律法规方面的知识和法律原理方面的知识,这两部分法律知识对于培养法治思维都很重要。

获取法律知识的途径,除课堂学习外,还可以通过收听收看法治广播电视节目、阅读法律类报纸杂志,尤其是运用新媒体等途径学习法律知识。

2. 掌握法律方法

法律方法主要包括两个方面:一是正确理解法律的方法,包括理解法律条文的含义、内容和精神等;二是正确运用法律的方法。

3. 参与法律实践

法治思维是在丰富的法治实践中训练、培养和应用的思维方式。人们可以参与的法律实践其方式和途径非常多,比如参与立法讨论、依法行使监督权、旁听司法审判、参与模拟法庭、法律诊所、法律辩论等活动,增长法律知识,锻炼法治思维。

4. 养成守法习惯

法治思维是现代社会成员应当具备的一种思维、一种素养。法治思维是一种习惯性思维,与长期自觉养成的生活习惯有很大关系,因此,只有自觉遵守宪法和法律,坚持从我做起,从身边做起,从具体问题做起,才能养成守法的习惯和法治思维。

课堂讨论:一组生活中的涉法事件—乱闯红灯、逆行骑行等

日常生活中这些见怪不怪的现象,其实蕴含了一些奇怪的思想—打法律擦边球无可厚非。须知,日积一恶终成大恶,常在河边走哪能不湿鞋。

第三节　尊重社会主义法律权威(1 学时)

本节教学步骤一　导入:(5 分钟)

法律权威是指法律在社会生活中的作用力、影响力和公信力,是法律应有的尊严和生命。尊重法律权威,既要尊重一般法律的权威,更要尊重宪法至上的权威

插入视频:我们大家的 3. 15

法律权威的树立,既有赖于国家努力,也有赖于公民个人的努力,作为大学生,树立并捍卫法律的权威责无旁贷。大学生不仅自己要树立起法律信仰,积极学习法律知识,不断增强法律意识,而且还要努力宣传法律知识,宣传社会主义法治观念,为在全社会形成一种崇尚法治的风尚做贡献。

本节教学步骤二　讲解:(20 分钟)

一、尊重法律权威的重要意义

法律应当有权威,应当维护法律的权威,这本来是一个常识性问题,但让人们明白不容易,让人们做到更不容易。有一些党员干部不把法律权威当回事,把个人意志凌驾于法律之上,藐视法律权威,造成极坏影响;一些人之所以走上贪腐犯罪道路,也与内心不信仰法律、行为不尊重过法律有很大关系。

法律有权威的基本要素

在一定意义上,法律的权威就是执政党的权威、人民共同意志的权威和人民

政权的权威,法律的权威源自人民的内心拥护和真诚信仰。法律有无权威取决于四个要素:意识法律在国家和社会治理体系中的地位和作用;二是法律本身的科学程度;三是法律在实践中的实施程度;四是法律被社会成员尊崇或信仰的程度。

尊重法律权威的意义

尊重法律权威是社会主义法治观念和法治思维的核心要求,是建设社会主义法治国家的前提条件

法律与国家前途、人民命运息息相关。树立法律权威,就是树立党和人民共同意志的权威。捍卫法律权威就是捍卫党和人民共同意志的权威。没有对法律权威的尊重就谈不上具备社会主义法治观念更谈不上具有法治思维。

本节教学步骤三　讲解:(20 分钟)

二、尊重法律权威的基本要求

作为国家的主人翁,法治国家的建设者和捍卫者,尊重法律权威是大学生法定义务和必备素质。作为未来国家建设者的当代大学生,应该养成敬畏法律的良好品质,努力成为尊重法律权威、信仰宪法法律的先锋。

(一)信仰法律

应当相信法律、信奉法律,树立崇尚法律、信仰法律的牢固观念,如果对法律不信任,认为靠法律解决不了问题,总是找门路、托关系,或者采取极端行为,那就不可能建成法治社会。

课堂讨论:美国学者伯尔曼在《法律与宗教》一中提出“法律必须被信仰,否则它形同虚设”的著名观点,结合你在生活中的所遇、所思、所感,谈一谈你对此的看法。

(二)遵守法律

要用实际行动捍卫法律尊杨,保障法律实施。参与社会活动,实施个人行为,都要以法律为依据,不得违反法律规范。在处理矛盾和冲突中,要法字当头,依法化解,谨防采取非法方式导致关系的紧张与失态的恶化。

插入视频:广东普宁打死小偷事件

几年前一段视频让很多人看来极其气愤,广东普宁某店主抓住小偷后打死小偷,打死全过程被拍下并传至网络。警告有人为店主的行为拍手叫好。打死小偷的店主依然被判重刑。这是法治的进步,野蛮人喜爱野蛮的法律,也就是支持私刑,且看非洲战乱国家,每日都以私刑处置小偷,为店主拍手叫好的那群人也同非洲原住民般野蛮无知。

看到陈尸街头的小偷，让我想起类似的经历。2005年，我朋友偕夫人乘坐贵州到广州的列车，在湖南东安站上车。当时正值暑期，车上人满为患，我们被朋友安排在餐车里。车到冷水滩，民警抓进两个扒手，当众先用皮鞭抽打二人。民警打累了，再叫小偷互相抽打，谁不用力民警就加力专抽头部，那阵势，与审讯毫无关系，完全是暴力发泄，整个餐车充满无助的嚎叫声，让人惨不忍睹。多年来想起此事，心有余悸。历史发展到今天，法制在大踏步前进，却在广东普宁发生如此野蛮血腥之事！

课堂讨论：缘何受害者成为施暴者进而变为罪犯

（三）服从法律

应当拥护法律的规定，接受法律的约束，履行法定的义务，服从依法进行的管理，承担相应的法律责任。对一切依据法律和事实做出的决定，真心接受和认可，自觉予以执行。

课堂讨论：谈一谈你对我国刑法设置“拒不履行判决、裁定罪”的看法

（四）维护法律

争当法律权威的守望者，公平正义的守护者，具有良知的护法者。对违法犯罪行为，要关于揭露、敢于抵制；坚决克服事不关己、高高挂起的消极心态，消除袖手旁观、畏缩不前的恐惧心态，抵制遇事回避，私下了之的惧法现象。

案例分析：乘客漠视公交车上性骚扰事件—人人为我，谁有安全

2015年6月28日事发当晚，一名受害女生和她的同学在微博上披露此事后，引来大量网友关注并发表看法。

在大连市10路公交车上，一名男子站在女孩背后，在众目睽睽之下脱掉裤子及内裤，然后用下体摩擦女孩臀部。女孩发现后，当即拿出手机对作案男子进行拍摄。未料，男子恼羞成怒抢夺女孩的手机。此时，男子的裤子还没有穿上，用随身背包挡住了自己的下体。女孩马上喊，“停车，我要报警。”此时，司机喊了一声，“有人报警，我只能停车了。”微博称，此时公交车“炸开了锅”，许多人称“着急回家，你们自己的事自己下车解决”、“别耽误我们时间”等等。女孩吓得浑身发抖，女孩身边的女性朋友死死拽住作案男子，并试图呼吁车厢里的乘客帮忙。微博称，最后只有一个大哥挺身而出帮忙报了警。男子见状向车厢后面跑去本以为他跑不了，谁料他翻车窗跑了，没有乘客阻拦。

推荐阅读

1. 习近平:《在首都各界纪念现行宪法公布施行 30 周年大会上的讲话》,《习近平谈治国理政》,外文出版社 2014 年版本。

2. 习近平:《＜中共中央关于全面推进依法治国若干重大问题的决定＞的说明》,《＜中共中央关于全面推进依法治国若干重大问题的决定＞辅导读本》,人民出版社 2014 年版。

3. 胡锦涛:《关于建设社会主义政治文明》,《十六大以来重要文献选编》(上),中央文献出版社 2005 年版。

4.《中国法治建设白皮书》

5. 陈瑞华:《法律人的思维方式》,法律出版社 2007 年版。

【教学小结】

教学效果分析:

本章围绕树立社会主义法治观念、培养社会主义法治思维、尊重社会主义法律权威展开授课,重点阐述了社会主义法治观念的内涵、法治思维的内容、尊重法律权威的重要意义和基本要求。在教学过程中,对具体概念的阐释层次清晰,条理性强,对学生养成心中有法、自觉守法、遇事找法、解决问题用法、化解矛盾靠法的良好习惯有一定的指导作用。

教学经验:

本章内容的教学采用灵活多样的授课方式,以案例教学、多媒体教学和讲授法为主要教学方法,理论联系实际,做到了知识性和趣味性的统一,生动性和实效性的结合,效果比较明显。

改进措施:

本章的教学应当把讲授法和案例教学法更加紧密地结合起来,案例的选择应更加具有典型性、针对性、教育性,教师的讲授的内容,应围绕相关案例予以适度的拓展和理论上提升

第八章

行使法律权利　履行法律义务

【教学简况】

学时安排:课堂教学 2.5 学时。

教学目的:使学生准确把握法律权利和法律义务的内涵,了解我国宪法规定的公民基本权利与义务,并树立依法行使法律权利及合理履行公民法律义务的观念。引导大学生树立正确的权利义务观,妥善处理学习、生活中遇到的法律问题和各种矛盾,不断提高自己的法律素质。

重点难点:本章的重点难点主要有三:一是法律权利与法律义务的关系;二是法律权利与人权的关系;三是引导学生理解维护自身权利与尊重他人权利之间的统一,要求学生正确把握依法行使权力和履行义务二者的结合及相互联系,树立正确的权利义务观念。

学习思考

1. 如何理解法律权利和人权的关系?
2. 如何认识法律权利和法律义务的关系?
3. 我国宪法法律规定的公民权利有何特点?
4. 我国公民享有哪些政治权利?
5. 当权利受到侵犯时如何依法维权?

【教学过程】

教学内容设计:本章分三节。第一节法律权利与法律义务,1 学时,第二节我国宪法法律规定的权利与义务,1 学时,第三节依法行使权力与履行义务,0.5 学时。

教学步骤:本章第一节通过四个步骤讲解法律权利与法律义务;第二节通过六个步骤讲解我国宪法法律规定的权利与义务;第三节通过五个步骤讲解依法行

使权利与履行义务。

教学组织:课堂教学、课堂讨论等。

板书设计:多媒体课件与黑板辅助板书。

教学方法:教师体系讲述、视频、案例分析、讨论等方式。

第八章

行使法律权利　履行法律义务

教学步骤一:本章导入(5 分钟)

第八章内容结构图

我们今天来学习第八章的内容,包括三节,第一节法律权利与法律义务,第二节我国宪法法律规定的权利与义务,第三节依法行使权力与履行义务。由于时间关系,我们无法对这三节平均用力、都予以详细讲解,我们将围绕着本章的学习目的和要求,结合实际把握各节内容。

第一节　法律权利与法律义务(1 学时)

本节教学步骤一:导入(1 分钟)

法律不仅讲义务,也讲权利,而且法律的最终目标是保护权利实现。法律是一种行为规范,给人们提供了行为模式,告诉人们可以为什么、不能为什么、应该为什么,"可以为"讲的是权利,"不能为"和"应该为"是义务。因此权利与义务构成了法律的主要内容,树立社会主义法治观念,必须树立正确的权利观念和义务观念。

大学生应树立权利意识。法的内容就是权利和义务,权利是法的本位,法的最终目的是维护合法权益,所以要有权利意识。

大学生要有义务意识与责任意识:法也强调义务,权利和义务是对等的,相关联的,权利的实现需要义务的履行,对于义务必须主动地履行,要防止只讲权利而不谈义务,要自觉接受法律的约束,有服从法律的意识。

本节教学步骤二：(19 分钟)

一、法律权利

(一)法律权利及其特征

1. 法律权利的概念：

法律权利是指权利主体依法要求义务主体做出某种行为或者不作出某种行为的资格。

“权利”是个美好的词，深受人们的喜爱。据考证，权利意识在古罗马的法律中就已萌芽，“权利”一词在欧洲文艺复兴时期就已出现。西方学者历来重视权利问题的研究，形成了各种各样的观点。如认为权利是天赋的自然权力观；认为人的权利是神赋予的神授权利观；认为权利由法律规定的法律权利观等等。这些观点对于我们从不同的侧面理解权利有借鉴意义，但都没有揭示出权利的本质。

马克思主义认为，权利的产生、发展和实现，都必须以一定的社会经济条件为基础，而强调社会的物质生活条件对权利的制约和决定作用，是马克思主义权利观与其他权利观的根本区别。马克思主义权利观认为，权利就是一定的社会物质生活条件所制约的行为自由，是法律允许权利人为满足自己的利益而采取的由义务人所保证实现的法律手段。因此，法律权利即为权利主体依法要求义务主体做出或者不作出某种行为的资格。

2. 法律权利的特征

(1)法律权利的内容、种类和实现程度受社会物质生活条件的制约。

(2)法律权利的内容、分配和实现方式因社会制度和国家法律的不同而存在差异。

(3)法律权利不仅由法律规定或认可，而且受法律维护或保障，具有不可侵犯性。

(4)法律权利必须依法行使，不能不择手段地行使法律权利。

(二)法律权利的分类

1. 基本权利和普通权利。

基本权利是指宪法以及宪法性法律规定的权利，如选举权和被选举权等。普通权利指宪法以及宪法性法律以外的其他法律规定的权利，如公民的民事权利等。

2. 政治权利、人身权利、财产权利、社会经济权利。

3. 一般主体享有的权利和特定主体享有的权利。

一般主体享有的权利是指全体公民普遍享有的权利；特定主体享有的权利是指妇女、儿童、老人、残疾人等特定人群专门享有的权利。

4. 实体性权利和程序性权利。

实体性权利是指实体法所确认的权利；程序性权利是指程序法所确认的权利。

（三）法律权利与人权

人权是指人按其本质和尊严享有或应当享有的基本权利。

西方人权思想萌芽于古希腊哲学、罗马法及后来的基督教及其改革运动，发展于欧洲文艺复兴和启蒙运动。早在19世纪40年代，马克思就对什么是人权有过论述。马克思在《论犹太人问题》中说过："不同于公民权的所谓人权无非是市民社会的成员的权利。即脱离了人的本质和共同体的利己主义的人的权利。"在现代法治国家中，人权已经发展成为涉及人类社会生活各个方面的权力体系，并且随着经济社会法治的发展越来越丰富，越来越受到国际社会和有关国家的尊重。具体到我国的人权发展状况而言，1991年11月1日，国务院新闻办公室发表了《中国的人权状况》白皮书，首次以政府文件的形式肯定了人权概念在我国社会主义政治发展中的地位；1997年，党的十五大报告首次将"尊重和保障人权"明确为全党工作目标；2004年我国第四次修改宪法时，将"国家尊重和保障人权"写进宪法，使其成为一项宪法原则，人权保障问题受到全方位的高度重视。

案例——流浪汉病饿致死，公务员不救获罪

（三）人权与法律权利的关系

人权是法律权利的内容和来源，法律权利是对人权的确认和保障。法律权利只有符合人权保障的精神和要求，才具有正当性和合理性；人权只有上升为法律权利，才能得到有效的尊重和保障。二者并不等同，法律权利只是人权的一部分，它来源于人权，是一部分重要的人权的法律化，但不是人权的全部。

人权是个体人权和集体人权的统一。

人权是普遍性和特殊性的统一。

人权的评价标准是多元的。

课堂讨论——对于西方国家屡屡抨击我国人权现状，我们如何正确认识？

本节教学步骤三:(10 分钟)

二、法律义务

义务与权利相对应,是指政治上、法律上、道义上应当承担的责任。法律义务与法律权利相对应,是指法律规定的、以作为或不作为的方式履行的对他人的责任。即法律义务的履行表现为两种形式:一种是作为,是指义务人所实施的积极的行为;另一种是不作为,是指义务人不得实施某种行为。

法律义务具有以下四个特点:

1. 法律义务是历史的。

2. 法律义务源于现实需要。

3. 法律义务必须依法设定。

4. 法律义务可能发生变化。法律义务可能因一些情形的出现而转化、派生或消灭。

本节教学步骤四:(20 分钟)

法律权利与法律义务的关系

法律权利和法律义务,都来自于法律,或来自于法律的明文规定,或来自于法律的默示。法律的默示,是指法律虽无明文规定,但可以从法律的有关规定中推论出来,例如《刑事诉讼法》第 11 条规定:“人民法院审判案件,除本法另有规定的以外,一律公开进行。被告人有权获得辩护,人民法院有义务保证被告人获得辩护。”从这一条规定可以看出,被告的辩护权是明确规定的,而诉讼当事人要求法院依法公开审理的权利,是可以推论出来的。权利与义务,不仅来源于法律,而且受到了法律的严格限定。权利也好,义务也罢,都是一定范围内的权利与义务。权利是相对的,要依法行使,在法律所许可的范围内行使,任何人在行使自由和权利的时候,都不得损害国家的、社会的、集体的利益和其他公民的合法的自由和权利。同样,义务也不是无限制的义务,也是在法定界限内履行,以法律规定为界限,而且法律所规定的义务也是现实的,以社会承受能力和主体能够承受能力为限度,凡是人们目前不能做的,一概不予规定。

一般说来,可以把法律权利与法律义务之间的关系概括为:首先,二者是相互依存的关系;其次,二者是目的与手段的关系;最后,具有二重性。权利与义务互为依存,就一个法律关系来说,既有权利,也有义务,一方的权利正是另一方的义务,通常权利方的权利的实现,有赖于义务方积极履行义务。就法律关系的同一个主体来说，既有权利，也有义务，既是权利主体，又是义务主体。因此，没有无权利的义务，也没有无义务的权利。

课堂讨论：法律中的权利义务关系能否用“我为人人，人人为我”进行概括？请举出一个现实的例子予以证明。

第二节 我国宪法法律规定的权利与义务(1学时)

本节教学步骤一：导入(2分钟)

随着社会文明程度的提高，人们的权利意识也在逐渐的加强，并且人们似乎也不难理解一句法律谚语“没有无权利的义务，也没有无义务的权利”。但在实践中，尤其是法律实践中，说和做往往并不是同步进行的，尤其是我们这个民族刚刚从几千年的“义务本位”社会过渡到权利本位社会，由于整体的观念性落后，人们还并不完全习惯于法律的束缚，所以我们可以经常在各类媒体上看到类型多样的侵权事件，这里面既有公权力对私权利的肆意干涉，也有私权对私权的无端侵扰，更有本该每个人均享有的自然权利被忽略时的集体默然，前者如经常见诸报端的警察闯入民宅拘留看“黄碟”的夫妇，中者如借用手段以他人名字读书求学的故事，后者比如禁止在校大学生结婚的一些违宪规章竟足足维持了二十年以上且名正言顺地成为那个时代在读大学生的“铁则”，如此说来，在人们印象中似乎并不陌生的公民基本权利与义务其实对好多人来说仍仅仅是雾里看花。下面我们就将在一个法治社会对每一个人来说都是安身立命的基本权利和义务，做一个简单的整体性分析。

本节教学步骤二：(8分钟)

一、政治权利与义务

选举权利与义务

选举权利包括选举权与被选举权，是指人们参加创设或组织国家权力机关、代表机关所必需的选举权和被选举权。我国宪法第34条规定：“中华人民共和国年满十八周岁的公民，不分民族、种族、性别、职业、家族出身、宗教信仰、教育程度、财产状况、居住期限，都有选举权和被选举权；但是依照法律规定被剥夺政治权利的人除外。”

罢免权是选举权的延伸，是选民或代表机关对不称职的代表或者其他公职人员，在其任期届满前用投票的方式决定其是否继续任职或立即免职的权利。

（二）表达权利与义务

表达权利是指公民依法享有的表达自己对国家公共生活的看法、观点、意见的权利。典型的表达方式有言论、出版、集会、结社、游行、示威等。关于这六项基本的表达权利，课本200－202页有详细的表述，且这项权利有相关的法律、法规予以具体化，如《中华人民共和国集会游行示威法》，行使表达权利须依法进行。

课堂讨论——结合“保钓”游行中的乱象，谈谈我们应该如何正确行使自己的表达权利？

（三）民主管理权利与义务

民主管理权利是指公民根据宪法法律规定，管理国家事务、经济和文化事业以及社会事务的权利。

（四）监督权利与义务

监督权是指公民依据宪法法律规定监督国家机关及其工作人员活动的权利。

一般认为，批评、建议、申诉、控告、检举权是宪法赋予公民的行使的监督权，是公民私权对国家公权进行限制的最直接体现。为了保障公民监督权的实现，我国先后通过了《行政复议法》、《行政诉讼法》等法律法规。

本节教学步骤三：（10 **分钟**）

二、人身权利与义务

人身权利是指公民的人身不受非法侵犯的权利，包括生命健康权、人身自由权、人格尊严权、住宅安全权、通信自由权等具体权利。人身权利是公民参加国家政治、经济与社会生活的基础，是公民权利的重要内容，一切组织和个人都负有不侵害他人人身权利的义务。

（一）生命健康权利与义务

生命权是指维持生命存在的权利。拥有生命是人最基本、最原始的权利，享有生命权是人享有其他各项权利的前提。

健康权是在公民享有生命权的前提下确保自身肉体健全和精神健全、不受任何伤害的权利。

（二）人身自由权利与义务

人身自由权利是指公民的人身自由不受非法搜查、拘禁、逮捕等行为侵犯的权利。

人身自由权是相对权利。人身自由与其他自由一样并不是绝对权利，国家权力可以依照法定程序进行限制或剥夺。《宪法》第37条规定：任何公民，非经人民检察院或者人民法院决定并由公安机关执行，不受逮捕。禁止非法拘禁和以其他方法剥夺或者限制公民的人身自由，禁止非法搜查公民的身体。

（三）人格尊严权利与义务

人格尊严权利是指与人身由密切关系的名誉、姓名、肖像等不容侵犯的权利。人格尊严主要表现为人格权，它是公民参加社会活动时应当享有的资格。

（四）住宅安全权利与义务

住宅安全权也称住宅不受侵犯权，是指公民居住、生活、休息的场所不受非法侵入或搜查的权利。包括以下内容：任何公民的住宅不得非法侵入，任何公民的住宅不得随意搜查，任何公民的住宅不得随意查封。

住宅权是人身自由权的重要组成部分。法国有句著名的谚语：住宅是人的安全的最后的庇护所。人的大部分活动都是在住宅中进行。住宅是人的隐私、人的大量财产存放最多的地方，住宅本身就是不动产。因此，住宅权是一个复合权，它包括狭义的人身自由权、隐私权和财产权。由于人的生活、工作和学习都离不开住宅，因此，宪法把住宅权列入宪法，作为公民的基本权利来保护。

为了维护公共利益，必要时可对住宅安全权进行限制。

（五）通信自由权利与义务

通信自由包括通信秘密，是指公民通过书信、电报、传真、电话及其他通信手段，根据自己的意愿进行通信，不受他人干涉的自由。

本节教学步骤四：（10分钟）

三、财产权利与义务

财产权是指公民、法人或其他组织通过劳动或其他合法方式取得财产和占有、使用、收益、处分财产的权利。

（一）私有财产权利与义务

2004年，我国宪法修正案规定：公民的合法的私有财产不受侵犯。这一规定标志着我国公民的私有财产权开始从一般的民事权利正式上升到宪法权利，受到国家根本大法的认可与保护。

私有财产权是公民的基本权利，它与生命权、自由权一起被并称为公民的三大基本权利。宪法作为保障公民基本权利的根本大法,理所当然地要对公民的基本权利和自由,包括公民的所有财产权做出原则性的规定。根据宪法的规定,2007 年 3 月 16 日,由中华人民共和国第十届全国人民代表大会第五次会议上通过《中华人民共和国物权法》。该法规定:对公有财产和私有财产给予平等保护,这在我国法治进程中？具有里程碑的意义。

(二)继承权利与义务

继承权是指继承人依法取得被继承人遗产的资格。继承方式分为法定继承和遗嘱继承,另外还有以遗赠和遗赠抚养协议取得被继承人遗产的。法律所规定的第一顺序继承人为配偶、子女、父母;第二顺序继承人为兄弟姐妹、祖父母。继承开始后,由第一顺序继承人继承遗产,第二顺序继承人不继承;没有第一顺序继承人或第一顺序继承人丧失继承权的,由第二顺序继承人继承。有关继承权的具体事项在课本 208 页以及《继承法》中有明确规定,时间关系这里就不再细讲。

案例分析——财产如何分割？

王某独身一人,父母早亡,有儿子两个、女儿一个,其子女有各有子女(孙子女)二人,2000 年 8 月 14 日上午 8 时 30 分死亡,留有遗产折合人民币 30 万元,生前无遗嘱也无遗赠扶养协议。请问:

1. 若长子于 2000 年 6 月身亡,该遗产如何分割?
2. 若其长子在其死亡后一小时死亡,遗产又如何分割?

第一个问题是代位继承问题,第二问题是转继承问题。

本节教学步骤五:(10 分钟)

三、社会经济权利与义务

社会经济权利是指公民要求国家根据社会经济的发展状况,积极采取措施干预社会经济生活,加强社会建设,提供社会服务,以促进公民的自由和幸福,保障公民过上健康而有尊严的生活的权利。

(一)劳动权利与义务

劳动权是指一切有劳动能力的公民有获得劳动的机会和适当的劳动条件和报酬的权利。

在社会主义制度下,公民的劳动是权利与义务的统一,是个人获得报酬与促进社会经济发展的统一。

(二)休息权利与义务

休息权是指劳动者在付出一定的劳动以后所享有的休息和修养的权利,是劳动权存在和发展的基础。我国宪法第43条规定:"中华人民共和国劳动者有休息的权利。"休息权与劳动权是密切联系的,休息权是提高劳动效率、保障劳动者的生活和身体健康所必需的。

(三)社会保障权利与义务

社会保障权是指公民享有国家提供维持有尊严的生活的权利。

(四)物质帮助权利与义务

物质帮助权利与义务是指公民在法定条件下获得国家物质帮助的权利。我国宪法第45条规定:"中华人民共和国公民在年老、疾病或者丧失劳动能力的情况下,有从国家和社会获得物质帮助的权利。国家发展为公民享受这些权利所需要的社会保险、社会救济和医疗卫生事业。"除宪法外,社会保险法、社会救助法等法律法规具体规定了物质帮助权的内容及其实现方式。

物质帮助权的特点:第一,享有此项权利的并非全体公民,而是特定的;第二,权利的内容是特定主体从国家和社会获得物质帮助;第三,实现物质帮助权的义务主体是国家和社会。

本节教学步骤六:(10分钟)

五、宗教信仰及文化权利与义务

宗教信仰及文化权利是指公民依法享有的与宗教信仰活动和文化生活相关联的自由和权利的总称,主要包括宗教信仰自由、文化活动权利等。

(一)宗教信仰权利与义务

宗教信仰自由是指公民依据内心的信念,自愿地信仰宗教的自由。国家保护正常的宗教活动。任何人不得利用宗教进行破坏社会秩序、损害公民身体健康、妨碍国家教育制度的活动。对于打着宗教旗号进行犯罪活动的邪教,国家坚决依法予以取缔。

案例分析——1879年雷洛兹诉美国案(美国摩门教)

从以上案例可以看出,任何一个国家所要保护的都是正常的宗教信仰,若是"挂羊头卖狗肉",任何国家都不会允许。

(二)文化教育权利与义务

文化教育权利是公民在文化和教育领域享有的权利。

宪法第46条规定:中华人民共和国公民有受教育的权利和义务。

人是社会性动物,是人的社会属性而不是自然属性规定着人的本质。哲学家高清海指出:“猫生下来就是猫,不存在做猫之道问题;人生下来未必是人,存在做人之道问题”。从这个角度来说,接受教育是人的社会化的必经环节,是人成为“人”的必然途径。教育有家庭教育和社会教育之分,宪法中规定的公民享有的文化教育权是指社会教育的层面。为了保障每个公民接受社会教育的权利,根据宪法,我国先后制定了《中华人民共和国教育法》《高等教育法》《义务教育法》等法律法规。需注意的是,接受教育既是让人成为“人”的必然途径,更是让社会能够和谐、有序发展的基础,正像劳动既是个人生存、发展的前提,又是国家社会进步、发展的条件一样。所以,在我国劳动与接受教育既是权利又是义务。

案例分析——齐玉苓案

问题一:宪法权利被具体化时,公正的尺度如何把握?

宪法对于公民的权利规定具有总括的性质,依据宪法,其他宪法性法律或部门法一般都会将这些总括性质的宪法权利予以具体化,使观念中权利变为实实在在的权利,但问题在于,法律的品质在于公正,宪法权利被具体化时,公正的尺度应该如何把握?下面我们以国家赔偿为例进行一下简单分析。

视频剪辑:处女嫖娼案、湖北杀妻案、赵作海杀人案

以上案例都是经过媒体广泛报道过的。湖北少女麻丹丹被公安机关以卖淫为名而错误拘留15天,经过身体检查,该案最终被认定为错案,但在麻丹丹精神受到严重打击后,其获得的国家赔偿仅为74.66元;而发生在湖北的佘祥林杀妻冤案中,当事人佘祥林服刑11年后,由于案件“被害人”的出现而最终被认定为错案,当事人先后获得46万元赔偿;被网友戏称为河南版佘祥林案的赵作海杀人案,也是因为被害人的出现,11年后该案被最终认定为错案,当事人赵作海先后获得65万元赔偿。

这三个案例具有一个相同的特征,就是案件当事人的权利被国家有关机关侵犯,在当事人通过法律途径、依据相关法律要求国家给予赔偿时,却遭遇到法律的瓶颈。具体来说,就是当事人包括大多数社会成员预期的赔偿数额高,而法律所规定的实际数额低,尽管我们说,这些案件的当事人最终都享受到了国家赔偿的权利,但《国家赔偿法》将该项公民基本权利予以具体化时是否体现了公正、在多大程度上满足了大多数民众朴素的公正感却值得怀疑。在这方面,我们似乎可以说,有总比没有强,但从法治的角度出发,不能体现公正的“有”甚至比没有效果更差。因为人们可以更为直观地感觉到，在国家公权与公民私权的角逐中，私权必须为公权让步，这会形成一种与法治理念背道而驰的心理暗示，会让人们产生一种不安感以及对制度的不信任。从立法层面上讲，国家立法机构和立法者也都认识到了这个问题的严重性，所以，2010 年 4 月 29 日全国人大常委会对实行了 15 年之久的《国家赔偿法》进行了全面修订，从一定程度上说明了我国法治状况的改善和进步。

问题二：宪法权利难以具体化时，宪法本身是否具有可诉性？

尽管宪法规定的公民基本权利具有总括性质，需要其他法律予以具体化而方便操作，但仍有一些权利性规定难以具体化，这就涉及宪法本身的可诉性问题，我们以平等权为例作一简单分析。

案例分析：乙肝歧视第一案

"乙肝歧视案"被称为公民宪法权利从纸面走向现实的里程碑，给因为携带乙肝病毒而遭到歧视的人群以无限的期盼。但问题在于，首先这是一个关于平等权的宪法案例；其次，这个案件的顺利解决得益于媒体的强力介入，而随后的社会讨论更为集中地聚焦在乙肝患者身上，可以勉强称之为的社会变革也仅仅是公务员体检录用标准中不再有乙肝歧视而已，人们在用法律武器触摸到了一次真实的平等的同时，却并不当然地认为宪法本身就是可以依据的法律，是在实践可以随时援引的案例。而事实是，社会上还存在大量的对未被具体化的平等权的漠视和忽略，比如教育平等问题，这些问题的症结所在并不是宪法权利能否具体化，而是在于宪法本身是否具有可诉性，宪法究竟属于理论法学还是实践法学的一部分，我们说法治的基础是宪政，这句话本身就反映了宪法不仅仅是指导法，更是实用法，是活的法律，不是死的法律。从法治先进国家的历史不难发现，宪法作为最高法律的最终体现是在无法用其他法律解决现实问题的情况下，宪法是社会正义和公平的最后一道防线和守门员。

第三节　依法行使权利与履行义务（**0.5** 学时）

本节教学步骤一：导入（1 分钟）

法律权利与义务观念，是社会主义法治国家的公民应当具有的基本理念。由于历史和现实的种种影响，一方面，有些人不能认真对待权利，权利意识较为淡薄;另一方面,有些人也不能正确对待义务,履行法律义务的意识不强。而法律所规定的权利与义务,必须通过全体公民的积极行动才能真正地落到实处、得以实现,很显然,在这个过程中,依法行使权利和履行义务就成为了立法目的得以实现的关键。

本节教学步骤二:(10 分钟)

一、依法行使权利

1. 权利行使的目的

国家立法均有其立法原意,而公民在行使自己的法律权利时,不仅要在形式上符合相关法律规定,更要在权利行使的目的上符合立法原意和立法精神,不得违反宪法法律规定的基本原则,不得破坏公序良俗,以保障权利行使的正当性。比如,宪法赋予公民以言论自由,其目的在于保障思想自由,但若以此为由传播谣言、大放厥词,便显然违反了立法本意。

2. 权利行使的限度

任何法律权利都不是绝对的,绝对的权利是不存在的。任何的权利都是相对的,都是有其行使边界的,一旦超越了边界,便必然会构成对他人利益或是社会整体利益的侵犯,会受到法律的追究。

课堂讨论——大学生宿舍集体生活,权利边界在哪?

3. 权利行使的方式

依照不同的标准,权利行使的方式可分为不同的种类。根据权利行使的作为形式的不同,权利行使的方式可以分为口头方式、书面方式和行为方式;根据是否权利人自己亲自行使,权利行使的方式可以分为直接行使和间接行使,直接行使是指权利主体直接行使权利,间接行使是指由权利人的法定代理人或者由其委托代理人代为行使权利。

4. 权利行使的程序

随着法治国家建设的不断深入,程序正当性原则也已经被贯彻到法律实施的所有环节,权利的行使自然也要讲求程序的正当性。通常情况下,行使权利的程序都是由法律加以明确规定的。

本节教学步骤三：(10 分钟)

二、依法救济权利

权利与救济是密不可分的，我们甚至可以说没有救济就没有权利。我国公民享有的所有权利一旦受到侵犯或损害，就可以通过权利救济手段对公民的权利予以补救、恢复或对不法侵害行为予以纠正和惩罚。在公民权利得以实现的过程中，权利救济具有重要的保障作用。我国公民的权利救济方式主要包括以下四种。

1. 司法救济

所谓司法救济，即公民可以通过行使诉权，依据各程序法的相关规定，实现权利救济。在法治社会里，相对于其他权利救济方式，司法救济也是最终极的权利救济手段。申请国家赔偿也是司法救济的重要组成部分。

赔偿权的确立在我国法制史上是一个里程碑，它标志着国家由无过错向有过错的过渡，即对于国家工作人员在执行公务时发生的侵害公民权益的行为，公民可以提起诉讼，由国家承担公民的损害赔偿。我国最早于 1994 年制定并于 1995 年 1 月 1 日实施了《国家赔偿法》，这部法律于 2010 年 4 月 29 日被修订，并将于 2010 年 12 月 31 日实施，新修订的《国家赔偿法》大幅度地提高了国家赔偿的标准。

2. 行政救济

行政救济即公民可以通过行使听证、复议等权利，要求国家行政机关以行政裁决的形式实现对权利的救济。

3. 政治救济与社会救济

政治救济主要是公民依法以游行、示威、结社、请愿等方式要求或实现合法权益的权利救济模式。社会救济主要是公民通过人民调解、行业调解、民商事仲裁、劳动人事仲裁等渠道对受到损害的权利施以救济，其特点是第三方参与、当事人自愿和程序便捷等，在我国权利救济体系中占有重要地位。

4. 自力救济

自力救济是指权利人依靠自己的力量实施的救济行为。如刑法中规定的正当防卫与紧急避险，民事法律中规定侵权人和被侵权人就侵权行为达成的赔偿或调解协议等。

本节教学步骤四：(5 **分钟**)

三、尊重他人权利

1. 尊重他人权利是公民权利意识的重要内容。

2. 尊重他人权利既是一项法律义务，也是一项道德义务。

3. 不尊重他人权利，就会丧失自己的权利。

课堂讨论——结合近年来大学生杀人、伤害同学事件的屡屡发生，谈一谈如何将行使自己的权利与尊重他人权利结合起来？

本节教学步骤五：(5 **分钟**)

四、依法履行义务

1. 维护国家统一与全国各民族团结的义务。

2. 遵守宪法和法律的义务。

3. 维护祖国安全、荣誉和利益的义务。

4. 依法服兵役的义务。

5. 依法纳税的义务。

公民未能依法履行义务，根据情节轻重，应当承担相应的法律责任。

课堂讨论——新时期的大学生如何在日常生活中将行使权利与承担义务结合起来？

推荐阅读：

1. 习近平：《坚持法治国家、法治政府、法治社会一体建设》，《习近平谈治国理政》，外文出版社 2014 年版。

2. 国务院新闻办公室：《中国的人权状况》，中央文献出版社 1991 年版。

3. 中共中央宣传部理论局：《法治热点面对面》，学习出版社、人民出版社 2015 年版。

【教学小结】

教学效果分析：

本章围绕依法行使法律权利、履行法律义务展开授课，阐述了法律权利和法律义务的含义、宪法所规定的公民基本权利。在教学过程中，对具体概念的阐释层次清晰，条理性强，对学生提高权利义务意识起到了良好的指导作用。

教学经验：

本章内容的教学采用灵活多样的授课方式，以案例教学、多媒体教学和讲授法为主要教学方法，理论联系实际，做到了知识性和趣味性的统一，生动性和实效性的结合，效果比较明显。

改进措施：

本章的教学应当把讲授法和案例教学法更加紧密地结合起来，案例的选择应更加具有典型性、针对性、教育性，教师的讲授的内容，应围绕相关案例予以适度的拓展和理论上提升。

后　记

曲阜师范大学设学孔子故里，儒家文化底蕴丰厚，校园里儒家文化气息无处不在，无时不有。将儒家优秀文化融入《思想道德修养与法律基础》课教学，是曲阜师范大学马克思主义学院《思想道德修养与法律基础》教研室同仁的共识与追求。

我们始终认为，将儒家优秀文化融入《思想道德修养与法律基础》课教学既有必要，又有可能。就课程名称而言，“修养”二字就颇具中国传统文化的意味：“修以求其粹美，养以期其充足，修犹切磋琢磨，养犹涵育熏陶也。”中国特色社会主义文化在“取其精华、去其糟粕，古为今用、洋为中用”的方针指导下，既反对全盘否定传统文化的“虚无论”，也反对全面照搬传统文化的“复古论”，近年来传统文化的传承与发展越发呈现出蓬勃的态势。如果说精华与糟粕的提法相对比较笼统，那么时代局限性与现代性则较为明晰地展现了传统文化是否具有强劲的生命力。在这个意义上说，分析、鉴别、取舍和改造传统文化，在传统与现代之间架构发展的桥梁，采用“视界融合”的眼光，不断阐发传统文化的现代性，显得十分必要。而将这些极具现代性的传统文化融入《基础》课的教学，不仅能够促进优秀传统文化的传承、维系民族文化的基本元素，更能够使大学生获得优秀传统文化的滋养与润泽，进而完善道德人格与品质。

为将儒家优秀文化融入《思想道德修养与法律基础》课教学，我们进行了长期的不懈的探索。2009 年，洋溢着儒家优秀文化气息的《思想道德修养与法律基础》课被评为山东省精品课程；2010 年《思想道德修养与法律基础》教案获教育部“精彩教案”立项（项目编号：10JDSZK040），其结题成果获

2012 年山东省高校思想政治教育优秀成果一等奖,2013 年获曲阜师范大学教学成果一等奖,2014 年获省级教学成果三等奖。

党的十八大后,思想政治理论课教材不断吸纳马克思主义中国化的最新理论成果,教材更加充实更加丰富,更具有鲜活的时代气息。2014 年马克思主义学院院长张立兴教授获得"山东高校思想政治理论课综合改革招标重点课题——儒家优秀文化传承与高校思想政治理论课教学改革创新研究"(项目编号:14SDGXSZKKG23),课题研究设计的主成果就是在十八大精神指引下,以马克思主义理论研究和建设工程重点教材的最新版本为遵循,整合力量,编著思想政治理论课四门主干课程的"教案",力求将儒家文化融入每一本教案。《思想道德修养与法律基础》教研室的同仁们积极行动,以 2015 版马克思主义理论研究和建设工程重点教材《思想道德修养与法律基础》为依据,结合同仁们最近几年的研究成果和教学改革探索积累的经验,在张立兴、鲁昕编著的"《思想道德修养与法律基础》教案"(光明日报出版社 2012 版)的基础上,由张方玉、鲁昕负责编著新的教案,以期更好地实现最新版本的教材体系向教学体系的科学转化。同仁们在充分尊重教材、努力吃透教材的前提下,试图最大限度地发挥曲阜师范大学设学孔子故里的地域文化优势,通力合作编写了洋溢着儒家文化气息的《思想道德修养与法律基础》新的教案。

本成果是张立兴教授主持的 2014 年"山东高校思想政治理论课综合改革招标重点课题——儒家优秀文化传承与高校思想政治理论课教学改革创新研究"(项目编号:14SDGXSZKKG23)主成果之一,得到了课题经费的资助,曲阜师范大学马克思主义学院也从省重点马克思主义学院建设经费给予一定的支持。课题成果之系列丛书由张立兴、李安增任主编,负责宏观策划与设计、负责人的遴选、进度的检查督促、文本的审核修订。该册由张方玉、鲁昕编著,具体分工是张方玉:绪论、第二章、第四章;马卫花:第一章;张咸杰:第三章;张玉珍、管贝贝:第五章;魏秀珍、刘婧:第六章;鲁昕:第七章;刘明:第八章。初稿完成后,由张方玉统稿,张立兴、李安增审核、修改,最终定稿。

子曰:德不孤,必有邻。在将儒家优秀文化融入思想政治理论课教学的理论研究和实践探索过程中,我们始终得到了山东省高校工委副书记黄琦、刘欣堂，省高校工委宣教处副处长陈成标等领导的大力支持；得到教育部思想政治理论课教学指导委员会《思想道德修养与法律基础》分委员会副主任委员、上海理工大学教授陈大文，教育部思政课教学指导委员会《思想道德修养与法律基础》分委员会委员、南开大学教授武东升，《思想理论就教育导刊》副主编查朱和等专家学者的热情指导；得到曲阜师范大学副校长康淑敏、教务处处长张良才、社科处处长胡钦晓、宣传部部长宋德昭等以及马克思主义学院全体同仁的无私帮助。在此，我们一并表示由衷的感谢。

一份好的教案，是教师授课中专业知识的积淀、教学艺术升华的结晶。要撰写一份好的教案尤其是洋溢着儒家优秀文化气息的《思想道德修养与法律基础》教案，不仅仅需要教师扎实的专业知识、相应的学科背景、良好的理论修养和传统文化素养，还需要教师有丰富的人生历练、积极的人生态度、博大的仁爱之心、高尚的师德境界。太史公曰："高山仰止，景行行止。虽不能至，然心向往之。"我们团队不仅向往之，而且一直在为实现向往的目标一步一个脚印地奋进。当然，我们深知水平所限，粗糙、不当之处难免。我们渴望和敬请专家学者和广大同仁给予批评指正。

编者

2016 年 10 月 1 日于曲园